PRESCRIÇÃO PENAL
Temas Atuais e Controvertidos

— Doutrina e Jurisprudência —

Volume 4

Conselho Editorial
André Luís Callegari
Carlos Alberto Alvaro de Oliveira
Carlos Alberto Molinaro
Daniel Francisco Mitidiero
Darci Guimarães Ribeiro
Draiton Gonzaga de Souza
Elaine Harzheim Macedo
Eugênio Facchini Neto
Giovani Agostini Saavedra
Ingo Wolfgang Sarlet
Jose Luis Bolzan de Morais
José Maria Rosa Tesheiner
Leandro Paulsen
Lenio Luiz Streck
Paulo Antônio Caliendo Velloso da Silveira

F284   Prescrição penal: temas atuais e controvertidos: doutrina e jurisprudência
Vol. 4 / Ney Fayet Júnior (Coord.), Maria Elizabeth Queijo ...[et al.].
– Porto Alegre: Livraria do Advogado Editora, 2013.
175 p.; 23 cm.
ISBN 978-85-7348-864-7

1. Prescrição da pena. I. Fayet Júnior, Ney, coord. II. Queijo, Maria Elizabeth. III. Título.

CDU – 343.291

Índice para o catálogo sistemático:
Prescrição da pena

(Bibliotecária responsável: Sabrina Leal Araujo – CRB 10/1507)

NEY FAYET JÚNIOR
(coordenador)
Alessandra Krüger
Alexandre Schubert Curvelo
Amanda Gualtieri Varela
Diego Viola Marty
Luiz Flávio Gomes
Luíza Kern
Maria Elizabeth Queijo
Paulo Fayet
Paulo Roberto de Freitas Silva
Pedro Adamy

PRESCRIÇÃO PENAL
Temas Atuais e Controvertidos
— Doutrina e Jurisprudência —

Volume 4

Porto Alegre, 2013

©

Ney Fayet Júnior (coord.)
Alessandra Krüger
Alexandre Schubert Curvelo
Amanda Gualtieri Varela
Diego Viola Marty
Luiz Flávio Gomes
Luíza Kern
Maria Elizabeth Queijo
Paulo Fayet
Paulo Roberto de Freitas Silva
Pedro Adamy
2013

Capa, projeto gráfico e diagramação
Livraria do Advogado Editora

Revisão
Rosane Marques Borba

Pintura da Capa
Gunta Stölzl
Diseño para una alfombra anudada
1920-1922

Direitos desta edição reservados por
Livraria do Advogado Editora Ltda.
Rua Riachuelo, 1300
90010-273 Porto Alegre RS
Fone/fax: 0800-51-7522
editora@livrariadoadvogado.com.br
www.doadvogado.com.br

Impresso no Brasil / Printed in Brazil

Ao Professor Doutor José Henrique Pierangeli.

El Tiempo
tiene color de noche.
De una noche quieta.
Sobre lunas enormes,
la Etenidad
está fija en las doce.
Y el Tiempo se ha dormido
para siempre en su torre.
Nos engañan
todos los relojes.
El Tiempo tiene ya
horizontes.

Federico García Lorca

Prefácio

Da perspectiva filosófica – *locus* em relação ao qual sempre construí a minha formação – à jurídica (com sua vocação à decidibilidade, com forma de intervenção nos conflitos sociais) – espaço para o qual venho, mais e mais, orientando as minhas especulações –, poderia parecer, à primeira vista, que existiria a mesma transcendência que se estabeleceria dos planos abstrato ao concreto, como se houvesse campos destacados ou estruturas herméticas; contudo, tenho verificado, em diferentes instâncias, ao me embrenhar no estudo da ciência jurídica, que essa pré-estrutura da compreensão (*Vorverständnis*) se acomodaria, adequadamente, àquela (noção de) "ideia feliz" heideggeriana, que iria comprometer, de modo inquestionável, a interpretação compreensiva.

Realmente, não podem desatender-se as razões pelas quais tanto o universo jurídico se tem impregnado de abstrações (muito particularmente nas construções dogmático-categoriais) como, por outro giro, a Filosofia quer (re)vestir-se de concretude (notadamente pelo compromisso, opção e orientação éticos nas manifestações sociais, em diferentes tempos e espaços), sem que se lhes imponham, *a priori*, qualquer *Willensbarriere*, na medida em que se trata de necessidades históricas incontornáveis.

Quis, portanto, destacar, rudimentarmente, na abertura desta apresentação, que existem, não só projetos, mas temáticas, nesses dois universos, que se mesclam, que se combinam, que se articulam, ou seja, e em última análise, que se impõem como verdadeiras condições de possibilidades, em um constante (re)projetar o sentido do compreender e o do interpretar. (Não é, decerto, meu propósito, aqui, fazer uma síntese dessas estruturas; pretendi apenas pôr em relevo certas premissas, segundo as quais poder-se-iam perceber a historicidade e a temporalidade do complexo – e altamente fascinante – fenômeno do Direito.)

Não escapando, assim, ao nexo previsível, posso indicar que o tema nuclear desta coletânea – a prescrição penal – tem um considerável objeto que pertence a todo o humano: o tempo, que, além de ser um dos deuses gregos, *Chrónos*, é elemento fundamental da existência e do ser: não por acaso, uma das principais obras da Filosofia do século XX, talvez a mais importante, intitula-se *Ser e tempo* (*Sein und Zeit*), na qual Heidegger dá especial destaque à temporalidade (*Zeitlichkeit*). Em que pesem tantas reflexões sobre esse assunto, de Aristóteles a Heidegger, permanece atual a frase de Santo Agostinho, no Livro XI das *Confissões*; o doutor hiponense pergunta: "o que é o tempo"? (***Quid est ergo tempus?***). A essa intrigante pergunta dá a não menos intrigante resposta: "se ninguém me pergunta, eu sei; se me perguntam, não sei" (***Si nemo ex me quaerat, scio; si quaerenti explicare velim, nescio***). Indubitavelmente, a resposta desse Padre da Igreja aplica-se à questão da prescrição. Exatamente por isso, o grande mérito da presente coletânea cifra--se em lançar luzes sobre uma temática que, muitas vezes, é considerada como compreendida, mas que, no entanto, diante de um questionamento mais profundo, revela sua alta complexidade.

Nessa medida, o objetivo destes estudos *va de pair avec* um campo muito particular da área filosófica, a cuja compreensão têm sido dedicados os mais elevados esforços de estudo e de meditação.

À luz do que fica exposto, é especialmente relevante perceber que a passagem do tempo oferece matéria a tão profícuas e próximas abordagens. "Matamos o tempo; o tempo nos enterra", disse o grande Machado de Assis. Acresce a isso que o tempo, antes, também, nos modifica; e o tempo do crime não é o mesmo da pena e de sua existencialidade – o que implica outra dimensão irresolvida, quer filosófica, quer juridicamente.

Quero sublinhar, assim, não apenas a relevância do tema nuclear destes estudos, como, ainda, testemunhar o elevado nível teórico dos textos que se seguem, alguns dos quais construídos por diletos amigos, como o do Professor Alexandre Curvelo (de cuja banca de doutoramento, aliás, recentemente, participei, tendo avaliado o invulgar denodo com o qual ele se houve na estruturação de sua tese), do Professor Pedro Adamy (que estará, em breve, defendendo a sua tese em Heidelberg, sob a segura orientação do Professor Paul Kirchhof), do Professor Diego Marty e do Professor Paulo Fayet; e outros, por insignes Professores de Direito Penal, como o do Professor Luiz Flávio Gomes e o da Professora Maria Elisabeth Queijo. E, finalmente, quero agradecer à fidalguia do Professor Ney Fayet Júnior, que me destinou a honrosa tarefa de realizar a apresentação desta obra, a cujo propósito procurei me desincumbir à altura de suas melhores expectativas. Com o presente volume, meu insigne mestre Professor Ney Fayet Júnior presta um inestimável serviço às letras jurídicas e filosóficas brasileiras, ao discorrer com domínio ímpar sobre esse assunto e ao encorajar seus colaboradores a refletir sobre temática de tamanha importância.

Prof. Dr. Draiton Gonzaga de Souza
Professor do Programa de Pós-Graduação em Direito da PUCRS
Professor do Programa de Pós-Graduação em Filosofia da PUCRS
Diretor da Faculdade de Filosofia e Ciências Humanas da PUCRS

Sumário

Introdução 15
**Tema I – Prescrição: exigência de eficiência na investigação e
razoável duração do processo**
   Maria Elizabeth Queijo..17
Introdução...17
1. A prescrição no ordenamento nacional...17
2. A prescrição retroativa: criação brasileira..21
3. A prescrição como imposição de eficiência aos órgãos incumbidos da
investigação criminal..23
4. Prescrição e duração razoável do processo..25
Conclusão..31
Bibliografia..31
Tema II – Prescrição: nova recorrência do legislador punitivista
   Luiz Flávio Gomes 33
Tema III – Prescrição nos crimes militares
   Paulo Roberto de Freitas Silva..37
Introdução...37
1. Regras gerais à prescrição da pretensão punitiva 38
   1.1. Prazos...38
   1.2. Concurso de crimes...38
   1.3. Causas suspensivas..38
   1.4. Causas interruptivas..39
   1.5. Redução dos prazos prescricionais..39
2. Regras especiais..39
3. Da prescrição na insubmissão...40
4. Da prescrição na deserção..40
   4.1. Da aplicação da regra geral nos processos suspensos..............43
   4.2. Da aplicação da regra especial nos processos pendentes........43
5. Da prescrição antecipada..44
6. Da prescrição da pretensão executória da pena privativa de liberdade....45
Conclusão..45
Bibliografia..48
Tema IV – Prescrição e segurança jurídica: considerações iniciais
   Pedro Adamy...49
Introdução...49
1. Segurança jurídica..50

2. Prescrição como elemento (necessário) da segurança jurídica.....................54
3. Prescrição: mera formalidade?..59
Conclusão...61
Bibliografia..62

Tema V – Da incidência de prescrição penal no direito administrativo sancionador: contornos atuais de incidência no processo administrativo disciplinar e na ação de improbidade administrativa, sob o enfoque do direito fundamental à tutela jurisdicional
Alexandre Schubert Curvelo e *Alessandra Krüger*..65
Introdução..65
1. Delimitação do *ius puniendi* nos ilícitos penais e disciplinares...................66
   1.1. A prescrição da pretensão punitiva no direito penal e disciplinar...........69
   1.2. Aplicação da prescrição penal ao processo disciplinar..............................71
   1.3. Contagem do prazo prescricional penal para os ilícitos administrativos..........76
2. Para além dos ilícitos penais e disciplinares: a ação de improbidade.........81
   2.1. Prazos prescricionais das ações de improbidade – regra geral..................82
   2.2. Prescrição penal incidente sobre a ação de improbidade.........................83
3. Do direito fundamental à tutela jurisdicional (efetiva).................................86
Conclusão...87
Bibliografia..88

Tema VI – A imunidade parlamentar e a prescrição penal
Ney Fayet Júnior e *Amanda Varela*...91
Introdução..91
1. Imunidade parlamentar. Noções elementares...91
   1.1. A imunidade material..94
      1.1.1. Da natureza jurídica da imunidade material.....................................95
         1.1.1.1. Da orientação tradicional..96
         1.1.1.2. Da orientação moderna...96
      1.1.2. Da (im)possibilidade de extensão da prerrogativa aos coautores (ou partícipes) não parlamentares..98
         1.1.2.1 Favorável à extensão...98
         1.1.2.2. Contrária à extensão..99
         1.1.2.3. Da posição que se adota..99
      1.1.3. Da imunidade material em face dos suplentes................................101
      1.1.4. Dos pressupostos existenciais da imunidade parlamentar material......101
      1.1.5. Abrangência da indenidade...103
      1.1.6. Da irrenunciabilidade da imunidade material 103
   1.2. Imunidade formal..104
      1.2.1. Limitação temporal da imunidade formal..105
      1.2.2. Imunidade formal quanto à prisão 105
         1.2.2.1. Da possibilidade de prisão em virtude de sentença condenatória transitada em julgado..106
      1.2.3. Da imunidade para imunidade para servir de testemunha.................107
      1.2.4. Momento da ocorrência do delito e suas consequências práticas.........107
      1.2.5. Da instauração do inquérito policial..107
      1.2.6. Da irrenunciabilidade da imunidade formal....................................108

2. Da prescrição penal: conceito e fundamentos..109
3. A imunidade parlamentar e a prescrição..111
   3.1. Da não relevância em face da imunidade material....................................112
   3.2. Da relevância em face da imunidade formal...112
      3.2.1. O advento da EC 35/2001...112
      3.2.2. Imunidade formal e codelinquência 114
      3.2.3. A imunidade formal quanto a crimes anteriores ao mandato...............115
Conclusão..115
Bibliografia..116

Tema VII – Sobre a ilegal vedação judicial de acesso ao duplo grau de jurisdição em face da extinção da punibilidade pelo advento da prescrição penal em suas subespécies retroativa e intercorrente
Ney Fayet Júnior e *Diego Viola Marty*..119

Introdução...119
1. A "armadilha" processual entre os juízos civil e criminal......................................120
   1.1. A extinção de punibilidade pela prescrição (retroativa ou intercorrente) penal: a estipulação de cláusula procedimental de barreira ao debate do mérito da causa...120
   1.2. A extinção de punibilidade penal pela prescrição da pretensão punitiva e a possibilidade de remanescer título executivo judicial extrapenal.................122
   1.3. O problema processual decorrente e a violação aos direitos constitucionais do devido processo legal e da ampla defesa...125
   1.4. O recrudescimento do problema em face do art. 387, IV, do CPP................126
   1.5. Outros efeitos 128
2. A (re)afirmação dos direitos constitucionais ao duplo grau de jurisdição e de ampla defesa: as soluções possíveis a partir do reconhecimento da extinção da punibilidade pela prescrição da pretensão punitiva retroativa ou intercorrente.....129
   2.1. O afastamento do problema processual entre as instâncias penal e civil: a reafirmação do direito de revisão da sentença criminal que reconheceu o fato e sua autoria..130
   2.2. Os caminhos possíveis para a manutenção dos direitos constitucionais ao duplo grau de jurisdição e de ampla defesa..130
      2.2.1. Extinção dos efeitos penais e extrapenais da sentença penal condenatória a partir da superveniência das prescrições da pretensão punitiva retroativa e intercorrente: fundamentos para a transferência do debate sobre a existência do fato e da autoria delitivos para o juízo cível 131
         2.2.1.2. A independência dos juízos cível e penal e a desordem operada com o sistema híbrido adotado: a natureza da fixação de valor mínimo para a reparação dos danos e a ineficácia *erga omnes* da sentença penal condenatória 132
         2.2.1.3. A questão da natureza jurídica da decisão que reconhece a prescrição superveniente à sentença penal condenatória...........133
         2.2.1.3. O problema da validade jurídica da sentença penal condenatória atingida pela prescrição: os efeitos que não são atingidos pela declaração de extinção da punibilidade pela prescrição intercorrente ou retroativa....................................135
         2.2.1.4. A questão da unicidade da antijuridicidade entre os juízos penal e cível..137

    2.2.1.5. A desnecessidade da repetição da instrução judicial realizada no âmbito penal, perante o juízo civil..................................138
   2.2.2. Possibilidade de prolongamento do debate acerca do mérito da causa em processos atingidos pela prescrição penal da pretensão punitiva retroativa ou intercorrente: existência de interesse recursal do acusado..139
 Conclusão..140
 Bibliografia..140

Tema VIII – Da extradição e da prescrição penal
  Ney Fayet Júnior e *Luíza Kern*..143
 Introdução..143
 1. A sociedade globalizada e a extradição..144
 2. Do conceito de extradição..145
  2.1. Das fontes extradicionais...147
  2.2. Das modalidades de extradição..147
  2.3. Das limitações ao pedido extradicional................................148
 3. Da prescrição penal: conceito e fundamento................................150
 4. Da análise da prescrição nos pedidos extradicionais.....................151
  4.1. O Brasil como Estado requerido 151
  4.2. O Brasil como Estado requerente 152
  4.3. Das condições (selecionadas) ao deferimento do pedido de extradição........153
   4.3.1. Da necessidade da dupla tipicidade (incriminação simultânea)............153
   4.3.2. Da dupla punibilidade..154
    4.3.2.1. Da análise da prescricional penal........................154
    4.3.2.2. Considerações sobre a pena imposta e sua relação com a prescrição penal..157
    4.3.2.3. A polêmica questão sobre os desaparecimentos políticos.................159
 Conclusão..162
 Bibliografia..163

Tema IX – Da possibilidade de reconhecimento, em medida liminar de revisão criminal, da prescrição penal
  Ney Fayet Júnior e *Paulo Fayet*..165
 Introdução 165
 1. Sobre a ação de revisão criminal e o direito processual.................165
 2. Pressupostos processuais à apuração do pedido revisional 167
  2.1. Sentença penal condenatória irrecorrível..............................168
  2.2. Erro judiciário em matéria penal..169
  2.3. Pedido em favor do condenado..170
 3. O reconhecimento da prescrição em sede de revisão criminal e a possibilidade da verificação na medida liminar............................171
 Conclusão..174
 Bibliografia..175

Introdução

Os estudos componentes do quarto volume da obra *Prescrição penal: temas atuais e controvertidos* objetivam apresentar os mais recentes debates envolvendo o tema da prescrição penal, tendo em vista as mudanças legislativas operadas nessa órbita, bem como os mais modernos posicionamentos da jurisprudência nacional envolvendo a temática dessa fundamental causa de extinção da punibilidade.

Em virtude de suas inegáveis e relevantes consequências jurídicas, o instituto da prescrição penal continua a oferecer, como já se ponderou nas edições anteriores desta obra, terreno para divergências doutrinárias, de cujo embate são, constantemente, aprimorados os seus fundamentos conceituais, a sua natureza jurídica, o seu âmbito de incidência, entre tantos outros pontos antagônicos de reconhecida expressão e significado.

Neste quarto volume, pretendemos buscar o enfrentamento de temas mais próximos: de um lado, ao significado das mudanças legislativas acerca da matéria prescricional; e, de outro, ao entendimento da prescrição penal a partir de um enfoque político-criminal, associado aos fundamentos do instituto.

A Professora Maria Elizabeth Queijo abordou, no texto intitulado *Prescrição: exigência de eficiência na investigação e razoável duração do processo*, o tema da prescrição penal sob a perspectiva da sua contribuição à eficiência da fase investigativa, bem como sob o enfoque de ela constituir ferramenta de efetivação ao direito fundamental da razoável duração do processo.

Por sua vez, o Professor Luiz Flávio Gomes nos brinda com o texto *Prescrição: nova recorrência do legislador punitivista*, no qual aborda a recente mudança do artigo 111 do Código Penal, operada pela Lei 12.650/12, que introduziu novo termo inicial da prescrição antes de transitar em julgado a sentença final no que diz com os crimes contra a dignidade sexual cometidos contra indivíduo menor de 18 (dezoito) anos, salvo se já houver sido proposta a ação penal.

Na sequência, o Doutor Paulo Roberto de Freitas Silva trata, no texto *Prescrição nos crimes militares*, do instituto da prescrição penal sob o viés da legislação castrense e das especificidades que envolvem esse ramo do direito punitivo.

A seguir, o texto do Professor Pedro Adamy, intitulado *Prescrição e segurança jurídica: considerações iniciais*, traça importante paralelo entre a prescrição e o princípio constitucionalmente assegurado da segurança jurídica, que representa um dos alicerces que compõem o Estado de Direito.

Além dos referidos artigos, o Professor Alexandre Schubert Curvelo enfrenta o tema da prescrição penal na órbita do Direito Administrativo Sancionador, no estudo denominado *Da incidência de prescrição penal no direito administrativo sancionador: contornos atuais de incidência no processo administrativo disciplinar e na ação de improbidade administrativa, sob o enfoque do direito fundamental à tutela jurisdicional*, para cuja realização contou com a excelente contribuição de Alessandra Krüger.

Em seguida, conjuntamente com Amanda Varela, empreendemos um exame do tema da prescrição penal em face das imunidades conferidas pela Constituição Federal aos parlamentares quando no exercício de suas funções, no texto intitulado *A imunidade parlamentar e a prescrição penal*.

Também nesta obra, abordamos, ao lado do Professor Diego Viola Marty, o alcance da extinção da punibilidade pelo advento da prescrição, seja a retroativa ou a intercorrente, em relação aos efeitos extrapenais, ou adjacentes, da sentença penal condenatória, no texto intitulado *Sobre a ilegal vedação judicial de acesso ao duplo grau de jurisdição em face da extinção da punibilidade pelo advento da prescrição penal em suas subespécies retroativa e intercorrente*.

Sobre a prescrição penal e sua intersecção com o instituto da extradição, com o auxílio de Luíza Kern, elaboramos o estudo *"Da extradição e da prescrição penal"*, no qual discorremos, ainda, acerca da discussão, nos moldes em que se apresenta contemporaneamente na jurisprudência nacional, quanto aos desaparecimentos políticos ocorridos durante a ditadura militar brasileira e a (in)ocorrência da extinção da punibilidade.

Por fim, em conjunto com o Professor Paulo Fayet, no texto *Da possibilidade de reconhecimento, em medida liminar de revisão criminal, da prescrição penal*, debruçamo-nos sobre a tese que reconhece viabilidade à prescrição em sede de revisão criminal, sobretudo a partir do momento incipiente do pedido liminar.

Com o lançamento deste novo volume da nossa obra sobre Prescrição Penal, esperamos poder contribuir, cada vez mais, para o estudo de um instituto de tamanha importância e igualmente proporcional controvérsia no âmbito do Direito Penal, e que – como se pode perceber desde o primeiro livro – está sempre sujeito a novas discussões, incrementadas por recorrentes mudanças legislativas.

Sempre abordando questões controversas e atuais dentro do assunto, pretendemos prestar nossa contribuição a todos os profissionais que militam na área penal, aos acadêmicos e aos demais interessados no tema. Gostaríamos, ainda, de hipotecar o nosso profundo reconhecimento ao Professor Doutor Darci Guimarães Ribeiro e à Professora Martha da Costa Ferreira, pelo inestimável auxílio na realização desta obra. Finalmente, nosso muito obrigado aos acadêmicos Bruno Schimitt Morassutti e Pedro Henrique Franzon Bens, pelo apoio na pesquisa.

Tema I

Prescrição: exigência de eficiência na investigação e razoável duração do processo

Maria Elizabeth Queijo

Introdução

Muitas críticas têm sido dirigidas ao instituto da prescrição penal, identificando-se nele fonte de impunidade e de estímulo à prática delitiva. Entre as várias modalidades, a prescrição retroativa ocupa posição de destaque nas críticas tecidas.

E, exatamente por isso, constata-se movimento legislativo no sentido de restringir – ou até mesmo suprimir – certas espécies de prescrição no âmbito penal. Não raro, sustenta-se a ampliação de hipóteses de imprescritibilidade. Nesse diapasão, foi promulgada a Lei nº 12.234, de 5 de maio de 2010, que extinguiu a prescrição retroativa no lapso entre a data da consumação do crime e o recebimento da denúncia ou queixa, ou seja, que recaía na fase de investigação. Além disso, o referido diploma legal dilatou o prazo de prescrição mínimo, de dois para três anos.

Nesse panorama, quer-nos parecer que o mencionado instituto tem sido examinado sob ótica extremamente míope, deixando de considerar outros importantes aspectos, tais como a contribuição que a prescrição dá à eficiência na fase de investigação, como elemento impulsionador de sua otimização e o papel de destaque que tem ela para a razoável duração do processo, que é direito fundamental vinculado ao devido processo legal.

Esse escrito se propõe a examinar a prescrição sob esse ângulo, sem a pretensão de esgotar o assunto.

1. A prescrição no ordenamento nacional

A prescrição, como prelecionava o festejado Basileu Garcia, é a *"renúncia do Estado a punir a infração, em face do decurso do tempo"*.[1]

---
[1] GARCIA, Basileu. *Instituições de Direito Penal*. 7ª ed. São Paulo: Saraiva, 2008. v.1, tomo II, p. 368.

Vários são os seus fundamentos. O mais recorrente é que o tempo torna a pena desnecessária, destituída de suas finalidades. "*O fato é esquecido, a relevância social desaparece*", conforme sustentam Juan Carlos Ferré Olivé, Miguel Ángel Núñez Paz, William Terra de Oliveira e Alexis Couto de Brito.[2] Trata-se da teoria do esquecimento.[3]

Além dela, na doutrina, enumeram-se diversas outras. A teoria da expiação preconiza que a prescrição se justifica pelo sofrimento imposto ao indivíduo, ao longo da tramitação do processo.[4] Já a teoria da piedade sustenta que o tempo levaria a sociedade a ter compaixão com o autor do delito, não exigindo mais sua punição.[5] De acordo com a teoria da dispersão das provas, o tempo prejudica a obtenção de provas, e o resultado das apurações na persecução penal torna-se duvidoso e incerto, justificando-se a prescrição.[6] Em conformidade com a teoria da emenda, com o passar do tempo, o comportamento do agente se modifica, podendo ser alcançada a ressocialização. Assim, não haveria mais necessidade da pena.[7] Por seu turno, a teoria psicológica defende que o tempo leva a alterações psicológicas no agente, justificando sua não punição.[8] Em acréscimo, a teoria político-criminal sustenta que são "*critérios de oportunidade política*" que fundamentam "*a não punição do agente após certo lapso temporal*".[9] A teoria da presunção da negligência sustenta que o crime não é punido devido à inércia e negligência do Estado.[10] Por fim, a teoria da exclusão do ilícito entende que o tempo "*interfere na ilicitude material da conduta*",[11] explicando a não punição do agente.

Muitas dessas teorias não se mostram satisfatórias para fundamentar a prescrição, sendo que, a nosso ver, as que melhor a justificam são a teoria do esquecimento e a da dispersão das provas.[12]

---

[2] OLIVÉ, Juan Carlos Ferré, PAZ, Miguel Ángel Núñez, OLIVEIRA, William Terra de, BRITO, Alexis Couto de. *Direito penal brasileiro: parte geral: princípios fundamentais e sistema*. São Paulo: RT, 2011, p. 526.

[3] BATTAGLINI, Giulio. *Direito penal*. Trad. Paulo José da Costa Júnior, Armida Bergamini Miotto e Ada Pellegrini Grinover. São Paulo: Saraiva, 1973. v. 1, p. 82; PORTO, Antonio Rodrigues. *Da prescrição penal*. 4ª ed. São Paulo: RT, 1988, p. 13 e FERRARI, Eduardo Reale. *Prescrição da ação penal: suas causa suspensivas e interruptivas*. São Paulo: Saraiva, 1998, p. 25-26.

[4] PORTO, Antonio Rodrigues, *Da prescrição penal, cit.*, p. 17-18, observa que, segundo tal teoria, entende-se que "o culpado, num certo lapso de tempo, expiou suficientemente a culpa com as angústias que sofreu e com os remorsos que o assaltaram" (p. 17). A respeito da mencionada teoria, v. também FERRARI, Eduardo Reale, *Prescrição da ação penal, cit.*, p. 27-28.

[5] FERRARI, Eduardo Reale, *Prescrição da ação penal, cit.*, p. 28-29.

[6] PORTO, Antonio Rodrigues, *Da prescrição penal, cit.*, p. 16-17 e FERRARI, Eduardo Reale, *Prescrição da ação penal, cit.*, p. 29-31.

[7] Idem, p. 31-32.

[8] Idem, p. 32-33.

[9] FERRARI, Eduardo Reale, *Prescrição da ação penal, cit.*, p. 33-34.

[10] Idem, p. 34-35.

[11] Idem, p. 35-36.

[12] Sobre essa questão, FERRARI, Eduardo Reale, *Prescrição da ação penal, cit.*, p. 36-39, sustenta que são três as teorias que fundamentam a prescrição: a teoria do esquecimento, a da dispersão das provas e a político-criminal. Já PORTO, Antonio Rodrigues, *Da prescrição penal, cit.*, p. 20-21, afirma que a prescrição é criação da Política Criminal.

Distingue-se a prescrição da pretensão punitiva daquela da pretensão executória. Em poucas palavras, observa-se que, ordinariamente, há prazos para que o Estado exerça a pretensão de punir delitos e também para fazer executar as penas que foram impostas ao condenado.[13]

A prescrição da pretensão punitiva apresenta três modalidades no ordenamento brasileiro: a prescrição em abstrato, calculada pelo máximo da pena cominada ao delito; a prescrição retroativa, calculada com base na pena imposta ao condenado, que pressupõe o trânsito em julgado para a acusação e que poderá operar-se entre a data do recebimento da denúncia ou queixa e a publicação da sentença condenatória; e, por fim, a prescrição intercorrente, que também é calculada com suporte na pena cominada, exige o trânsito em julgado para a acusação e incide a partir da publicação da sentença condenatória até o trânsito em julgado para a defesa.[14]

Antes da Lei nº 12.234, de 5 de maio de 2010, a prescrição retroativa poderia verificar-se também entre a data da consumação do crime[15] e a data do recebimento da denúncia ou queixa.

Já a prescrição da pretensão executória que, igualmente, pressupõe o trânsito em julgado para a acusação, é calculada com base na pena imposta.

Apesar de o ordenamento nacional, historicamente, adotar a prescritibilidade de delitos,[16] a Constituição Federal de 1988 previu duas hipóteses de imprescritibilidade:[17] quanto ao delito de racismo (art. 5º, inciso XLII) e "a ação de grupos armados, civis ou militares, contra a ordem constitucional e o Estado Democrático" (art. 5º, XLIV), o que tem sido alvo de procedentes críticas. Isto porque não se justifica porque tais delitos foram "eleitos" para ser imprescritíveis, pelo constituinte, em detrimento de tantas outras infrações penais de grande gravidade.

---

[13] A esse respeito, FRAGOSO, Heleno Cláudio. *Lições de direito penal:parte geral*. 11ª ed. Rio de Janeiro: Forense, 1987, p. 420, ensinava que *"A prescrição faz desaparecer o direito de punir do Estado (pretensão punitiva), ou o seu direito à execução da pena imposta"*.

[14] BITENCOURT, Cezar Roberto. *Tratado de direito penal*. 8ª ed. São Paulo: Saraiva, 2003. v. 1, p. 717. A respeito da prescrição intercorrente, recorda NUCCI, Guilherme de Souza. *Código penal comentado*. 7ª ed. São Paulo: RT, 2007, p. 519, posicionamento do Supremo Tribunal Federal, no HC nº 86125/SP, Segunda Turma, rel. Min. Ellen Gracie, j. 16.8.2005, segundo o qual a interposição dos recursos especial e extraordinário, pela defesa, só permitem a ocorrência dessa modalidade de prescrição quando forem admitidos. Se julgados inadmissíveis, somente terá lugar a prescrição da pretensão executória.

[15] Deve-se recordar que esta é a regra geral para o termo inicial da prescrição, mas há regras específicas para a tentativa, crimes permanentes e os delitos de bigamia e de falsificação ou alteração de assentamento do registro civil, conforme enumera o art. 111 do Código Penal.

[16] PORTO, Antonio Rodrigues, *Da prescrição penal, cit.*, p. 25-26.

[17] A elas se acrescenta a imprescritibilidade decorrente da suspensão do curso da prescrição, por força do art. 366 do diploma processual penal, quando o acusado não é encontrado para citação pessoal, citado por edital, não comparece ao processo, nem constitui advogado. A respeito, TRIPPO, Mara Regina. *Imprescritibilidade penal*. São Paulo: ed. Juarez de Oliveira, 2004, p. 90-92, sustenta que não há imprescritibilidade nesse caso, posto que a melhor exegese aponta que o prazo máximo da suspensão da prescrição deve ser o prazo de prescrição em abstrato do delito em questão, calculado, portanto, pelo máximo da pena, conforme, inclusive, já decidiu o Superior Tribunal de Justiça.

Indaga-se, então, quais os critérios que determinaram essa escolha? Por que não o homicídio, ou mesmo a tortura?

Em acréscimo, a ideia de imprescritibilidade de crimes colide com direitos fundamentais do investigado ou do acusado, porque fornece ao Estado mecanismo de perpetuar a possibilidade de desencadeamento da persecução penal, deixando a seu inteiro alvedrio o tempo em que ela se iniciará. Entretanto, no plano internacional, quando se trata de infrações que configuram crimes de guerra e de crimes contra a humanidade,[18] há forte tendência à aplicação da imprescritibilidade, sobretudo porque tais delitos, muitas vezes cometidos por agentes de governos tiranos e ditatoriais, como práticas institucionais em determinado momento histórico, não podem ter sua apuração sujeita ao tempo, pois ela está condicionada, usualmente, à sua deposição.

Por fim, deve-se mencionar a denominada prescrição "virtual" ou em perspectiva, também denominada "antecipada",[19] criação jurisprudencial, que se relaciona ao interesse de agir e era identificada, antes da Lei nº 12.234, de 5 de maio de 2010, no lapso entre a data da consumação do crime e de eventual data do recebimento da denúncia. Tal conceito foi elaborado antevendo-se pena que seria imposta em caso de condenação, aplicando-se, então, a prescrição retroativa, entre a data da consumação do delito e a data do recebimento da denúncia. Ou seja, a prescrição "virtual" pressupõe juízo de probabilidade em torno da pena a ser imposta, em caso de condenação. Considera-se, assim, a pena hipoteticamente fixada. Se, nesse juízo, conclui-se que ocorreria prescrição retroativa, extrai-se que não haveria interesse de agir em propor a ação penal.

René Ariel Dotti[20] indica razões de ordem jurídica e prática para autorizar a aplicação da mencionada modalidade de prescrição, consistentes no princípio do devido processo legal, no princípio da economia processual, no princípio da razoabilidade e na violação dos prazos.

A respeito, na doutrina, Róbson de Vargas,[21] em escrito sobre tal modalidade de prescrição, defende o instituto, sustentando que é inocuidade jurídica aguardar-se o término de um processo que não produzirá efeito algum. Em seu entendimento, configurada a prescrição retroativa pela pena projetada, a persecução penal não poderá alcançar efeito sancionador, e o que ocorrerá é dispêndio de tempo, desgaste das partes e desprestígio da justiça.

---

[18] Por meio da Resolução nº 2391, de 26.11.1968, foi adotada a Convenção sobre a Imprescritibilidade dos Crimes de Guerra e dos Crimes contra a Humanidade, aprovada pela Assembleia Geral das Nações Unidas. Tal Convenção entrou em vigor em 11.11.1970 . Contudo, as regras dela constantes que cuidaram da abrogação total e retroativa das normas sobre prescrição para os crimes em questão gerou grande discussão, porque atinge o princípio da irretroatividade e, até mesmo, as bases do Estado Democrático de Direito (conforme TRIPPO, Mara Regina, *Imprescritibilidade penal, cit.*, p. 112-113.

[19] DOTTI, René Ariel. *Curso de direito penal. Parte geral*. 3ª ed. São Paulo: RT, 2010, p. 774, denomina tal modalidade de *"prescrição pela pena presumida"*.

[20] Idem, p. 774.

[21] VARGAS, Róbson de. O reconhecimento antecipado da prescrição penal retroativa. *Revista Brasileira de Ciências Criminais*. São Paulo: RT, v. 55, p. 339-363, jul.ago.2005, p. 351.

Apesar das referidas ponderações, o Superior Tribunal de Justiça firmou entendimento no sentido de que a prescrição virtual não encontra previsão legal e, por isso, não pode ser reconhecida, além de violar o princípio da presunção de inocência e da individualização da pena.[22] Nesse diapasão, aquela Corte editou a Súmula nº 438, segundo a qual "É inadmissível a extinção da punibilidade pela prescrição da pretensão punitiva com fundamento em pena hipotética, independente da existência ou sorte do processo penal". O mesmo posicionamento predomina no Supremo Tribunal Federal.[23] Na doutrina, porém, *de lege ferenda*, Guilherme de Souza Nucci[24] defende sua previsão expressa no ordenamento.

2. A prescrição retroativa: criação brasileira

Entre as modalidades de prescrição adotadas no ordenamento brasileiro, a que mais críticas têm sofrido ao longo do tempo é a prescrição retroativa, instituto desconhecido no direito estrangeiro.

A respeito, Heleno Cláudio Fragoso escreveu que foi vigoroso crítico da referida modalidade de prescrição mas, depois, passou a aceitá-la, em razão da "falência completa das penas privativas da liberdade e os longos prazos previstos pela nossa lei para a prescrição".[25]

A prescrição retroativa foi construída pela jurisprudência, especialmente, do Supremo Tribunal Federal, sob a vigência do Código Penal de 1940.[26] Conforme recorda Antonio Rodrigues Porto, em obra dedicada à prescrição penal, "enquanto não havia sentença condenatória, a prescrição se orientava pela pena máxima em abstrato, mas depois de fixada a pena, o montante desta era utilizado para o cálculo da prescrição nas fases anteriores do processo".[27]

---

[22] Nesse sentido, a título ilustrativo, vejam-se as decisões recentemente proferidas pelo Superior Tribunal de Justiça no AgRg no AREsp nº 45641/SP, Quinta Turma, Rel. Min. Jorge Mussi, j. 13.12.2011, DJe 1.2.2012; no HC nº 140118/SP, Quinta Turma, Rel. Min. Laurita Vaz, j. 13.12.2011, DJe 2.2.2012; no REsp nº 1269412/BA, Sexta Turma, Rel. Min. Vasco della Giustina (Desembargador convocado), j. 25.10.2011, DJe 17.11.2011 e AgRg no REsp nº 1215080/RS, Sexta Turma, Rel. Min. Maria Thereza de Assis Moura, j. 14.6.2011, DJe 22.6.2011.

[23] A título ilustrativo, de se trazer à colação os seguintes julgados: HC nº 83458/BA, Primeira Turma, Rel. Min. Joaquim Barbosa, j. 18.11.2003, DJ 6.2.2004, p. 38 e HC nº 96381/SP, Primeira Turma, Rel. Min. Carmen Lúcia, j. 28.9.2010, DJe 97, publicado em 24.5.2011, ambos afastando o instituto da prescrição virtual, por falta de previsão legal.

[24] NUCCI, Guilherme de Souza, *Código penal comentado, cit.*, p. 516.

[25] FRAGOSO, Heleno Cláudio, *Lições de direito penal, cit.*, p. 427.

[26] No entanto, antes mesmo do Código Penal de 1940, JESUS, Damásio E. *Prescrição penal*. 4ª ed. São Paulo: Saraiva, 1989, p. 128-129, cita acórdão do Supremo Tribunal Federal, de nº 28638, no qual a Corte concedeu a ordem admitindo o efeito retroativo com base na pena concretamente fixada, para contagem do prazo prescricional anterior à sentença condenatória.

[27] PORTO, Antonio Rodrigues, *Da prescrição penal, cit.*, p. 61.

Registra-se que, no final de 1947, a orientação do Supremo Tribunal Federal afastava a prescrição retroativa da pena, fixada em concreto, entendimento que persistiu até o final de 1950.[28]

A partir de 1951, entretanto, estabeleceu-se na Corte Suprema divergência de posicionamentos. A prescrição retroativa era defendida pelo Ministro Nelson Hungria e combatida pelo Ministro Luiz Gallotti. Até 1959, a posição contrária à prescrição retroativa predominou, ocasião em que se passou à igualdade de votos.[29] Porém, a partir de 1960, com a modificação da composição do Supremo, acabou por predominar a corrente que a preconizava,[30] dando origem, em 1964, à Súmula nº 146 ("A prescrição da ação penal regula-se pela pena concretizada na sentença, quando não há recurso da acusação").

Mas, mesmo com a Súmula, em 1970, houve restrição ao instituto da prescrição retroativa, passando-se a exigir alguns requisitos: sentença condenatória de primeiro grau, existência de apelação da defesa, inexistência de recurso da acusação e cômputo do prazo somente entre a data do recebimento da denúncia e a publicação da sentença condenatória.[31]

As referidas restrições persistiram até o final de 1974, quando, em virtude de nova modificação na composição da Corte Suprema, houve inclinação mais favorável ao instituto.[32]

A respeito das oscilações de entendimento na matéria, Magalhães Noronha[33] observava que a Súmula nº 146 sofreu variações em sua aplicação: reconhecia-se a prescrição, ou não, no período anterior à denúncia; aplicava-se ou não, havendo recurso acusatório improvido, etc.

Todos esses debates tinham lugar em virtude de o Código de 1940, como antes anotado, não cuidar do tema expressamente. O Código de 1969, que não chegou a entrar em vigor, igualmente, não adotou a prescrição retroativa. Mas, o Projeto de Lei 1.457, de 1973, do Executivo, que apresentou emendas ao Código Penal de 1969, cuidou da prescrição retroativa, no art. 111, § 1º, não mais exigindo recurso exclusivo da defesa.[34]

Embora o Código de 1969 não tenha entrado em vigor, o Projeto de Lei nº 1.457 deu origem à Lei 6.016, de 31.12.1973 e, desse modo, o art. 111, § 1º, entrou em vigor, admitindo a prescrição retroativa.[35]

---

[28] JESUS, Damásio E. *Prescrição penal, cit.*, p. 129-130.
[29] Conforme JESUS, Damásio E., *Prescrição penal, cit.*, p. 131.
[30] Conforme PORTO, Antonio Rodrigues, *Da prescrição penal, cit.*, p. 61.
[31] JESUS, Damásio E. *Prescrição penal, cit.*, p. 132.
[32] Idem, p. 132.
[33] NORONHA, Edgard Magalhães. *Direito penal*. 36ª ed. São Paulo: Saraiva, 2001. v. 1, p. 364.
[34] JESUS, Damásio E. *Prescrição penal, cit.*, p. 134-135.
[35] Idem, p. 135 e PORTO, Antonio Rodrigues, *Da prescrição penal, cit.*, p. 61.

A Lei 6.416, de 24.5.1977, modificou a disciplina da prescrição penal. De acordo com Paulo José da Costa Jr.,[36] o referido diploma legal restringiu a aplicação da prescrição retroativa, qualificando-a como espécie de prescrição da pretensão executória, em face do que dispôs o § 2º do art. 110 do Código Penal. Além disso, o mesmo dispositivo vedava a incidência da prescrição retroativa com termo inicial anterior à data do recebimento da denúncia. Não se admitia, assim, a prescrição entre a data da consumação do delito e o recebimento da denúncia ou queixa.

O Código Penal de 1984 reconduziu a prescrição retroativa à modalidade de prescrição da pretensão punitiva, ampliando sua incidência, no art. 110, § 1º, inclusive com termo inicial anterior à data do recebimento da denúncia ou queixa e com maior abrangência àquela que lhe atribuía o Supremo Tribunal Federal.

Da evolução histórica do instituto, verifica-se que a nova feição que foi conferida à prescrição retroativa pela Lei 12.234, de 5 de maio de 2010, eliminando-se sua incidência no lapso entre a data da consumação do delito e a data do recebimento da denúncia, não constitui inovação, mas retomada da orientação mais restritiva a seu respeito.[37]

3. A prescrição como imposição de eficiência aos órgãos incumbidos da investigação criminal

A Constituição Federal estabeleceu, em seu art. 144, que a investigação das infrações penais é atribuição das polícias judiciárias, federal e civil, em suas respectivas áreas de atuação, ou seja, a polícia federal atua como polícia judiciária da União, e as polícias civis, residualmente, quanto aos delitos que não dizem respeito à União, nem sejam militares (conforme inciso IV do § 1º e § 4º).

Às polícias federal e civil aplica-se, à evidência, o comando do art. 37 do texto constitucional. Desse modo, como integrantes da administração pública, suas atividades são regidas pelos princípios da legalidade, da impessoalidade, da moralidade, da publicidade (ressalvadas as hipóteses de investigações sob sigilo), e da eficiência.

O princípio da eficiência foi inserido no art. 37 da Constituição Federal por força da Emenda nº 19/98, que tratou da reforma administrativa.[38]

---

[36] COSTA JR., Paulo José. *Direito penal. Curso completo.* 5ª ed. São Paulo: Saraiva, 1999, p. 233-235.

[37] Sobre o referido texto legal, no tocante à supressão da prescrição retroativa entre a consumação do fato e o recebimento da denúncia, BITENCOURT, Cezar Roberto. Supressão de parcela da prescrição retroativa: inconstitucionalidade manifesta. *Revista Brasileira de Ciências Criminais.* São Paulo: RT, v. 87, p. 38-56, nov./dez. 2010, sustenta a sua inconstitucionalidade, por violação ao princípio da proporcionalidade e da duração razoável do processo.

[38] COUTINHO, Jacinto Nelson de Miranda. Ampla defesa e direito à contraprova. *Revista Brasileira de Ciências Criminais.* São Paulo: RT, v. 55, p. 364-386, jul.ago.2005, p. 370-372, realça a contraposição entre a adoção do conceito de eficiência, que é neoliberal, e o papel do Poder Judiciário de garante da Constituição. De acordo com o referido autor, a positivação da eficiência, ocorrida na Emenda Constitucional nº 19/98, procurou superar qualquer óbice vindo dos legalistas, que poderiam opor à aplicação desse conceito, sua falta de previsão legal.

Na doutrina, Odete Medauar[39] recorda que o termo "eficiência", vinculado à prestação de serviços públicos, já havia sido utilizado em alguns diplomas legislativos anteriores à Emenda Constitucional em foco, como a Lei Orgânica do Município de São Paulo, de 4.4.1990, e a Lei 8.987/95. Cuidando-se, porém, de princípio, há de ser observado por toda a Administração Pública, conforme preleciona a mencionada autora.[40]

Assim sendo, "o princípio da eficiência determina que a Administração deve agir, de modo rápido e preciso, para produzir resultados que satisfaçam as necessidades da população. Eficiência contrapõe-se a lentidão, a descaso, a negligência, a omissão – características habituais da Administração Pública brasileira, com raras exceções".[41]

Deve-se, porém, realçar sempre que a eficiência deverá ser alcançada com estrita obediência à legalidade.[42]

A fase de investigação, normalmente materializada no inquérito policial, é de extrema importância, voltando-se à apuração de autoria das infrações penais e coletando elementos probatórios, para viabilizar, eventualmente, o prosseguimento da persecução penal. É também nessa fase que são produzidas provas irrepetíveis, em especial as perícias, tais como o exame de corpo de delito, exames de local de crime e assim por diante.

Cabe à autoridade policial não somente preservar os elementos probatórios a serem coligidos, como presidir e orientar as investigações, por meio de diligências diversas.

Não é por outra razão que o art. 6º do Código de Processo Penal elenca uma série de providências que devem ser adotadas e efetivadas pela autoridade policial, como a preservação do local dos fatos, para realização das perícias; a apreensão de objetos que tenham relação com os fatos; a oitiva do ofendido e do suspeito; interrogatório do indiciado; a realização de reconhecimentos de pessoas e coisas e acareações; a determinação de realização de perícias; a oitiva de testemunhas, entre outras.

Por sua própria natureza e ainda pelo relevante risco de perecimento ou perda de provas, a investigação deve desenvolver-se sem demora e com eficiência, sempre respeitando o princípio da legalidade e os direitos e garantias fundamentais.

Esse complexo de atividades que integram a investigação, somada à falta de recursos pessoais e materiais para seu exercício e à burocracia enfrentada para que se realize o periódico controle jurisdicional sobre a investigação ou por parte do Ministério Público Federal, no caso das investigações da polícia federal, muitas

---

[39] MEDAUAR, Odete. *Direito administrativo moderno*. 6ªed. São Paulo: RT, 2002, p. 156.
[40] Idem, p. 157.
[41] Ibidem.
[42] A propósito, MELLO, Celso Antônio Bandeira de. *Curso de direito administrativo*. 12ª ed. São Paulo: Malheiros, 2000, p. 92.

vezes acarreta a tramitação lenta dos inquéritos policiais, que podem se arrastar por vários anos.

Ou seja, a realidade brasileira, no tocante às investigações, demonstra que o princípio da eficiência fica bastante prejudicado, quer quanto aos resultados alcançados, quer quanto ao tempo e recursos despendidos para sua efetivação.

E exatamente nesse contexto, a prescrição, sobretudo na modalidade retroativa, na redação originária do art. 110, § 1º, do Código Penal, representava, indubitavelmente, a imposição de eficiência aos órgãos estatais incumbidos da investigação.

Isto porque a prescrição nada mais é do que a limitação temporal para que o Estado exerça a pretensão punitiva ou a pretensão executória. Em outras palavras: a prescrição impõe ao Estado, nas várias fases da persecução penal e na própria execução da pena, que seja eficiente.

Não se trata, desse modo, de instituto voltado à impunidade, constituindo estímulo à ocorrência de delitos. *A contrario sensu,* só haverá impunidade se o Estado não atuar com eficiência, dentro do limite temporal que foi por ele próprio estabelecido.

Ao abolir a prescrição retroativa incidente no lapso entre a data da consumação do crime e a data do recebimento da denúncia ou queixa, a Lei nº 12.234, de 5 de maio de 2010, acabou por comprometer a observância do princípio da eficiência pelas polícias judiciárias, na fase de investigação. E dúvida não há de que a inexistência da prescrição retroativa nessa fase atingirá o resultado das investigações, pois é da natureza das coisas que o decurso do tempo minimiza sensivelmente as chances de recolher elementos probatórios úteis ao esclarecimento e apuração de delitos.

A alegada impunidade pela prescrição poderá ser substituída pela impunidade decorrente da perda ou do perecimento de elementos probatórios que poderiam integrar o inquérito policial, se tempestivamente colhidos.

4. Prescrição e duração razoável do processo

A ideia de que a conclusão do processo penal não deve tardar é antiga, havendo referência a ela já na Magna Charta, de 1215, na qual havia regra segundo a qual o rei inglês se comprometia a não negar, nem a retardar direito e justiça.[43] Também em Beccaria, na clássica obra *Dei delitti e delle pene*, sustenta-se que quanto mais pronta e próxima ao delito, a pena será mais justa e útil e, ainda, que o processo deve encerrar-se no menor tempo possível.[44]

---

[43] Conforme PASTOR, Daniel R. Acerca del derecho fundamental al plazo razonable de duración del proceso penal. *Revista Brasileira de Ciências Criminais.* São Paulo: RT, 2005, v. 52, p. 203-249, p. 209.

[44] BECCARIA, Cesare. *Dei delitti e delle pene.* S/indicação de cidade (Itália): Garzanti, 2000, p. 45-46 (observa--se que a citação em foco reproduz exatamente as referências que constam do livro, destacando-se que a citação de autor correta é BONESANA, Cesare, que era o Marquês de Beccaria. Nas páginas citadas, o referido autor

No entanto, o reconhecimento da duração razoável do processo como direito fundamental é recente. Na doutrina,[45] aponta-se a Convenção Europeia dos Direitos do Homem, subscrita em 4 de novembro de 1950, como primeiro diploma internacional a reconhecer o direito à duração razoável do processo, em seu art. 6º, § 1º, ("Toda pessoa tem o direito a que sua causa seja ouvida com justiça, publicamente, e dentro de um prazo razoável por um Tribunal independente e imparcial estabelecido pela Lei, que decidirá sobre os litígios sobre seus direitos e obrigações de caráter civil ou sobre fundamento de qualquer acusação em matéria penal dirigida contra ela").

Observa-se que o mesmo diploma possui outro dispositivo que se aplica particularmente ao processo penal e à situação em que há prisão cautelar. Trata-se do art. 5º, § 3º, que dispõe que: "Toda pessoa presa ou detida nas condições previstas no § 1º, c, do presente artigo, deve ser trazida prontamente perante um juiz ou um outro magistrado autorizado pela lei a exercer a função judiciária, e tem o direito de ser julgado em um prazo razoável ou de ser posto em liberdade durante a instrução. O desencarceramento pode ser subordinado a uma garantia que assegure o comparecimento da pessoa à audiência".

Também o Pacto Internacional de Direitos Civis e Políticos, que data de 1966, em seu art. 14, nº 3, alínea "c", previu como direito de toda pessoa acusada o julgamento sem dilações indevidas. E, de forma mais específica, dedicou o art. 9º, nº 1, às hipóteses em que há prisão cautelar, estabelecendo que "Qualquer pessoa, presa ou encarcerada em virtude de infração penal, deverá ser conduzida, sem demora, à presença do juiz ou outra autoridade habilitada por lei a exercer funções judiciais e terá o direito de ser julgada em prazo razoável ou de ser posta em liberdade. A prisão preventiva de pessoas que aguardam o julgamento não deverá constituir regra geral, mas a soltura poderá estar condicionada a garantias que assegurem o comparecimento da pessoa em questão à audiência, a todos os atos do processo e, se necessário for, à execução da sentença".

Como se verifica, a Convenção Europeia de Direitos Humanos deu maior amplitude ao direito à duração razoável do processo, estendendo-o para os processos não penais, diferentemente do que dispôs o Pacto Internacional de Direitos Civis e Políticos.[46]

---

preleciona: "Quanto la pena sarà più pronta e più vicina al delitto commesso, ella sarà tanto più giusta e tanto più utile. Dico più giusta, perché risparmia al reo gli inutili e fieri tormenti dell'incertezza, che crescono col vigore dell'immaginazione e col sentimento della propria debolezza; più giusta, perché la privazione della libertà essendo una pena, essa non può precedere la sentenza se non quando la necessità lo chiede. La carcere è dunque la semplice custodia d'un cittadino finché sia giudicato reo, e questa cutodia essendo essenzialmente penosa, deve durare il minor tempo possibile e dev'essere meno dura che si possa. Il minor tempo dev'esser misurato e dalla necessaria durazione del processo e dall'anzianità di chi prima ha un diritto di esser giudicato. La strettezza della carcere non può essere che la necessaria, o per impedire la fuga, o per non occultare le prove dei delitti. Il processo medesimo dev'essere finito nel più breve tempo possibile".

[45] Conforme LOPES Jr., Aury e BADARÓ, Gustavo Henrique. *Direito ao processo penal no prazo razoável*. Rio de Janeiro: Lumen Juris, 2006, p. 20.

[46] Veja-se, nesse sentido, LOPES Jr., Aury e BADARÓ, Gustavo Henrique, *Direito ao processo penal no prazo razoável, cit.*, p. 22-23.

Igualmente, a Convenção Americana de Direitos Humanos, também conhecida como Pacto de São José da Costa Rica, que data de dezembro de 1969, cuidou do direito à duração razoável do processo. No art. 8º, § 1º, entre as garantias judiciais, dispôs que "Toda pessoa tem direito a ser ouvida com as devidas garantias e dentro de um prazo razoável, por um juiz ou tribunal competente, independente e imparcial, estabelecido anteriormente por lei, na apuração de qualquer acusação penal formulada contra ela, ou para que se determinem seus direitos ou obrigações de natureza civil, trabalhista fiscal ou de qualquer outra natureza".

Também as Constituições, seguindo a tradição de encartar em seu bojo o rol de direitos fundamentais acolhidos expressamente por determinado Estado, passaram a prever, entre elas, o direito à duração razoável do processo.

Destaca-se, a nosso ver, a dicção adotada pela Constituição portuguesa, na tutela do referido direito fundamental, em seu art. 32, nº 2, ao prever que: "Todo o arguido se presume inocente até o trânsito em julgado da sentença de condenação, devendo ser julgado no mais curto prazo compatível com as garantias de defesa". E isto porque, apesar da previsão da duração razoável do processo, protege-se também o direito de defesa. Ou seja, não pode ser sacrificado o direito de defesa para alcançar-se a duração razoável do processo. O processo há de desenvolver-se dentro de determinados prazos, mas sem "atropelar", suprimir ou mitigar as garantias do direito de defesa.

Tem sido recorrente a discussão, sobretudo em reformas processuais, em torno da "celeridade processual", que tem relação com a duração razoável do processo. Contudo, não raro, tem-se procurado alcançar tal "celeridade" à custa de direitos fundamentais do acusado, notadamente, o direito à ampla defesa. Nessa esteira, para "abreviar" o processo, tem-se pugnado pela redução do número de recursos, pela brevidade de prazos para manifestações da defesa, pela restrição ao cabimento do *habeas corpus* e, até mesmo, pela modificação do conceito de "trânsito em julgado", que é preconizada pela chamada "PEC dos recursos".

Entretanto, é inadmissível que, para prestigiar a duração razoável do processo, se "desprotejam" outros direitos fundamentais, como é o direito ao devido processo legal, à ampla defesa, ao contraditório. A convivência entre tais direitos haverá de ser harmônica.

Daí sustentarmos que a duração razoável do processo deve ser atendida, com respeito aos demais direitos fundamentais do acusado, sobretudo sem tolher o que de mais precioso há: que é o direito à ampla defesa, com todos os meios e recursos que lhe são inerentes.

No sistema constitucional brasileiro, o direito à duração razoável do processo foi inserido, no próprio corpo do texto da Constituição, por meio da Emenda Constitucional nº 45, de dezembro de 2004, que acrescentou o inciso LXXVIII ao art. 5º ("a todos, no âmbito judicial e administrativo, são assegurados a razoável duração do processo e os meios que garantam a celeridade de sua tramitação"). No entanto, bem antes disso, esse direito já integrava o rol de direitos fundamentais no ordenamento brasileiro por força da incorporação de diplomas internacionais de direitos humanos que o contemplavam, no caso o Pacto Internacional de Direitos Civis e Políticos e a Convenção Americana de Direitos Humanos. Tal incorporação deu-se, respectivamente, por meio dos Decretos de nº 592, de 6 de julho de 1992, e de nº 678, de 6 de novembro do mesmo ano.

E sempre sustentamos,[47] com base no magistério de José Afonso da Silva,[48] Flávia Piovesan[49] e Antonio Augusto Cançado Trindade,[50] que os direitos fundamentais incorporados ao direito nacional, oriundos de convenções ou tratados internacionais de direitos humanos, têm envergadura constitucional. Assim, mesmo antes da Emenda Constitucional nº 45, que introduziu o § 3º ao art. 5º, incluindo, no rol de direitos fundamentais, o direito à razoável duração do processo, esse direito já apresentava *status* constitucional, em nosso entendimento, em razão da incorporação dos diplomas internacionais antes mencionados.

É que, anteriormente à referida Emenda, já com base no art. 5º, § 2º, do texto constitucional restava claro que os direitos fundamentais incorporados ao direito nacional, advindos de tratados internacionais de direitos humanos, tinham *status* de norma constitucional. Mesmo porque entendimento diverso implicaria admitir, em um mesmo ordenamento, direitos fundamentais de primeira e de segunda classe, sendo esses últimos aqueles que adviriam de incorporação de diplomas internacionais de direitos humanos que, nesse raciocínio, não teriam hierarquia constitucional, mas de lei ordinária.

Mas, o que é a duração razoável do processo?

Ao tratar do tema, na doutrina, Daniel R. Pastor, analisando a jurisprudência de vários países, como Alemanha, Espanha e Itália, bem como a do Tribunal Europeu de Direitos Humanos, sintetizou a posição dominante a respeito, a partir de dois critérios centrais: a) o prazo razoável de duração do processo penal não é um "prazo" em sentido processual, previsto em lei; cuida-se de analisar, depois de terminado determinado processo penal, se sua duração foi – ou não – razoável, levando-se em conta a complexidade do caso, a gravidade do fato, as dificuldades probatórias, a conduta do acusado e o comportamento das autoridades encarregadas da persecução penal; e b) comprovado que a duração não foi razoável, essa violação do direito fundamental deve ser compensada no plano material, penal ou civil, ou levar a sanções administrativas, penais ou disciplinares; somente em casos extremos se justificaria o encerramento da persecução penal.[51]

---

[47] Veja-se, de nossa autoria, a esse respeito, *O direito de não produzir prova contra si mesmo (o princípio 'nemo tenetur se detegere' e suas decorrências no processo penal)*. São Paulo: Saraiva, 2003, p. 65-66.

[48] SILVA, José Afonso da. *Curso de direito constitucional positivo*. 17ª ed. São Paulo: Malheiros, 2000, p. 197.

[49] PIOVESAN, Flávia. *Temas de direitos humanos*. São Paulo: Max Limonad, 1998, p. 36-37.

[50] TRINDADE, Antônio Augusto Cançado. *A proteção internacional dos direitos humanos*. São Paulo: Saraiva, 1991, p. 631-632.

[51] PASTOR, Daniel R. *Acerca del derecho fundamental al plazo razonable de duración del proceso penal*, cit., p. 220.

Outro entendimento, preconizado pelo mesmo autor,[52] defende que a duração razoável do processo haverá de ser regulamentada por lei, sendo que o juiz é o destinatário dos prazos fixados pelo Poder Legislativo.

Essa parece ser a melhor posição. A fixação do prazo razoável pelos Tribunais abre campo para decisões casuísticas, desprovidas de critérios seguros, o que pode conduzir ao completo esvaziamento do direito fundamental em questão. Depois, não se pode deixar de anotar que o processo penal é – todo ele – calcado no princípio da legalidade e, desse modo, sua fonte exclusiva, sobretudo em um Estado Democrático de Direito, é a lei.[53] Caberá, assim, ao Poder Legislativo estabelecer, em abstrato, com critérios claros e precisos, a duração razoável do processo, dando efetividade ao referido direito fundamental, de modo especial, nos em que houver prisão cautelar ou mesmo outras medidas cautelares decretadas, sejam elas pessoais ou patrimoniais, situações que reclamam a mais estrita observância de prazos.

Além disso, não basta a mera previsão de prazos para a duração do processo. É preciso atribuir consequências para o seu descumprimento, que levem ao desestímulo e à inibição da sua inobservância pelos órgãos incumbidos da persecução penal.

As consequências jurídicas previstas nos ordenamentos variam. Na doutrina,[54] aponta-se a existência de soluções compensatórias, de natureza civil ou penal. No plano civil, tem lugar indenização por danos materiais e/ou morais, mesmo que não tenha ocorrido prisão cautelar.[55] No âmbito penal, as consequências podem recair sobre a pena e a própria culpabilidade.[56] A esse respeito, Aury Lopes Jr. e Gustavo Badaró[57] sugerem a aplicação de circunstância atenuante genérica de pena, no caso de duração excessiva do processo penal que, poderia, inclusive, levar a pena abaixo do mínimo legal. Acrescentam ainda que seria possível a aplicação de perdão judicial, reconhecendo, assim, o caráter punitivo do tempo do processo.

Porém a solução mais satisfatória, preconizada pela doutrina, para compensar a duração excessiva do processo penal é a extinção da persecução penal.[58]

---

[52] PASTOR, Daniel R. *Acerca del derecho fundamental al plazo razonable de duración del proceso penal, cit.*, p. 228.

[53] Nesse sentido, veja-se PASTOR, Daniel R., *Acerca del derecho fundamental al plazo razonable de duración del proceso penal, cit.*, p. 228, ao afirmar que "En el régimen procesal penal de un Estado de Derecho la ley es la única fuente de sus normas".

[54] Conforme LOPES Jr., Aury e BADARÓ, Gustavo Henrique, *Direito ao processo penal no prazo razoável, cit.*, p. 120.

[55] LOPES Jr., Aury e BADARÓ, Gustavo Henrique, *Direito ao processo penal no prazo razoável, cit.*, p. 120.

[56] A esse respeito, PASTOR, Daniel R., *Acerca del derecho fundamental al plazo razonable de duración del proceso penal, cit.*, p. 218-219, observa que, na Alemanha, a compensação para a violação ao direito fundamental à duração razoável do processo penal vincula-se à pena a ser aplicada e à culpabilidade. Na Espanha, a compensação das dilações indevidas do processo penal recaem na pena.

[57] LOPES Jr., Aury e BADARÓ, Gustavo Henrique, *Direito ao processo penal no prazo razoável, cit.*, p. 124-125.

[58] LOPES Jr., Aury e BADARÓ, Gustavo Henrique, *Direito ao processo penal no prazo razoável, cit.*, p. 125-126 e PASTOR, Daniel R. , *Acerca del derecho fundamental al plazo razonable de duración del proceso penal, cit.*, p. 236-240.

Nessa esteira, diante da violação do prazo estabelecido para duração do processo penal, ocorreria o impedimento processual de prosseguir com a persecução penal, que se tornaria, então, ilegítima. Reconhece-se, contudo, a dificuldade em adotá-la nas legislações.

No ordenamento nacional, não há, como regra, previsão legislativa para duração do processo penal. A fixação de prazo, contemplada na no art. 8º da Lei nº 9.034, de 3 de maio de 1995, que cuidou da utilização de meios operacionais para a prevenção e repressão a ações praticadas por organizações criminosas, constitui exceção na legislação brasileira. Nesse dispositivo, estabeleceu-se que o prazo para encerramento da instrução criminal, nos processos por crime de que trata o referido diploma legal (ou seja, praticados por organizações criminosas), é de 81 dias para o acusado preso e de 120 dias para o acusado solto. No entanto, tais prazos não têm sido considerados peremptórios pela jurisprudência, ficando sujeitos à complexidade da causa, ao número de acusados, ao não encerramento da prova acusatória, à inexistência de demora atribuível à defesa.

Em outras palavras, predominam francamente na determinação da "duração razoável do processo" os critérios jurisprudenciais antes enumerados, que, reunidos, formariam juízo de razoabilidade sobre a duração do processo, e que, frequentemente, acabam por impedir o reconhecimento da duração excessiva do processo. E isso se verifica, não raro, inclusive em processos nos quais há prisão cautelar.

Além disso, o direito brasileiro não conhece soluções compensatórias para a duração excessiva do processo penal, limitando-se, quando há prisão cautelar, à determinação de sua cessação, sem prejuízo do prosseguimento do processo.

Nesse quadro, quer-nos parecer que a prescrição, sobretudo na modalidade retroativa, entre a data do recebimento da denúncia ou queixa e a data da publicação da sentença condenatória, bem como a prescrição intercorrente, podem contribuir para a duração razoável do processo. Nas palavras de Cezar Roberto Bitencourt, pela prescrição, evita-se a *"eternização da persecução penal"*.[59]

A esse respeito, na doutrina, Geórgia Bajer Fernandes de Freitas Porfírio sustenta que a prescrição retroativa é instituto neutro, que "vincula os agentes da persecução penal à rapidez, sem supressão das etapas procedimentais próprias à arguição da defesa e sem mitigação da persecução penal". Ou seja, por um lado, "é instrumento contra a prevaricação porque impulsiona a persecução penal rápida e efetiva, de outro, é garantia de liberdade porque proíbe persecução espraiada no tempo".[60]

Admitir-se a persecução penal sem prescrição, sem dúvida, dificulta a observância da duração razoável do processo.

---

[59] BITENCOURT, Cezar Roberto. Supressão de parcela da prescrição retroativa: inconstitucionalidade manifesta, *cit.*, p. 39.

[60] PORFÍRIO, Geórgia Bajer Fernandes de Freitas. Celeridade do processo, indisponibilidade da liberdade no processo penal e prescrição retroativa. *Revista Brasileira d e Ciências Criminais,* São Paulo: RT, p. 115-133, out./dez. 2003, p. 128 e 132-133.

Conclusão

A partir das reflexões apresentadas sobre o tema, é possível concluir que a prescrição desenvolve importante papel no Estado Democrático de Direito. Por um lado, estabelece limites para que o Estado desenvolva as atividades de persecução penal, não deixando a seu alvedrio o tempo em que ocorrerão. De outra parte, constitui-se em elemento impulsionador da otimização da investigação e da própria duração razoável do processo, impondo ao Estado obediência ao princípio da eficiência, de envergadura constitucional.

Nesse contexto, a prescrição retroativa, a mais criticada das modalidades de prescrição, é a que se mostra mais apta a impor eficiência ao Estado na persecução penal.

E, considerando-se que, estatisticamente, é na fase de investigação que ocorrem as maiores delongas, comprometendo inclusive os resultados alcançados, a prescrição retroativa deveria reassumir sua feição anterior à reforma trazida pela Lei nº 12.234, de 5 de maio de 2010, admitindo-se novamente a sua ocorrência entre a data da consumação do crime e a data do recebimento da denúncia ou queixa.

É tempo de dar efetividade ao princípio da eficiência na Administração Pública, notadamente junto aos órgãos incumbidos da persecução penal. E, nesse aspecto, a prescrição tem muito a contribuir.

Bibliografia

BATTAGLINI, Giulio. *Direito penal.* Trad. Paulo José da Costa Júnior, Armida Bergamini Miotto e Ada Pellegrini Grinover. São Paulo: Saraiva, 1973. v. 1.
BECCARIA, Cesare. *Dei delitti e delle pene.* S/indicação de cidade (Itália): Garzanti, 2000.
BITENCOURT, Cezar Roberto. Supressão de parcela da prescrição retroativa: inconstitucionalidade manifesta. *Revista Brasileira de Ciências Criminais.* São Paulo: RT, v.87, p. 38-56, nov.dez.2010.
BITENCOURT, Cezar Roberto. *Tratado de direito penal.* 8ª. ed. São Paulo: Saraiva, 2003. v. 1.
COSTA JR., Paulo José. *Direito penal. Curso completo.* 5ª.ed. São Paulo: Saraiva, 1999.
COUTINHO, Jacinto Nelson de Miranda. Ampla defesa e direito à contraprova. *Revista Brasileira de Ciências Criminais.* São Paulo: RT, v.55, p. 364-386, jul.ago.2005.
DOTTI, René Ariel. *Curso de direito penal. Parte geral.* 3ª.ed. São Paulo: RT, 2010.
FERRARI, Eduardo Reale. Prescrição da ação penal: suas causa suspensivas e interruptivas. São Paulo: Saraiva, 1998.
FRAGOSO, Heleno Cláudio. *Lições de direito penal:parte geral.* 11ª.ed. Rio de Janeiro: Forense, 1987.
GARCIA, Basileu. *Instituições de Direito Penal.* 7ª.ed. São Paulo: Saraiva, 2008. v.1, tomo II.
JESUS, Damásio E. *Prescrição penal.* 4ª.ed. São Paulo: Saraiva, 1989.
LOPES Jr., Aury e BADARÓ, Gustavo Henrique. *Direito ao processo penal no prazo razoável.* Rio de Janeiro: Lumen Juris, 2006.
MEDAUAR, Odete. *Direito administrativo moderno.* 6ª.ed. São Paulo: RT, 2002.
MELLO, Celso Antônio Bandeira de. *Curso de direito administrativo.* 12ª.ed. São Paulo: Malheiros, 2000.
NORONHA, Edgard Magalhães. *Direito penal.* 36ª.ed. São Paulo: Saraiva, 2001. v. 1.
NUCCI, Guilherme de Souza. *Código penal comentado.* 7ª.ed. São Paulo: RT, 2007.
OLIVÉ, Juan Carlos Ferré, PAZ, Miguel Ángel Núñez, OLIVEIRA, William Terra de, BRITO, Alexis Couto de. *Direito penal brasileiro: parte geral: princípios fundamentais e sistema.* São Paulo: RT, 2011.

PASTOR, Daniel R. Acerca del derecho fundamental al plazo razonable de duración del proceso penal. *Revista Brasileira de Ciências Criminais.* São Paulo: RT, 2005, v. 52, p. 203-249.

PIOVESAN, Flávia. *Temas de direitos humanos.* São Paulo: Max Limonad, 1998.

PORFÍRIO, Geórgia Bajer Fernandes de Freitas. Celeridade do processo, indisponibilidade da liberdade no processo penal e prescrição retroativa. *Revista Brasileira d e Ciências Criminais,* São Paulo: RT, p. 115-133, out.dez. 2003.

PORTO, Antonio Rodrigues. *Da prescrição penal.* 4ª.ed. São Paulo: RT, 1988.

QUEIJO, Maria Elizabeth. O direito de não produzir prova contra si mesmo (o princípio 'nemo tenetur se detegere' e suas decorrências no processo penal). São Paulo: Saraiva, 2003.

SILVA, José Afonso da. *Curso de direito constitucional positivo.* 17ª.ed. São Paulo: Malheiros, 2000.

TRINDADE, Antônio Augusto Cançado. *A proteção internacional dos direitos humanos.* São Paulo: Saraiva, 1991.

TRIPPO, Mara Regina. *Imprescritibilidade penal.* São Paulo: ed. Juarez de Oliveira, 2004.

VARGAS, Róbson de. O reconhecimento antecipado da prescrição penal retroativa. *Revista Brasileira de Ciências Criminais.* São Paulo: RT, v. 55, p. 339-363, jul.ago.2005.

Tema II

Prescrição: nova recorrência do legislador punitivista

Luiz Flávio Gomes

O tema prescrição, nos últimos dois anos, foi objeto de várias alterações. Entrou em vigor em 05.05.2010, a Lei 12.234/10. Foram alterados o artigo 109, VI, e 110 do CP. Das alterações, concluímos que a prescrição retroativa não desapareceu completamente. Tínhamos duas situações de prescrição retroativa: uma da data do fato até o recebimento da denúncia e outra desta data até a publicação da sentença.

Nas duas situações, bastava analisar a pena aplicada (com trânsito em julgado para a acusação) e o transcurso do tempo a que se refere o artigo 109. Podia a retroativa acontecer dentro do primeiro ou do segundo período prescricional (que não podiam ser somados). Ou dentro do primeiro ou dentro do segundo (sem nenhuma possibilidade de soma). Mas duas eram as possibilidades de prescrição retroativa (sempre contada a partir da pena fixada na sentença).

A reforma de 2010 revogou o § 2º (que permitia contagem de tempo anterior ao *recebimento* da denúncia ou da queixa) e, para que não haja nenhuma dúvida, reiterou no § 1º que não se pode reconhecer prescrição que tenha por termo inicial data anterior à da denúncia (aliás, mencionou errado, porque o marco é o recebimento da denúncia). O novo texto, como se vê, não proibiu o reconhecimento da prescrição retroativa com base na pena aplicada verificada entre o recebimento da denúncia e a publicação da sentença ou acórdão condenatório. Tínhamos duas hipóteses de prescrição retroativa: uma foi eliminada. Restou a outra.

Só não é possível (na prescrição retroativa) contar o tempo entre a data do fato e o recebimento da denúncia ou queixa. Em contrapartida, é possível ocorrer a prescrição entre o recebimento da denúncia ou queixa e a publicação da sentença. Em outras palavras: não é possível contar (para a prescrição retroativa ou virtual) o prazo pré-processual (ou extraprocessual). Só é possível contabilizar o prazo processual (a partir do recebimento da peça acusatória). Durante esse período extraprocessual (fase normalmente de investigação do fato) só existe a prescrição pela pena máxima em abstrato. Na prática, a reforma aqui descrita deu mais tempo para a investigação do crime. Mas isso não significa perpetuidade. Existe prescrição na fase anterior ao recebimento da denúncia, porém, contada pela pena máxima em abstrato (não pela pena fixada na sentença).

Ainda em 2010, o STJ aprovou a Súmula 438, de acordo com a qual: "é inadmissível a extinção da punibilidade pela prescrição da pretensão punitiva com fundamento em pena hipotética, independentemente da existência ou sorte do processo penal".

Jurisprudencialmente, portanto, está praticamente encerrada a discussão sobre a prescrição virtual. Na prática, pode ser que algum juiz ainda a admita, mas nas instâncias superiores o assunto está, pode-se dizer, acabado.

Uma nova alteração aconteceu com a Lei 12.650/12. O artigo 111 do Código Penal cuida do termo inicial da prescrição antes de transitar em julgado a sentença final, ou seja, ele traz o início da prescrição da pretensão punitiva. De acordo com o seu *caput*, a prescrição da pretensão punitiva começa a correr, agora, em cinco hipóteses.

A inovação tem por objetivo resguardar o direito à dignidade sexual do menor até que ele atinja a maioridade. Agora, o menor que for vítima de abuso sexual e não revelar o fato durante sua menoridade, pode agir a partir de seus dezoito anos, pois somente então a prescrição começa a correr.

Desta última inovação, poderíamos pensar em recente acontecimento que chocou os fãs de uma das artistas mais consagradas do Brasil. Xuxa relatou em rede nacional que teria sofrido vários abusos sexuais em sua infância. Sobre o assunto, devemos alertar que, de acordo com a nova lei, a prescrição da pretensão punitiva, nestes casos, começa a fluir com a maioridade da vítima, mas no caso da Xuxa, considerando a data provável de sua maioridade, hoje os crimes certamente estariam prescritos.

Nos crimes contra a dignidade sexual de crianças e adolescentes, previstos neste Código ou em legislação especial, diz o inc. V do art. 111, a prescrição contará *da data em que a vítima completar 18 (dezoito) anos, salvo se a esse tempo já houver sido proposta a ação penal*.

Impõe-se distinguir duas situações:

Primeira: não havendo ação penal proposta, a prescrição só conta a partir da data do 18º aniversário da vítima (computando-se o dia do início, por se tratar de prazo penal).

Questionamento: trata-se de um *novo* marco inicial do lapso prescricional. A lei nova impede, de maneira absoluta, o início do prazo, mesmo pela pena em abstrato, na fase de investigação, o que se desloca do sistema. Se o fato foi noticiado à autoridade policial, com representação ou início de inquérito policial, pensamos que deveria começar a correr o prazo (somente pela pena em abstrato aqui).

Segunda: havendo ação penal proposta (antes da celebração do 18º aniversário) surge a seguinte dúvida: a prescrição deve ser contada da (1) data da propositura da ação penal (denúncia ou queixa) ou (2) da data da consumação do crime ou a data da tentativa criminosa, como era a opção inicial do Congresso Nacional quando da apresentação do PLS 234/2009 (depois PL 6.719/2009)?

A fotografia normativa nos conduz a admitir a propositura da ação penal como a data do início da contagem da prescrição.

Mas contagem não pode ser confundida com interrupção. A interrupção do prazo prescricional continuará a ocorrer no recebimento da denúncia ou queixa pelo juiz (art. 117, I, CP c.c. art. 396 do CPP). Seu início se dá com a propositura da ação. Todas essas mudanças prejudiciais ao réu jamais poderão ter efeito retroativo. Lei nova desfavorável não pode retroagir contra o réu.

Tema III

Prescrição nos crimes militares

Paulo Roberto de Freitas Silva

Introdução

Tendo em vista as especificidades deste ramo do direito penal antes de se passar ao exame do tema, necessárias se fazem algumas considerações. O Decreto-Lei nº 1001, de 21 de outubro de 1969, que corresponde ao Código Penal Militar (CPM), a rigor não define o que se entende por crime militar.

O diploma em questão, em seu art. 9º, estabelece para o tempo de paz e no art. 10, em tempo de guerra, uma série de situações em que ocorrendo nos defrontamos com o seu objeto normativo.

Grosso modo, existem crimes militares somente definidos pelo CPM, seja o autor militar ou civil, conforme o tipo (ex. abandono de posto, ingresso clandestino e traição)[1] e aqueles igualmente tipificados pela legislação penal comum, que segundo as hipóteses discriminadas nos arts. 9º e 10, do CPM a eles se perfilam (ex. estelionato, lesões corporais e ameaça).

Sendo assim, este é o limitado campo de estudo a se percorrer, no tocante à prescrição em si, o assunto encontra-se positivado pelos arts. 124 a 133 do CPM.

Anote-se, de antemão, que o primeiro dispositivo invocado faz menção à prescrição da ação e da execução da pena.

A denominação no caso é inadequada, pois o que prescreve é a pretensão estatal no sentido de buscar a punição. Este direito, no entanto, pode prescrever ao longo da demanda penal.

Da mesma sorte, diante de um título condenatório irrecorrível prescreve a pretensão de executá-lo.

---

[1] Art. 195. Abandonar, sem ordem superior, o posto ou lugar de serviço que lhe tenha sido designado, ou o serviço que lhe cumpria, antes de terminá-lo: Pena – detenção, de três meses a um ano. Art. 302. Penetrar em fortaleza, quartel, estabelecimento militar, navio, aeronave, hangar ou em outro lugar sujeito à administração militar, por onde seja defeso ou não haja passagem regular, ou iludindo a vigilância da sentinela ou de vigia: Pena – detenção, de seis meses a dois anos, se o fato não constitui crime mais grave.
Art. 355. Tomar o nacional armas contra o Brasil ou Estado aliado, ou prestar serviço nas forças armadas de nação em guerra contra o Brasil: Pena – morte, grau máximo; reclusão, de vinte anos, grau mínimo.

1. Regras gerais à prescrição da pretensão punitiva

1.1. PRAZOS

Os prazos prescricionais e respectivos termos de contagem, quanto aos crimes apenados com penas privativas de liberdade, mantêm a mesma proporcionalidade e marcos do direito penal comum, no que couber.

A se destacar que o CPM contempla a hipótese de pena de morte (ex. no caso de traição, art. 355) evidentemente no caso de guerra declarada, conforme o permissivo disposto no art. 5º, inc. LXVII, alínea *a*, da Carta Política.

A propósito, a pena capital é executada por fuzilamento e prescreve em 30 (trinta) anos.

1.2. CONCURSO DE CRIMES

Nesses casos, aí incluindo o crime continuado, nenhum reparo a se observar a partir da apurada análise desenvolvida no ensaio "Da relação existente entre o crime continuado e a prescrição penal".[2]

Vale dizer, vige a regra comum no sentido de que cada crime que integra o concurso tem a sua prescrição examinada separadamente, ou seja, todo e qualquer acréscimo não interfere neste particular.

1.3. CAUSAS SUSPENSIVAS

Estas também chamadas impeditivas, nomenclatura adotada pelo CPB em seu art. 116, temos que os seus motivos, isto é, as questões prejudiciais e o cumprimento de pena no estrangeiro são comuns.

No que se refere às inovações trazidas pela Lei 9.271/96, que alterou, dentre outros, os arts. 366 e 368 do CPP, suspendendo a prescrição nas citações editalícias e por carta rogatória, verifica-se que a ementa da lei não fez qualquer menção ao Código de Processo Penal Militar (CPPM). Aliás, em regra, o legislador esquece da autonomia do processo penal militar, o que enseja certa insegurança na aplicação de novos institutos.

Sobre a suspensão condicional do processo e consequente prescrição (Lei 9.099/95, art. 89, § 6º), tem-se que a Lei 9.839/99, de discutível constitucionalidade, veda textualmente a aplicação da Lei dos Juizados Especiais na órbita da Justiça Militar.

---

[2] FAYET JÚNIOR, Ney. In *Prescrição penal*: temas atuais e controvertidos – Doutrina e Jurisprudência. Porto Alegre: Livraria do Advogado, 2007, p. 23-38.

1.4. CAUSAS INTERRUPTIVAS

O CPM (art. 125, § 5º) elenca como motivos: a instauração do processo e a sentença condenatória recorrível, neste ponto pacificamente entendido da mesma sorte o acórdão condenatório e respectivas publicações.

Merece sublinhar que o número é limitado, vez que no processo penal militar inexiste a figura do Tribunal do Júri não havendo de se falar em pronúncia. A ação penal militar é de natureza pública incondicionada, excepcionados os crimes contra a segurança externa (arts. 136 a 141 do CPM) pendentes de requisição e a ação penal privada subsidiária da pública nos termos do art. 5º, inc. LIX, da CF. Em consequência da natureza da ação, não há falar-se em decadência e em perempção.

1.5. REDUÇÃO DOS PRAZOS PRESCRICIONAIS

O art. 129 do Estatuto Penal Castrense, de igual sorte ao ordenamento penal comum, contempla a redução de prazo na mesma medida, isto é, da metade para o menor de 21 (vinte e um) anos ao tempo do crime.

No entanto, não avançou no sentido de favorecer o maior de 70 (setenta) anos, pois, mantém para este a mesma referência temporal. Neste ponto melhor se amolda às prioridades do idoso o CPB (art. 115) quando estabeleceu a data da sentença como marco divisório.

2. Regras especiais

O CPM não estabelece penas restritivas de direito de caráter alternativo como o preconizado no art. 43 do CPB.

Existem, no entanto, penas autônomas, expressamente estabelecidas no preceito secundário do tipo de índole restritiva de direitos; a saber: reforma (espécie de aposentadoria compulsória disciplinada pela Lei 6.880/90, Estatuto dos Militares) ou suspensão do exercício do posto, graduação cargo ou função. A estas sanções o art. 125 do CPM estabelece o prazo prescricional em 4 (quatro) anos. A exemplo, reportamo-nos ao art. 204 do COM,[3] que define o delito de exercício de comércio por oficial.

O código repressor castrense também não contempla penas pecuniárias. Merece comentar que o CPM prevê hipóteses de penas acessórias, instituto banido (ao menos sob este nome) do ordenamento penal ordinário com a Reforma Penal de 1984. Do rol verifica-se que algumas sanções se confundem com os chamados efeitos extrapenais da condenação previstos nos arts. 91 e 92 do CPB. Neste

---

[3] Art. 204. Comerciar o oficial da ativa, ou tomar parte na administração ou gerência de sociedade comercial, ou dela ser sócio ou participar, exceto como acionista ou cotista em sociedade anônima, ou por cotas de responsabilidade limitada: Pena – suspensão do exercício do posto, de seis meses a dois anos, ou reforma.

particular, a legislação penal militar assevera que é imprescritível a execução das penas acessórias à luz do art. 130 do CPM.

Neste caso, teríamos uma discutível exceção à regra, que impõe ao acessório o mesmo destino do principal, princípio obedecido pela lei ordinária à luz do art. 118 do CPB.

3. Da prescrição na insubmissão

Antes do estudo propriamente dito, convém registrar que o delito de insubmissão é o único crime militar que somente o civil pode praticar e encontra-se descrito no art. 183 do COM.[4] Esta particularidade decorre da condição pessoal daquele que é convocado, isto é, do agente necessariamente paisano, que deixa de cumprir com a obrigação de se apresentar para o serviço militar,[5] se designado para a incorporação. Incide também o civil que se apresenta, porém se ausenta antes do ato oficial de incorporação.

A pena é de impedimento, que como tal obriga o condenado a permanecer no interior do quartel sem prejuízo da instrução militar, porém fora do cárcere.

Quanto à prescrição propriamente dita, o art. 131 do CPM estabelece que esta começa a correr do dia em que o insubmisso completa 30 (trinta) anos. O prazo prescricional é o comum de 4 (quatro) anos para o maior de 21 (vinte e um) anos e de metade para o menor ao tempo da consumação.

Esta regra especial é válida para aquele que continua na condição de insubmisso: o chamado trânsfuga. Impende lembrar que este crime é permanente, segundo a maioria.

Assim sendo, aquele que não se apresenta voluntariamente e nem é capturado, terá a extinção da punibilidade pela prescrição às vésperas de completar 32 (trinta e dois) anos ou 34 (trinta e quatro) anos, conforme o caso.

Esta norma dá lugar à regra geral quando o insubmisso mais tarde é incorporado, isto é, admitido nas Forças Armadas, atendidos todos os pressupostos legais.

A exemplo: o autor é insubmisso com 18 (dezoito) anos e é incorporado com 20 (vinte) anos. Iniciado o processo corre a prescrição, no caso, pela pena *in concrecto* pelo prazo de 1 (um) ano e pela *in abstracto* de 2 (dois) anos, aplicando-se as demais regras comuns.

4. Da prescrição na deserção

Este crime propriamente militar, daqueles que só o militar pode praticar, sem dúvida é em que se encontram as maiores polêmicas acerca da temática em estudo.

---

[4] Art. 183. Deixar de apresentar-se o convocado à incorporação, dentro do prazo que lhe foi marcado, ou, apresentando-se, ausentar-se antes do ato oficial de incorporação: Pena – impedimento, de três meses a um ano.

[5] O art. 143, *caput*, da Carta Política assim dispõe: "O serviço militar é obrigatório nos termos da lei".

O conceito do tipo penal na sua espécie principal está descrito no art. 187, *caput*, do COM.[6]

Do preceito primário verifica-se que a deserção ocorre quando o militar, desautorizadamente, se ausenta do quartel ou do lugar em que deveria estar, por mais de oito dias.

Verifica-se desde logo a gravidade da conduta para a instituição militar, não só pela tipificação como pela pena, a nosso ver exacerbada em tempo de paz. No contraponto, tem-se que o mesmo comportamento para o servidor civil, em tese, constitui transgressão disciplinar, o que se justifica pela natureza e especificidade das funções em questão.

Dentre as várias peculiaridades da deserção, verifica-se que para se ver processar a praça sem estabilidade (casos mais frequentes) deverá readquirir a condição de militar. Sendo que esta foi perdida pela exclusão da respectiva Força Armada em face da consumação do delito, art. 456, § 4º, e art. 457, § 1º, ambos do CPPM.[7]

Significa dizer que o desertor não responde à revelia, e o feito é arquivado, se por algum motivo for julgado incapaz de retornar à Força.

Sobre a prescrição, o art. 132 do CPM estabelece que em relação às praças esta ocorre aos 45 (quarenta e cinco) anos de idade, e aos oficiais aos 60 (sessenta) anos.

Esta regra própria ressalva que há de ser obedecida, ainda que decorrido o prazo da prescrição, isto é, 4 (quatro) anos pela pena *in abstracto* e de 2 (dois) pela *in concreto,* segundo a regra geral, se o agente for maior de 21 (vinte e um) anos.

Quanto à regra especial, é relativamente pacífico o entendimento doutrinário e jurisprudencial no sentido da sua aplicabilidade em relação ao trânsfuga, vale dizer, aquele que está na clandestinidade.

---

[6] Art. 187. Ausentar-se o militar, sem licença, da unidade em que serve, ou do lugar em que deve permanecer, por mais de oito dias: Pena – detenção, de seis meses a dois anos; se oficial, a pena é agravada.

[7] Art. 456. Vinte e quatro horas depois de iniciada a contagem dos dias de ausência de uma praça, o comandante da respectiva subunidade, ou autoridade competente, encaminhará parte de ausência ao comandante ou chefe da respectiva organização, que mandará inventariar o material permanente da Fazenda Nacional, deixado ou extraviado pelo ausente, com a assistência de duas testemunhas idôneas. § 4º Consumada a deserção de praça especial ou praça sem estabilidade, será ela imediatamente excluída do serviço ativo. Se praça estável, será agregada, fazendo-se, em ambos os casos, publicação, em boletim ou documento equivalente, do termo de deserção e remetendo-se, em seguida, os autos à auditoria competente.

Art. 457. Recebidos do comandante da unidade, ou da autoridade competente, o termo de deserção e a cópia do boletim, ou documento equivalente que o publicou, acompanhados dos demais atos lavrados e dos assentamentos, o Juiz-Auditor mandará autuá-los e dar vista do processo, por cinco dias, ao procurador, que requererá o que for de direito, aguardando-se a captura ou apresentação voluntária do desertor, se nenhuma formalidade tiver sido omitida, ou após o cumprimento das diligências requeridas. § 1º O desertor sem estabilidade que se apresentar ou for capturado deverá ser submetido à inspeção de saúde e, quando julgado apto para o serviço militar, será reincluído.

Também é assentado que no curso do processo de deserção (que, repita-se, não corre à revelia) as regras aplicáveis são aquelas de natureza geral.

Neste sentido, trazemos os seguintes julgados:

HABEAS CORPUS – PENAL MILITAR – DESERÇÃO – PRESCRIÇÃO. O sistema do CPM configura duas hipóteses para a questão da prescrição, em caso de deserção. A primeira se refere ao militar que deserta e posteriormente é reincorporado, porque se apresentou voluntariamente ou foi preso. A este é aplicável uma norma geral relativa à prescrição prevista no CPM, art. 125. A segunda, é dirigida ao trânsfuga, ou seja, aquele que permanece no estado de deserção. A ele é aplicável a norma especial do CPM, art. 132. Nessa situação, só gozará a extinção da punibilidade ao atingir os limites de idade. O prazo prescricional só se configura com o advento dos 45 anos para os praças e 60 anos para os oficiais. *Habeas corpus* deferido. (HC nº 79432-7/PR, 2ª T. do STF, Rel. Min. Nelson Jobim, j. 14-10-99.)[8]

Outra questão pertinente é quanto ao termo inicial da contagem do prazo prescricional na fase extraprocessual. De certa forma, predomina o entendimento de que a deserção é um crime permanente, razão pela qual se aplica como critério o momento em que cessou o estado de permanência, o que ocorre com a captura ou a apresentação voluntária do agente (art. 125, § 2º, alínea *c*, do CPM).

Esta é a direção apontada pela jurisprudência:

PENAL MILITAR. PROCESSUAL PENAL MILITAR. APELAÇÃO. PRESCRIÇÃO. ARTS. 125, 129, 132 E 187, TODOS DO CÓDIGO PENAL MILITAR. ARTS. 451 E SEGUINTES DO CÓDIGO DE PROCESSO PENAL MILITAR. DESERÇÃO. CRIME PERMANENTE. ORDEM DENEGADA. I – O crime de deserção é crime permanente. II – A permanência cessa com a apresentação voluntária ou a captura do agente. III – Capturado o agente após completos seus vinte e um anos, não há falar na aplicação da redução do art. 129 do Código Penal Militar. IV – Ordem denegada. (HC nº 91873, STF, Rel. Min. Ricardo Lewandowski, j. 18-12-07.)

De outra banda, trazemos a posição do Ministro Carlos Alberto Marques Soares, que assim entende:

Afirmar que o delito de deserção se constitui num crime permanente é um equívoco que se contrapõe à natureza dos crimes de mera atividade. Além do mais uma das consequências da deserção ou da lavratura do respectivo termo configurador do crime é a exclusão do serviço ativo ou agregação no caso da praça estável, nos termos do artigo 456, § 4º, do Código de Processo Penal Militar. Ora, a praça ao ser excluída do serviço ativo, deixando, pois, de ser militar, sendo civil, não pode permanecer no cometimento de um ilícito que se exauriu no oitavo dia de ausência. Registre-se que o agente ativo dos delitos de deserção somente pode ser por militar em atividade. Nem o militar da reserva poderá ser desertor, salvo se convocado excepcionalmente. Daí podemos afirmar que a deserção é um delito de mera conduta e, como tal, é instantâneo de efeitos permanentes.[9]

Evidente que existem casos em que o acusado pratica reiteradas deserções, cujos processos serão sobrestados a partir da última exclusão ou agregação pela nova deserção. Assim sendo, importa saber qual o tratamento a ser dispensado no tocante à prescrição nos processos pendentes.

Neste particular é onde encontramos pontos de divergências, sobretudo jurisprudenciais por parte do STM, que têm oscilado, conforme veremos.

---

[8] Na mesma rota: HC nº 82075/RS (2ª Turma do STF, Relator Min. Carlos Veloso, j. 10-09-02).

[9] SOARES, Carlos Alberto Marques. "Da deserção e da prescrição – reflexões". In: *Revista Direito Militar*, nº 74, p. 7-8, 2008.

4.1. DA APLICAÇÃO DA REGRA GERAL NOS PROCESSOS SUSPENSOS

Este entendimento é pela impertinência da suspensão ou interrupção do prazo de 4 (quatro) anos ou 2 (dois) anos. Nesta linha, podemos citar:

RECURSO CRIMINAL – DESERÇÃO – EXTINÇÃO DA PUNIBILIDADE. A regra do art. 132 do CPM é aplicável ao militar que permanece no estado da deserção. Se, entretanto, apresentou-se ou foi capturado antes de completar a idade prevista no dispositivo, cessa a condição de desertor e o prazo prescricional começa a fluir, de acordo com o art. 125. Os §§ 4º e 5º dispõem, taxativamente sobre os casos de suspensão e interrupção da prescrição, os quais não incluem a hipótese de uma nova deserção do agente. Recurso ministerial improvido. Unânime. (RC nº 2001.01.006915-0/RJ, Rel. Min. José Julio Pedrosa, j. 01-02-02).

DESERÇÃO (ART. 187 DO CPM) – APELAÇÃO DA DEFESA – PEDIDO DE CONVERSÃO DA PENA DE PRISÃO EM TRATAMENTO AMBULATORIAL – JULGAMENTO SOBRESTADO EM RAZÃO DA NOVA DESERÇÃO – ADVENTO DA PRESCRIÇÃO DA PRETENSÃO PUNITIVA. 1. Deserções reiteradas. Apelante viciado em drogas. Pedido de absolvição ou, alternativamente, conversão da pena em tratamento ambulatorial; 2. O pedido restou prejudicado pelo implemento do prazo prescricional, com a consequente extinção da pretensão punitiva, ocasionado por nova deserção durante o tramite da apelação; 3. A preliminar de prescrição suscitada pelo Ministro Relator foi acolhida à unanimidade e, por maioria, o Tribunal decidiu não prosseguir no julgamento do mérito. (Apelação nº 2003.01.049395-8/RJ, Rel. Min. Marcos Augusto Leal de Azevedo, j. 17-04-07.)

Crítica corrente a esta posição é no sentido de abreviar o prazo prescricional favorecendo aos contumazes e até mesmo incentivando novas práticas.

4.2. DA APLICAÇÃO DA REGRA ESPECIAL NOS PROCESSOS PENDENTES

Existe uma corrente que entende pela inaplicabilidade da regra geral, pois o art. 132 do CPM trata de regra especial e não faz distinção entre o trânsfuga e aquele que retorna à Força.

Trazemos à colação o seguinte julgado:

DESERÇÃO. DECLARAÇÃO DA EXTINÇÃO DA PUNIBILIDADE APÓS COMETIMENTO DE NOVA DESERÇÃO. IMPOSSIBILIDADE. O artigo 132 do CPM, ao excepcionar a regra da prescrição para o crime de Deserção, previsto no artigo 187 do mesmo *Codex*, não especifica a situação de sua incidência, devendo ser aplicado tanto para os processos em que o desertor está foragido como para aqueles em que o desertor se apresenta ou é capturado e venha posteriormente a cometer outra deserção. "In casu", deve-se considerar a prevalência da regra específica do artigo 132 sobre a geral do artigo 125, ambos do CPM, ainda que ele tenha se apresentado voluntariamente e novamente incorrido em outra deserção, impossibilitando o julgamento do processo em comento. Provido o recurso do Ministério Público Militar. Decisão majoritária. (RC nº 2008.01.007498-7/RJ, Relator para o Acórdão Min. José Alfredo Lourenço dos Santos, j. 21-02-2008).[10]

O Ministro Carlos Alberto Marques Soares, pelo que se depreende, defende o que poderia se chamar de uma terceira via:

---

[10] De igual sentido: RC nº 2007.01.007441-3/RJ (STM, Relator Min. Willian de Oliveira Barros, j. 16-08-07).

O problema que tem sido questionado no Egrégio Superior Tribunal Militar seria no caso de reiteração delitiva, ou seja, o militar desertor que se apresenta ou é capturado e reincluído no efetivo de sua Força, volta a desertar levando na maioria das vezes à decretação da extinção da punibilidade pela prescrição da pretensão punitiva, tendo em vista a situação da menoridade, que reduz à metade o prazo prescricional. Ora, a meu sentir nesses casos o prazo prescricional deveria ficar suspenso nos moldes do previsto no § 4º, inciso I, do artigo 125 do Código Penal Militar. O texto em referência dispõe: "A prescrição da ação penal não corre: I – enquanto não resolvida, em outro processo, questão de que dependa o reconhecimento da existência do crime." O Egrégio Supremo Tribunal Federal tem decidido que o militar quando excluído ou não reincorporado às fileiras das Forças Armadas impede o prosseguimento do feito por perda da condição de procedibilidade ou de prosseguibilidade. Desse modo, a suspensão do prazo prescricional é imposição legal, tendo em vista a inequívoca condição que interfere na existência do crime de deserção, inclusive no delito anterior, posto que somente depois de submetido à inspeção de saúde e julgado "apto" e reincluído, é que o último processo e o primeiro poderão prosseguir.[11]

5. Da prescrição antecipada

Sobre esta discutível modalidade, verifica-se que à semelhança do direito comum, o CPM não dispõe de previsão legal, talvez o principal óbice ao seu reconhecimento.

O STM, podemos adiantar, segue a mesma linha do STF,[12] conforme as seguintes decisões:

> HABEAS CORPUS. DENÚNCIA. PRESCRIÇÃO. PENA *IN PERSPECTIVA*. INAPLICABILIDADE. Desnecessidade de constar pedido expresso de condenação na Exordial, sobretudo porque, pela sua própria natureza, o seu propósito é, sempre e unicamente, condenatório. Denúncia que se mostra precisa e clara no que diz respeito à definição e à classificação do crime atribuído ao Paciente. Impossibilidade da aplicação da prescrição da pena ideal ou in perspectiva, sobretudo porque se trata de proposta meramente especulativa e sem previsão legal, que, por isso, não se compraz com a segurança que se espera dos provimentos judiciais penais. Denegação da Ordem. Unânime. (HC nº 2009.01.034607-4/RJ, Rel. Min. Gen. Ex. Renaldo Quintas Magioli, j. 05-02-09.)
>
> RECURSO CRIMINAL. EXTINÇÃO DA PUNIBILIDADE EM DECORRÊNCIA DA PRESCRIÇÃO DA PRETENSÃO PUNITIVA PELA PENA IDEAL, A SER CONCRETIZADA EM SENTENÇA FUTURA. Inobservância a preceitos constitucionais – Devido processo legal e presunção de inocência. Antecipação da culpabilidade do acusado, sem que se percorram todas as etapas do processo. Ausência de previsão legal da alegada prescrição. Adoção pelo magistrado de uma suposta pena ideal, sem que tenha havido uma sentença condenatória. Para efeitos de prescrição, considera-se a pena in concreto, se operando o trânsito em julgado para o representante do Ministério Público Militar. Adota-se a pena *in abstrato* se existente recurso exclusivamente do *Parquet* Castrense. Recurso a que se dá provimento para desconstituir decisão de primeira instância e determinar o prosseguimento do feito. Decisão majoritária. (RC nº 2004.01.007166-6/RJ, Rel. Min. Carlos Alberto Marques Soares, p. 28-09-04.)

---

[11] SOARES, Carlos Alberto Marques. "Da deserção e da prescrição – reflexões". In: *Revista Direito Militar*, nº 74, 2008, p. 8.
[12] RHC nº 86.950-5/MG, STF, Relator. Min. Joaquim Barbosa, j. 07-02-06 e HC nº 94.729/SP, Relatora Minª Ehlen Gracie, j. 02-09-08.

6. Da prescrição da pretensão executória da pena privativa de liberdade

No que se refere à espécie, o CPM é mais sistemático e a regula especificamente em seu art. 126.[13]

No cotejo com as regras do CPB (arts. 110, 112, 113, 116, parágrafo único, e 117, no que couber) pouco resta a comentar no tocante a prazos, termos, causas suspensivas e interruptivas.

A destacar que a lei penal castrense não prevê aumento de prazo no caso de reincidência. Em contrapartida, estabelece o mesmo *quantum*, isto é, um terço para o criminoso habitual ou por tendência.

Conclusão

O Estado Democrático de Direito, dentre outras marcas, pressupõe como regra o princípio da prescritibilidade diante do poder punitivo estatal.

Entre nós, o art. 5º, incisos XLII e XLIV, da Lei Maior,[14] elenca as exceções e por via oblíqua confirma a premissa.

Assim sendo, entendemos não ser da melhor técnica se estabelecer marcos prescricionais a partir da idade do agente em decorrência do inevitável casuísmo. De outra banda, não se pode negar a óbvia especialidade do direito penal castrense.

A nosso juízo, ao inovar na redação dos arts. 131 e 132 do CPM,[15] o legislador valeu-se de um artifício para prolongar, exageradamente, a expectativa punitiva àqueles que permanecem na clandestinidade.

No tocante à insubmissão, embora exacerbado o resultado, menos mal, se comparado à deserção. O período de aflição chegaria no máximo a 14 (quatorze) anos, se considerarmos a idade mínima para a incorporação, 18 (dezoito) anos e a idade máxima para a extinção, no caso 32 (trinta e dois) anos.

Ocorre que o delito em questão, no nosso sentir, é crime permanente (o termo prescricional depende da sua cessação), assim sendo é necessário que se

---

[13] Art. 126. A prescrição da execução da pena privativa de liberdade ou da medida de segurança que a substitui (art. 113) regula-se pelo tempo fixado na sentença e verifica-se nos mesmos prazos estabelecidos no art. 125, os quais se aumentam de um terço, se condenado é criminoso habitual ou por tendência.

[14] Art. 5º Todos são iguais perante a lei, sem distinção de qualquer natureza, garantindo-se aos brasileiros e aos estrangeiros residentes no País a inviolabilidade do direito à vida, à liberdade, à igualdade, à segurança e à propriedade, nos termos seguintes: XLII – a prática do racismo constitui crime inafiançável e imprescritível, sujeito à pena de reclusão, nos termos da lei; XLIV – constitui crime inafiançável e imprescritível a ação de grupos armados, civis ou militares, contra a ordem constitucional e o Estado Democrático.

[15] Art. 131. A prescrição começa a correr, no crime de insubmissão, do dia em que o insubmisso atinge a idade de trinta anos. Art. 132. No crime de deserção, embora decorrido o prazo da prescrição, esta só extingue a punibilidade quando o desertor atinge a idade de quarenta e cinco anos, e, se oficial, a de sessenta.

estabeleça uma idade-limite a partir da qual o Estado perde o interesse de ter o agente nas fileiras militares.

A nossa crítica é quanto à atual idade-base, isto é, 30 (trinta) anos, a partir da qual ainda correm prazos. Afastando o mérito quanto à criminalização da conduta (em tempo de paz), urge a revisão da referida idade.

Na prática, uma eventual incorporação defasada acarreta problemas sociais graves, em regra nos deparamos com pais de família com a vida direcionada a outras lides. Além disto, já existem vários empecilhos legais por conta da situação militar sob pendência.

Quanto à deserção, se considerarmos a idade-limite para o oficial, ou seja, 60 (sessenta) anos, e que este tenha desertado aos 25 (vinte e cinco) anos, decorrerão 35 (trinta e cinco) anos para o reconhecimento da prescrição, se ele permanecer na clandestinidade. Lembremos que a pena capital prescreve em 30 (trinta) anos, art. 125, inciso I, do CPM.

Verifica-se, ainda, que desertar na presença do inimigo (art. 392 do CPM), por óbvio, em tempo de guerra, prevê a morte como pena máxima, a qual prescreverá em três décadas ou de metade. A situação, paradoxalmente, seria mais favorável dependendo da idade do agente.

No exemplo anterior, em tempo de guerra, o oficial com 25 (vinte e cinco) anos de idade teria a prescrição decretada aos 55 (cinquenta e cinco) anos e em tempo de paz aos 60 (sessenta) anos. A aberração ficaria ainda maior, se o oficial tivesse 20 (vinte) anos de idade, neste caso prescreveria aos 35 (trinta e cinco) anos contra os mesmos 60 (sessenta) anos.

Assim sendo, compartilhamos com o entendimento[16] de que, no caso da deserção, o dispositivo extrapolou e adentrou ao desproporcional e irrazoável, portanto conflita com a Constituição Federal.

Sob este aspecto, convém lembrar a pertinente lição de Luís Roberto Barroso, que em poucas linhas bem disse:

---

[16] Alexandre José de Barros Leal Saraiva (*Comentários à Parte Geral do Código Penal Militar*. Fortaleza: ABC Editora, 2007 p. 227-228) comenta: "A prescrição possui natureza jurídica de causa extintiva da punibilidade, isto é certo! Porém, vem o art. 132 criar uma aberração: a suspensão da eficácia do instituto, determinando que a extinção da punibilidade só ocorra, efetivamente, quando o desertor atingir a idade de 45 ou 60 anos, conforme seja praça ou oficial. Na verdade, os prazos prescricionais são contados de acordo com a regra geral do art. 125, apenas o principal efeito decorrente de sua superação, a extinção da punibilidade, é que sofre adiamento. Ora, a postergação na guarda menor sentido que a justifique, além de ensejar a inédita possibilidade de uma 'quase-imprescritibilidade'. Basta imaginar a deserção cometida por um jovem tenente de 20 anos. Por quatro décadas permanecerá sujeito à persecução criminal. Melhor seria se tivesse praticado um crime sancionado com a pena de morte, pois ficará sujeito a um prazo prescricional 25% menor: 30 anos (art. 125, I). É preciso também analisar a extensão deste art. 132, pois a norma refere-se apenas ao crime de deserção (art. 187). Contudo, há outros delitos muito próximos, inclusive consubstanciando modalidades especiais do delito, tais como os previstos nos arts. 188 (casos assemelhados à deserção), 190 (deserção especial) e 192 (deserção mediante fuga). É justo tratamento tão diverso para infrações absolutamente avizinhadas? No mais, não concordamos com o raciocínio de que a deserção é crime permanente. Em nossa crença, trata-se de crime instantâneo, conclusão que contraria o esforço daqueles que defendem as anomalias contidas nos arts. 131 e 132".

O princípio da razoabilidade é um parâmetro de valoração dos atos do Poder Público para aferir se eles estão informados pelo valor superior inerente a todo ordenamento jurídico: a justiça. Sendo mais fácil de ser sentido de que conceituado, o princípio se dilui em um conjunto de proposições que não o libertam de uma dimensão excessivamente subjetiva. É razoável o que seja conforme à razão, supondo o equilíbrio, moderação e harmonia; o que não seja arbitrário ou caprichoso; o que corresponda ao senso comum, aos valores vigentes em dado momento ou lugar.[17]

Além disto, em que pese a histórica discussão quanto à natureza do delito de deserção, temos que se trata de crime instantâneo com efeitos permanentes (prazo prescricional deflagrado ao tempo da consumação), segundo o art. 125, § 2º, alínea *a*, do CPM.

O principal argumento é quanto à impossibilidade de a conduta protrair-se no tempo, pois o tipo exige a condição de militar, situação perdida pela necessária exclusão da praça sem estabilidade. Às estáveis e aos oficiais o ato de exclusão não é imediato e merece outro olhar até que esta ocorra, se for o caso.

Além do mais, o núcleo do tipo é ausentar-se o que é diferente de permanecer ou continuar ausente.

Assim sendo, com todo respeito às posições majoritárias, entendemos que a regra geral é a única aplicável, com início da contagem do prazo de 4 (quatro) anos ao tempo da consumação do delito em vez da captura ou apresentação voluntária.

No que se refere aos processos sobrestados (por nova deserção), perfilamo-nos pela aplicação da regra geral (tópico 5.1.). Vale dizer, a marcha prescricional permanece hígida, pois a lei não prevê a hipótese de suspensão ou interrupção por deserção superveniente.

Na nossa visão, no entanto, melhor seria a previsão de suspensão do prazo nestes casos, afinal o processo foi sobrestado por culpa do agente. Esta medida, em princípio, poderia se dar por 4 (quatro) anos, que é o prazo geral de prescrição, pena *in abstracto*.

Há quem defenda que tal previsão existe por força do art. 125, § 4º, inciso I, do CPM. Discordamos porque, sobrevindo nova deserção, a anterior ou as anteriores serão suspensas aguardando condição de prosseguibilidade (retorno à Força), matéria processual; ao passo que o dispositivo remete a questões de direito material, a exemplo: menoridade, propriedade, estado civil, etc.

Convém reforçar o esquecimento da especificidade do Direito Penal Militar por parte do legislador, que mais uma vez deixou *in albis* qualquer referência a este ramo ao editar a recente Lei nº 12.234, de 05-05-10, que promoveu modificações no tocante à prescrição retroativa.

Concluímos desejosos que o Estado cada vez mais se aperfeiçoe e busque em todas as esferas do Poder reduzir ao máximo a aplicação do instituto, resguardadas todas as garantias constitucionais.

---

[17] BARROSO, Luís Roberto. *Interpretação e aplicação da Constituição*. São Paulo: Saraiva, 1996, p. 204-5.

Bibliografia

BARROSO, Luís Roberto. *Interpretação e aplicação da Constituição*. São Paulo: Saraiva, 1996.

FAYET JÚNIOR, Ney. *Prescrição penal*: temas atuais e controvertidos – Doutrina e Jurisprudência. Porto Alegre: Livraria do Advogado, 2007.

SARAIVA, Alexandre José de Barros Leal. *Comentários à Parte Geral do Código Penal Militar*. Fortaleza: ABC Editora, 2007.

SOARES, Carlos Alberto Marques. Da deserção e da prescrição – reflexões. In: *Revista Direito Militar*, nº 74, 2008.

Tema IV

Prescrição e segurança jurídica: considerações iniciais

Pedro Adamy

> *Lembremo-nos sempre do que ainda não houve.*
> *Retirou-lhes a tragédia a extensão dessa*
> *substância amorfa e escolhedora – o tempo.*
> *Esta horária vida não nos deixa encerrar parágrafos,*
> *quanto mais terminar capítulos. Entanto que,*
> *como viável esteira do próprio tempo,só nos resta,*
> *a nós, cegos rastreadores, o desconjuntado*
> *flou de uma má montagem.*
> Guimarães Rosa
> *Discurso de posse na Academia Brasileira de Letras*, 1967.

Introdução

A passagem do tempo não tem relevância apenas na vida das pessoas; também na vida do direito o contar de segundos, horas, dias, anos e décadas assume relevância e, com a aceleração das relações sociais, ganha em importância. O tempo, pela sua simples e inexorável passagem, gera consequências jurídicas importantes, que podem representar diferenças bastante significativas na liberdade, propriedade e dignidade das pessoas.

No presente artigo, não se pretende analisar a influência do tempo em si no direito. Pretende-se, sim, uma análise do tempo, de sua passagem e, mais relevante, das consequências de sua passagem, enquanto elemento indissociável da segurança jurídica. Como já decidido pelo STF:

> Todo o Direito Positivo é permeado por essa preocupação com o tempo enquanto figura jurídica, para que sua prolongada passagem em aberto não opere como fator de séria instabilidade intersubjetiva ou mesmo intergrupal.[1]

É esta a análise que se pretende aqui realizar: a passagem do tempo, com as respectivas consequências para o direito positivo, e de seu papel conformador e garantidor de segurança (também jurídica). E, neste contexto, assumem relevância as regras de prescrição – que nada mais são do que uma faceta (juridicizada) da passagem do tempo – na definição da segurança jurídica e, ao fim e ao cabo, do próprio direito. Na conhecida formulação de Canotilho, "o homem necessita de segurança para conduzir, planificar e conformar autónoma e responsavelmente

---
[1] STF, MS 25.403, Rel. Min. Ayres Britto, TP, DJ 10.2.11.

a sua vida".² Ou, como observa Pérez Luño,"la seguridad constituye un deseo arraigado en la vida anímica del hombre, que siente terror ante la inseguridad de su existencia, ante la imprevisibilidad y la incertidumbre a que está sometido".³ Em outras palavras: sem segurança não há liberdade, e sem liberdade não há dignidade e propriedade. Atribui-se, assim, à segurança jurídica um valor inerente e transversal perante todo o ordenamento jurídico e ao próprio direito, eis que se trata de um elemento justificador da necessidade de se estabelecer uma ordem que torne possível que as pessoas dimensionem seus atos e comportamentos de acordo com um direito certo e previsível, que consiste na necessidade que tem o indivíduo de saber anteriormente o direito a que se submeterá e as consequências advindas de suas condutas.

A segurança jurídica é composta por muitos elementos, subprincípios e princípios que a conformam, oferecem suporte – normativo e argumentativo – e concretizam seus mandamentos. Neste sentido, a prescrição será abordada como um dos muitos elementos que compõem a segurança jurídica na sua faceta formal--temporal, atuando como verdadeiro elemento estabilizador das relações sociais, fornecendo critérios temporais de calculabilidade e previsibilidade para os destinatários das normas que fixam os prazos prescricionais, garantindo, ao fim e ao cabo, a liberdade, a propriedade e a dignidade dos cidadãos.

1. Segurança jurídica

O tema da segurança jurídica vem ganhando importância há algumas décadas na doutrina estrangeira e, no Brasil, passou a ser objeto de notáveis estudos.[4] No entanto, nunca é demais ressaltar o papel da segurança jurídica, tanto para os cidadãos quanto para o próprio ordenamento jurídico. Como afirma H. Ávila, a segurança jurídica é um "ideal normativo de primeira grandeza em qualquer ordenamento jurídico, especialmente no ordenamento pátrio".[5] A segurança jurídica é uma "das vigas mestras do Estado de Direito" e um dos seus "subprincípios integradores".[6] Em outras palavras: sem segurança jurídica não existe Estado de Direito; sem Estado de Direito não é possível alcançar o estado de coisas definido pela segurança jurídica. Essa relação quase circular mostra o quão necessária é a segurança jurídica para a própria definição do conteúdo e do alcance do Estado de Direito.[7]

---

[2] CANOTILHO, J. J. Gomes, 2003, p. 257.
[3] PÉREZ LUÑO, Antonio Enrique, 1994, p. 24.
[4] Veja-se, por todos, o clássico estudo de COUTO E SILVA, Almiro, 2004a; e a abrangente obra de ÁVILA, Humberto, 2011, *passim*.
[5] ÁVILA, Humberto, 2011, p. 665. Reis Novais nos fala de um "elemento essencial ao Estado de Direito". NOVAIS, Jorge Reis, 2011, p. 261.
[6] COUTO E SILVA, Almiro, 2004a, p. 115;SOBOTA, Katharina, 1997, p. 154; SCHMIDT-AßMANN, Eberhard, 2004, p. 587. Afirma Schmidt-Aßman, com base em decisão do TCF alemão, que a "confiabilidade do sistema jurídico é condição básica de uma constituição que defende a liberdade".
[7] "O Estado de Direito ou é seguro, ou não é Estado de Direito". ÁVILA, Humberto, 2011, p. 207.

A segurança jurídica constitui, pois, um dos mais importantes princípios conformadores do Estado de Direito. Ademais, a segurança jurídica pode ser classificada como relevante garantia conferida ao cidadão, prescrevendo a necessidade de previsibilidade, calculabilidade e estabilidade nas relações jurídicas envolvendo os cidadãos entre si e, em grau ainda mais elevado, as relações entre Estado e indivíduo. Com efeito, não consta do texto constitucional previsão expressa seja da segurança jurídica em si, seja da necessidade de observância, por parte do Poder Público, da segurança jurídica em relação aos indivíduos. No entanto, mesmo não havendo tal disposição expressa no texto constitucional, ela é "seguramente um princípio essencial na Constituição material do Estado de Direito, imprescindível como é, aos particulares, para as necessárias estabilidade, autonomia e segurança na organização dos seus próprios planos de vida".[8] Poder-se-ia, no entanto, argumentar que o termo *segurança* constante, tanto do preâmbulo quanto do *caput* do art. 5º da CR/88, prevê também a segurança jurídica.[9] Tal asserção, contudo, é demasiado simplista. No caso da segurança jurídica, dá-se o fenômeno da existência de uma norma não expressa, uma norma sem que haja um dispositivo constitucional. Singelamente: há o mandamento constitucional da segurança jurídica, sem que haja a sua previsão literal[10] ou dispositivos expressos no texto constitucional.[11]

Tal fato já foi objeto de manifestação por parte do STF, ao assentar que "a Administração Pública é norteada por princípios conducentes à segurança jurídica – da legalidade, da impessoalidade, da moralidade, da publicidade e da eficiência. A variação de enfoques, seja qual for a justificativa, não se coaduna com os citados princípios, sob pena de grassar a insegurança".[12] O Tribunal, em acórdão relevante, deixou consignado que existe "obrigatoriedade da observância do princípio da segurança jurídica como subprincípio do Estado de Direito".[13] Nesse sentido, a jurisprudência do STF é clara e pacífica ao derivar a segurança jurídica do Estado de Direito, colocando-a como subprincípio ou como elemento conformador daquele. Além de ser definida como "uma projeção objetiva do princípio da dignidade humana",[14] ela pertence ao próprio "elemento conceitual do Estado

---

[8] NOVAIS, Jorge Reis, p. 261; veja-se, também, SOBOTA, Katharina, p. 155 e segs.

[9] ÁVILA, Humberto, 2011, p. 201-4.

[10] A emenda constitucional n°45/2004 incluiu o art. 103-A prevendo expressamente a súmula vinculante quando exista "controvérsia atual entre órgãos judiciários ou entre esses e a Administração Pública que acarrete grave insegurança jurídica...". Veja-se a análise de ÁVILA, Humberto, 2011, p. 204-5.

[11] GUASTINI, Riccardo, 2004, p. 103-6. ÁVILA, Humberto, 2008b, p. 30. Refere o autor: "Em alguns casos há norma mas não há dispositivo. Quais são os dispositivos que preveem os princípios da segurança jurídica e da certeza do Direito? Nenhum. Então há normas, mesmo sem dispositivos que lhes deem suporte físico". Prossegue afirmando que: "noutros casos há mais de um dispositivo, mas a partir deles só é construída uma norma. Pelo exame dos dispositivos que garantem a legalidade, a irretroatividade e a anterioridade chega-se ao princípio da segurança jurídica." (idem, p. 31).

[12] STF, MS 24.872, Rel.Min. Marco Aurélio, TP, DJ 30.9.05.

[13] STF, MS 22.357, Rel. Min. Gilmar Mendes,TP, DJ 5.11.04.

[14] STF, MS 25403, Rel. Min. Ayres Britto, TP, DJ 10.2.11.

de Direito".[15] Ainda, a jurisprudência do STF deixou assentado que "a segurança jurídica, como subprincípio do Estado de Direito, assume valor ímpar no sistema jurídico, cabendo-lhe papel diferenciado na realização da própria ideia de justiça material".[16] Além disso, a segurança jurídica confere "a estabilidade do ordenamento normativo do Estado, a segurança das relações jurídicas".[17]

Geraldo Ataliba, fazendo referência à forte ligação entre o princípio republicano e o Estado de Direito, assevera que os elementos conformadores "são, com igual importância, os princípios da legalidade, da isonomia e da intangibilidade das liberdades públicas, expandidos em clima no qual se assegura a certeza e a segurança no direito".[18] Por seu turno, K. Stern define que o "Estado de Direito significa que o exercício dos poderes estatais somente será admitido se estiver de acordo com a Constituição e com as leis aprovadas formal e materialmente com respeito à Constituição, com o objetivo de garantir a dignidade humana, a liberdade, a justiça e a segurança jurídica".[19] Também a necessidade de coerência do ordenamento jurídico pressupõe a existência de regras de prescrição. Com efeito, ausentes tais regras, poder-se-iam ter situações semelhantes tratadas de modos diversos, com prejuízos tanto para as partes envolvidas, como para a sensação geral de segurança no e do direito.

Como visto, o Estado de Direito impõe a busca de um ideal de juridicidade, de responsabilidade e de previsibilidade da atuação estatal ao mesmo tempo que exige segurança, protetividade e estabilidade para as garantias individuais. A indagação de Souto Maior Borges é certeira: "quais os valores que a segurança jurídica busca preservar, no âmbito do sistema constitucional tributário? A irretroatividade? A legalidade? A isonomia? A efetividade da jurisdição tributária, administrativa ou judicial?" A resposta é clara e simples: "Tudo isso junto e muito mais que isso".[20] A legalidade, a irretroatividade, a proteção da confiança e a boa-fé da administração, proteção do ato jurídico perfeito, da coisa julgada, entre tantos outros, que, mesmo com conteúdos axiológicos e fins próprios definindo estados ideais distintos, cumprem em conjunto o importante papel de definir e delimitar a segurança jurídica.[21] A segurança jurídica exige, para que o direito possa criar condições mínimas para a paz social e para o convívio em sociedade, que ele seja previsível, calculável e estimável.[22] Em outras palavras, a segurança

---

[15] STF, MS 25403, Rel. Min. Ayres Britto, TP, DJ 10.2.11.
[16] STF, MS 22.357, Rel. Min. Gilmar Mendes, TP, DJ 5.11.04.
[17] STF, ADI 2012-MC, Rel. Min. Celso de Mello,TP, DJ 12.4.02. Veja-se também: STF, MS 24268, Relª Minª Ellen Gracie. Rel. para o acórdão Min. Gilmar Mendes, TP, DJ 5.2.04; STF, MS 22315, Rel. Min. Gilmar Mendes, 2ª T, DJ 16.5.12; STF, RE 598099, Rel. Min. Gilmar Mendes, TP, DJ 3.10.11; STF, MS 22357, Rel. Min. Gilmar Mendes, TP, DJ 5.11.04.
[18] ATALIBA, Geraldo, 1985, p. 93.
[19] STERN, Klaus, 2000, pp. 615-6.
[20] BORGES, SoutoMaior, 1997, p. 206; veja-se, também, GUASTINI, Riccardo, 2011, p. 427-34.
[21] STF, MS 24.872, Rel.Min. Marco Aurélio, TP, DJ 30.9.05; CARVALHO, Paulo de Barros, 2003, p. 347.
[22] KAUFMANN, Arthur, 1997, p. 192-3.

jurídica se traduz, basicamente, na possibilidade de conhecimento ou previsão por parte dos indivíduos das consequências jurídicas de suas condutas.[23] Além disso, a segurança jurídica reclama do Estado clareza, publicidade, transparência e ausência de surpresa na sua atuação, de forma a garantir-se a confiança do cidadão no ordenamento jurídico. A segurança jurídica tende, ainda, a estabelecer um clima cívico de confiança na ordem jurídica, desde que fundadas em medidas razoáveis de previsibilidade e determinabilidade. Por seu turno, tais objetivos são concretizados por regramentos objetivos que disciplinam as relações jurídicas e sociais de forma mais direta.

Assim, além desses elementos, que possuem lugar de destaque na definição da segurança jurídica, também as regras prescricionais assumem papel concretizador da segurança jurídica. Por sua natureza menos abstrata e ampla, ou seja, por assumirem funções diferentes dos subprincípios que compõem a segurança jurídica, as regras de prescrição podem objetivamente definir consequências claras, precisas e diretas para a atuação dos particulares e do Estado. Como fica claro, a segurança jurídica é ampla, abstrata e vaga demais para oferecer, por si só, critérios objetivos e determináveis para as consequências das condutas dos particulares. Desta maneira, torna-se imperiosa a edição de regras que definam, expressamente, critérios objetivos – de preferência numéricos – sobre os efeitos e as consequências da passagem do tempo para as relações jurídicas, quer entre particulares, quer entre particulares e o Estado.

Pode-se dizer, em uma simplificação para fins metodológicos, que as regras de prescrição atuam em um segundo nível concretizador da segurança jurídica: em um primeiro nível, estariam subprincípios ou elementos conformadores, como a legalidade, a vedação de retroatividade, a garantia ao ato jurídico perfeito, a proteção da confiança, entre outros. Esses subprincípios ou elementos da segurança jurídica, apesar de também serem abstratos, já são capazes de informar, mesmo que de forma indireta, algumas consequências aos particulares e ao Estado de seus atos e dos efeitos da passagem do tempo em relação a estes. Em um segundo momento ou nível, encontrar-se-iam as regras de prescrição, reduzindo drasticamente a abstração e generalidade dos mandamentos, fixando critérios claros, diretamente subsumíveis e, acima de tudo, previsíveis e determináveis. O cidadão, ao agir, sabe que a passagem do tempo surtirá seus efeitos dentro dos prazos fixados nas regras de prescrição. Desta maneira, a segurança jurídica informa seus subprincípios que, por seu turno, informam as regras de prescrição, dando-lhes suporte normativo.

Não se deve, como parece óbvio, querer regular completamente o futuro, consolidando desde já situações jurídicas presentes para que seus efeitos sejam definidos. O futuro não pode ser um eterno prisioneiro do passado, as relações

---

[23] "O indivíduo tem do direito poder confiar em que aos seus actos ou às decisões públicas incidentes sobre os seus direitos, posições ou relações jurídicas alicerçados em normas jurídicas vigentes e válidas por esses actos jurídicos deixado pelas autoridades com base nessas normas se ligam os efeitos jurídicos previstos e prescritos no ordenamento jurídico." (CANOTILHO, J. J. Gomes, p. 257).

jurídicas e o próprio ordenamento devem ser passíveis de flexibilização em casos em que a manutenção dos efeitos gerará injustiças extremas.[24] No entanto, em momento algum se defende o engessamento de tais relações ou do próprio ordenamento, ignorando a necessidade de eventual flexibilização ou modificação. Propugna-se, ao contrário, a clara definição de critérios e consequências da passagem do tempo sobre as relações jurídicas e situações fáticas para que, completado o critério temporal, possam surgir os devidos efeitos, com as consequências para os sujeitos envolvidos. Como afirma H. Ávila, "determinabilidade não é sinônimo de determinação prévia. Determinabilidade é a possibilidade de fornecer pontos de partida para aquilo que é essencial a determinado âmbito normativo".[25] Mas, de outra parte, não pode ser autorizada ao Estado a tomada de medidas novas e em desacordo total com o que praticara até então, em claro choque com os direitos subjetivos criados, agindo em contradição com as que foram por ele próprio impostas, surpreendendo os que acreditaram nos atos do Poder Público.[26]

Objetivamente, as regras prescricionais representam a concretização, por meio do legislador, do sopesamento entre a possibilidade de conflitos eternos – o que, em tese, levaria ao atingimento futuro de uma resolução justa do conflito concreto atual – e a necessidade de conferir estabilidade, previsibilidade e confiabilidade às relações jurídicas interpessoais, mesmo que reconhecendo situações originariamente eivadas de vício ou ilegalidade como passíveis de gerar efeitos. Ao fazer isso, estipula que, após determinado lapso temporal, não mais se buscará a justiça naquela situação, preferindo-se pontualmente a segurança, que nada mais é do que uma forma de realização da justiça material.[27] É o que se passa a analisar.

2. Prescrição como elemento (necessário) da segurança jurídica

Como visto, a segurança jurídica tem um papel de destaque na atual conformação do Estado de Direito, atuando direta e indiretamente nas relações entre os indivíduos nas suas relações jurídicas privadas, e entre estes e o Estado. Sou-

---

[24] COUTO E SILVA, Almiro,2004b, p. 38.
[25] ÁVILA, Humberto, 2008a, p. 318.
[26] COUTO E SILVA, Almiro, 2004b, p. 38.
[27] Como afirma Couto e Silva, "em muitas hipóteses o interesse público prevalecente estará precisamente na conservação do ato que nasceu viciado mas que, após, pela omissão do Poder Público em invalidá-lo, por prolongado período de tempo, consolidou nos destinatários a crença firme na legitimidade do ato. Alterar esse estado de coisas, sob o pretexto de restabelecer a legalidade, causará mal maior do que preservar o *status quo*. Ou seja, em tais circunstâncias, no cotejo dos dois subprincípios do Estado de Direito, o da legalidade e o da segurança jurídica, este último prevalece sobre o outro, como imposição da justiça material." (COUTO E SILVA, Almiro, 2004a, p. 115). A jurisprudência do STF, claramente apoiada nos ensinamentos do professor gaúcho, também assim se manifestou: "Considera-se, hodiernamente, que o tema tem, entre nós, assento constitucional (princípio do Estado de Direito) e está disciplinado parcialmente, no plano federal, na Lei 9.784, de 29 de janeiro de 1999 (v.g. art. 2º). Em verdade, a segurança jurídica, como subprincípio do Estado de Direito, assume valor ímpar no sistema jurídico, cabendo-lhe papel diferenciado na realização da própria ideia de justiça material." (STF, Pet 2900-QO, Rel. Min. Gilmar Mendes, 2ª T, DJ 1.8.03).

to Borges afirma que a "segurança jurídica pode ser visualizada como um valor transcendente ao ordenamento jurídico, no sentido de que a sua investigação não se confina ao sistema jurídico positivo. Antes inspira as normas que, no âmbito do direito positivo, lhe atribuem efetividade".[28] Assiste razão ao professor pernambucano, no sentido de que, mesmo inexistindo mandamento constitucional expresso que obrigue os poderes estatais a observar a segurança, esta permeia todas as relações jurídicas. No entanto, para que esta segurança jurídica possa ser objetivamente concretizada, na maioria dos casos é necessária a mediação legislativa, que pode ocorrer de inúmeras formas. Esta mediação, em algumas hipóteses, ocorre pela adoção de regras de prescrição, com o claro intuito de estabilizar relações jurídicas afetadas pela passagem do tempo.

Em outras palavras, a segurança jurídica somente pode ser alcançada por meio da positividade e positivação do direito.[29] Pode-se dizer que a prescrição – ou as regras sobre os efeitos da passagem do tempo no direito – encontram a sua justificação nesta necessidade de positividade do direito.[30] O direito, antes de mais nada, tem a função de garantir as expectativas e pretensões da comunidade.[31] As conhecidas e bastante repetidas palavras de Goethe[32] de que é *preferível que se sofra uma injustiça a viver em um mundo sem lei*, representam bem essa necessidade de segurança que a positivação do direito confere às relações sociais.

A prescrição, atuando para conferir previsibilidade e calculabilidade a determinados aspectos da vida jurídica, estabilizando e impedindo que certas relações jurídicas se perpetuem, concretiza a segurança, oferecendo estabilidade aos indivíduos, reduzindo o risco e as incertezas em relação aos seus comportamentos. Assim, mesmo que haja vícios, ilegalidades ou outros tipos de defeitos na conduta, a superveniência do tempo, com a sua simples passagem, terá o condão, não de solucionar estes defeitos ou ilegalidades, mas apenas de estabilizar as relações jurídicas e os efeitos advindos de tais comportamentos.

O tema da prescrição já foi objeto de centenas de estudos, nas mais variadas áreas do direito. No direito civil, antes da sistematização proposta pelo CC de 2001, havia grandes debates sobre o tema, em especial sobre as diferenças – e as consequências de tal diferenciação – em relação ao fenômeno da decadência.[33] No campo penal, as discussões existem desde há muito e permanecem até hoje.[34] Para

---

[28] BORGES, Souto Maior, p. 206.
[29] RADBRUCH, Gustav, 1948, p. 28.
[30] KAUFMANN, Arthur, p. 191.
[31] LUHMANN, Niklas, 1993, p. 131 e segs. O autor, em sua conhecida definição da função do direito, nomeia duas principais: a garantia das expectativas (*Erwartungssicherung*) e o condicionamento do comportamento (*Verhaltenssteuerung*). (LUHMANN, Niklas, 1999, p. 73).
[32] "Es ist besser, es geschehe Dir Unrecht, als die Welt sei ohne Gesetz." (Citado por RADBRUCH, Gustav, 2003, p. 83. Reproduzido em PAUSCH, Alfons, 2000, p. 139. No mesmo sentido, PÉREZ LUÑO, Antonio Enrique, 2010, p. 220-1).
[33] Bastante conhecido foi o estudo feito por AMORIM FILHO, Agnelo, 1960, p. 7-37.
[34] Prova disto faz esta série de estudos publicados regularmente pelo Prof. Ney Fayet Júnior.

finalizar, no campo tributário, a prescrição ganhou nova regulamentação com a LC 118/2005, que, por seu turno, gerou grandes discussões, que ainda ressoam, no Judiciário brasileiro.[35] Poder-se-ia enumerar outras áreas, nas quais as discussões sobre a prescrição permanecem acessas. Deve-se notar, por oportuno, que este pequeno estudo não pretende esgotar o tema da prescrição e, muito menos, fazer as devidas e necessárias distinções entre esta e a decadência. Outros já o fizeram em maior qualidade e profundidade. Basta, para os fins aqui propostos, que reste claro que, assim como a prescrição, a decadência também representa um importante elemento de concretização objetiva da segurança jurídica. Em outras palavras, também a decadência é uma consequência jurídica objetiva da passagem do tempo que tem o condão de estabilizar relações e eliminar incertezas. Da mesma forma, irrelevante para os estreitos objetivos aqui pretendidos, é a diferenciação entre a prescrição no direito privado e no direito público. As distinções entre as áreas do direito no que concerne à prescrição não muda a sua principal característica: ela atua como consequência jurídica da passagem do tempo nas situações jurídicas, consolidando-as e eliminando incertezas e desacordos, ou seja, o principal fundamento da prescrição é a necessidade de estabilização de relações jurídicas incertas, suscetíveis de dúvidas e controvérsias, e cristalização de suas consequências jurídicas, encerrando-se dita incerteza em função da passagem do tempo.

Como afirma C. Beviláqua, "a prescrição, para cumprir seu efeito extintivo ou liberatório, não necessita de outro requisito, senão o decurso do tempo".[36] Aqui reside a principal característica que interessa ao argumento proposto: a passagem do tempo gera efeitos para aqueles que não exerceram as suas pretensões, criando situações jurídicas consolidadas, que não podem, salvo exceções expressamente previstas, ser modificadas, sem prejuízo para a própria ideia de segurança jurídica.[37]

A prescrição tem como função precípua a estabilização de situações jurídicas. Com este objetivo, pois, são estabelecidos prazos que, com a passagem do tempo, criarão estabilidade – e garantirão as legítimas expectativas – aos sujeitos envolvidos. Com efeito, tal estabilidade afigura-se extremamente relevante para a delimitação da segurança. Com a passagem do tempo, há uma natural consolidação das situações fáticas e de seus efeitos legais. Dessa forma, cabe ao direito positivo o estabelecimento de parâmetros – também temporais – para tal consolidação, para que ela se torne juridicamente definitiva, estável. Para que, enfim, concretize a segurança jurídica. A prescrição é, pois, uma consequência jurídica objetiva que decorre exclusivamente da passagem do tempo.

---

[35] Recentemente, os Tribunais Superiores se depararam com a questão da prescrição e sua íntima relação com a segurança jurídica com o advento da LC 118/05. O STF assim se manifestou: "Interpretação que preserva a força normativa da Constituição, que prevê disciplina homogênea, em âmbito nacional, da prescrição, decadência, obrigação e crédito tributários. Permitir regulação distinta sobre esses temas, pelos diversos entes da federação, implicaria prejuízo à vedação de tratamento desigual entre contribuintes em situação equivalente e à segurança jurídica". (STF, RE 556664, Rel. Min. Gilmar Mendes, TP, DJ 14.11.08).
[36] BEVILÁQUA, Clovis, 1976, p. 437.
[37] STF, MS 26117, Rel. Min. Eros Grau, TP, DJ 6.11.09.

As regras de prescrição, com sua objetividade numérica, são importantes, especialmente, por criarem uma certeza em relação à sua aplicabilidade ao caso concreto que evita, no mais das vezes, a arbitrariedade e a discricionariedade exacerbada. Imagine-se, hipoteticamente, que a estabilização de uma determinada situação jurídica devesse ser feita pelo julgador com base exclusivamente na segurança jurídica, com a sua natural abstração e generalidade. Fica claro que, já de início, a igualdade seria afetada significativamente, já que juízes, sem critérios objetivos a guiar sua decisão, poderiam conferir sentidos completamente diversos à segurança jurídica. Além disso, ao cidadão não seria possível prever e calcular quais as consequências do seu ato, porque, também ele, teria que, no momento da conduta, tentar definir o que significaria a segurança jurídica para fins de estabilização futura daquela realidade. Regras claras de prescrição, portanto, auxiliam na concretização da segurança jurídica, oferecendo parâmetros objetivos, que indicam precisamente aos cidadãos e aos julgadores quais os prazos que, uma vez decorridos, representam a perda da pretensão de um dos sujeitos envolvidos, com a posterior cristalização de seus efeitos jurídicos.

Não raro apresenta-se a prescrição – entendida como elemento concretizador da segurança jurídica – como conflitante com os mandamentos da justiça no caso concreto. Em suma, haveria um conflito entre a estabilização dos efeitos jurídicos pela passagem do tempo sobre uma determinada situação jurídica, e entre justiça em um caso concreto. Tal conflito já de há muito foi reconhecido, especialmente por G. Radbruch.[38]

Reconheça-se, no entanto, que a prescrição nada mais é do que uma das formas de positivação da segurança jurídica. Na conhecida lição de Radbruch, "se não é possível definir o que é o justo, deve-se definir o que deve ser conforme o direito (*rechtens*)".[39] Apesar da dificuldade de se definir o conteúdo, o alcance e os efeitos concretos da segurança jurídica sobre determinados fatos em abstrato, o legislador, fazendo previamente a ponderação entre todos os valores envolvidos nestas situações, define prazos prescricionais claros e determinados, dentro dos quais a segurança jurídica se sobreporá à justiça, já que a estabilização das relações será considerada como a realização da própria justiça material. G. Radbruch enumera expressamente a prescrição como um dos exemplos onde a segurança jurídica pode fazer com que situações ilegais sejam mantidas, ou os efeitos sejam devidamente atribuídos, "no interesse da continuidade e da segurança".[40] As regras de prescrição, portanto, são exatamente isso: a ponderação legislativa entre buscar a justiça não obstante a permanência dos conflitos durante longos períodos de tempo, e a de definição de prazos claros e coerentes para que se busque, pelos

---

[38] RADBRUCH, Gustav, 2003, p. 73; SCHMIDT-AßMANN, Eberhard, 2004, p. 587.

[39] RADBRUCH, Gustav, 2003, p. 73.

[40] RADBRUCH, Gustav, 2003, p. 75-6. No original: "In der Verjährung, der Ersitzung, dem privatrechtlichen Besitzschutz und dem völkerrechtlichen status quo wird im Interesse der Stetigkeit, also der Sicherheit des Rechtslebens auch den rechtswidrigen Zustand entrechtende oder berechtigende Wirkung beigemessen."; von ARNAULD, Andreas, 2006, p. 19; RADBRUCH, Gustav, 2003, p. 216.

meios processuais adequados, a realização da justiça, findo os quais, deverá a segurança prevalecer pontualmente, como forma de alcançar a própria justiça material naquele caso concreto. Reitere-se que a ocorrência da prescrição não altera a natureza da conduta ou a ilegalidade de sua origem; apenas as suas consequências serão estabilizadas e seus efeitos mantidos, como forma de obedecer aos mandamentos da segurança jurídica.[41]

Além disso, pode-se dizer, com H. Ávila, que a prescrição significa "um efeito jurídico instituído por regra infraconstitucional que marca a prevalência incondicional da segurança jurídica sobre a justiça".[42] Situações justas, que não se consolidam no tempo, não podem ser consideradas inteiramente justas, uma vez que ainda estão sujeitas a mudanças. Da mesma forma, injustiças cujos efeitos nunca cessem, mesmo depois da passagem de longos períodos de tempo, ofendem os mandamentos da segurança jurídica. Neste eterno conflito, caberá ao legislador sopesar e ponderar os mandamentos da segurança jurídica, com a necessidade inerente de justiça e igualdade e, ao fim e ao cabo, definir prazos fixos, previsíveis e precisos, ao fim dos quais a própria realização da justiça material será a consolidação das situações jurídicas existentes, mesmo que sua origem possa ser contestada.

Importante se ater ao fato de que a segurança obriga a ordem jurídica, como um todo, a conceder aos particulares, também, previsibilidade, calculabilidade e certeza das consequências jurídicas dos seus atos no tempo. O particular deve poder prever e calcular, diante dos atos jurídicos praticados ou não praticados, quais as consequências decorrentes de suas condutas, inclusive eventuais penas que lhe serão coativamente impostas, e em quais prazos estes efeitos surtirão efeitos ou, ainda, deixarão de surtir efeitos. Em outras palavras: a calculabilidade das consequências jurídicas de sua conduta por meio das regras sobre prescrição gera para o cidadão – e para a comunidade – segurança jurídica. O destinatário da regra pode saber de antemão durante quanto tempo ele estará sujeito às consequências jurídicas de sua conduta. É possível calcular riscos e planejar futuros atos e negócios jurídicos. Torna-se palpável a concretização de seus planos de vida, com a certeza de que, passado determinado período, aquelas consequências se cristalizarão e se eternizarão, não podendo ser revogadas ou retiradas de seu patrimônio, salvo casos excepcionais e expressamente previstos em lei. É a conclusão de Wiedemann, ao asseverar "que todos as previsões, cuja realização levam à perda de um direito, devem ser previstas da forma mais precisa possível (prazos, prescrição)".[43]

A prescrição, pois, tem natureza tão simples quanto importante: a passagem do tempo, com a consolidação de situações, funciona como elemento conformador do direito – e da própria justiça –, alimentando e reforçando a crença dos cidadãos na previsibilidade, na confiabilidade e na praticabilidade do direito aplicável

---

[41] Baseando-se na jurisprudência do TCF alemão, veja-se von ARNAULD, Andreas, p. 329.
[42] ÁVILA, Humberto, 2011, p. 347.
[43] WIEDEMANN, Herbert, 1973, p. 211.

às suas relações. Somente em casos extremos – aqui incluídos a má-fé, o dolo e a injustiça extrema – que a passagem do tempo não terá condições de consolidar situações com o intuito de impor a segurança (jurídica) aos destinatários das normas. O tempo, aliado às regras de prescrição, consolida situações jurídicas específicas, garantindo direitos aos sujeitos, conformando a própria noção de segurança jurídica que, ao fim e ao cabo, tem papel de relevância na própria definição da justiça material.

3. Prescrição: mera formalidade?

Há tempos que definir um argumento ou uma determinada posição teórica como *formalista* apresenta conotação pejorativa. *Formalidades legais* são quase anátemas em alguns setores da ciência jurídica. No entanto, a prescrição pode ser descrita como um limite formal, de natureza temporal, que define prazos objetivos para a estabilização de situações jurídicas. Note-se que, na maioria dos casos, esta mera formalidade é, em realidade, uma importante garantia ao cidadão. É sabido que, de tempos em tempos, a discussão sobre a prescrição é, acusada de ser excessivamente formalista, de dar relevância teórica e prática a *meras formalidades legais*, deixando de lado o direito substancial, esquecendo-se da "questão da justiça". Tais críticas, no entanto, esquecem-se que esta formalidade – a existência de regras objetivas e facilmente subsumíveis aos casos – representa importantes e relevantes garantias materiais aos mais básicos direitos fundamentais dos cidadãos.

Três exemplos podem aclarar o argumento: em primeiro lugar, a prescrição aquisitiva no direito civil, por meio da usucapião, representa uma forma de adquirir a propriedade. Imagine-se que, depois de anos como possuidor de boa-fé de uma determinada propriedade, já vencidos os prazos legais estipulados para a declaração de usucapião, venha o antigo proprietário requerer a propriedade do bem. Havendo os requisitos previstos em lei, a passagem do tempo se mostra como uma garantia ao possuidor de boa-fé, que será declarado proprietário; ainda, em segundo lugar, as prescrições no direito penal, muitas vezes coimadas de formalistas e injustas, que garantem ao acusado a impossibilidade de perpetuação de uma persecução criminal. A prescrição penal apresenta-se, portanto, como uma garantia ao mais importante valor de um ordenamento jurídico: a liberdade; por fim, a terceira hipótese, na qual a prescrição protege o cidadão para que não se prolonguem indefinidamente a possibilidade de execuções de créditos tributários, protegendo a sua propriedade e sua liberdade.[44] Como afirma von Arnauld referindo também

---

[44] Interessante a observação feita por Couto e Silva, citando estudo de Leitão de Abreu: "Lembra ainda Leitão de Abreu, invocando lição de Savigny, que 'as ações especiais do fisco sujeitavam-se à prescrição em época na qual as ações em geral eram imprescritíveis", sendo o prazo de vinte anos, como está expresso em fragmento de Hermogeniano'. E registra, ainda o mesmo autor: 'De qualquer forma, não deixa de ser curioso o fenômeno de haver precedido a consagração, embora parcial, da prescrição das ações fiscais à das demais ações. Tanto mais é isso para estranhar, quanto é exato que a evolução posterior do direito, até os tempos modernos, propende para inverter a posição anterior, pois, enquanto se mantinha a prescrição das ações em feral, recalcitrava-se em

à prescrição, "com a passagem de um determinado tempo, as situações jurídicas devem ficar fora de disputas",[45] consolidando direitos e eliminando incertezas e extinguindo pretensões.[46]

A *formalidade* da passagem do tempo será a diferença entre ser condenado a uma pena ou permanecer em liberdade. Será a diferença entre manter seu patrimônio ou sofrer uma execução fiscal. Será a diferença entre ter a posse de boa-fé e de tornar-se proprietário. Vê-se, portanto, que o tempo – cuja passagem é inexorável – tem efeitos bastante concretos no campo jurídico. A consolidação de situações jurídicas, a criação de direitos e a extinção de pretensões levam a marca do tempo na sua faceta prescricional.

Vê-se, pois, que as formalidades da prescrição representam, além de uma concretização objetiva da segurança jurídica, importantes garantias aos cidadãos nos seus mais básicos e relevantes direitos fundamentais. No dizer de H. Ávila, "o essencial é que a própria fixação de prazos opera em favor da estabilidade das situações jurídicas e da eliminação de incertezas".[47] Com a determinação objetiva de prazos, pode-se dizer, sem medo, que se incertezas houver, estas serão reconhecidamente menores do que na ausência de tais regras. Mesmo que se reconheça a natureza formal dos prazos estipulados, ou das próprias regras de prescrição, não se pode negar que as consequências advindas da aplicação destas formalidades estipuladas em lei, têm efeitos importantíssimos sobre o lado material das garantias fundamentais, quer do acusado em um processo penal, quer do executado em uma ação fiscal, quer do administrado em um processo administrativo, quer do possuidor de boa-fé.

Deve-se, pois, adotar uma postura em que a prescrição deixe de ser entendida como mera formalidade para tornar-se parte atuante da própria segurança jurídica, entendida em seu sentido material, ou seja, a realização ideal entre a previsibilidade das consequências jurídicas e a sua aceitabilidade geral do ponto de vista da realização da justiça material ao caso concreto, impossibilitando a eternização de conflitos, incertezas e ameaças. Necessário, também, deixar de lado a postura que entende as regras de prescrição como instrumentos para a chicana, para o desvio, para o descumprimento de outras regras. A prescrição deve, modernamente, ser entendida como um importante instrumento de realização da justiça material no caso concreto, como expressão objetiva da segurança.

---

admitir que as ações fiscais prescrevessem. No período regalista essa tendência ganhou foros de cidade, sendo expressão dela, no velho direito francês, o brocardo: *qui mange la vache du roi [à cent ans de là] en paye les os* e, no direito saxão, *nullum tempus ocurrit regis*'". (COUTO E SILVA, Almiro, 2004a, p. 114).

[45] Von ARNAULD, Andreas, p. 284.

[46] A jurisprudência do STF também caminha nessa direção: "A anulação tardia de ato administrativo, após a consolidação de situação de fato e de direito, ofende o princípio da segurança jurídica". (STF, MS 26117, Rel. Min. Eros Grau, TP, DJ 6.11.09, com os precedentes ali referidos.) "Como é sabido, o que é atingido pela prescrição são as pretensões e as ações. A prescrição é instituto de direito material que, diferentemente do que sucede com a preclusão ou decadência, não afeta o direito subjetivo, mas sim encobre ou bloqueia a pretensão." (COUTO E SILVA, Almiro, 2004a, p. 116).

[47] ÁVILA, Humberto, 2011, p. 347.

A prescrição é, da mesma forma, um importante instrumento limitador do poder estatal. As regras de prescrição conferem uma importante defesa ao indivíduo contra o arbítrio sem prazo, contra a eternização da ameaça de perseguição contra o administrado, contra o contribuinte, contra o acusado em investigação criminal. Em matéria penal e tributária, a prescrição tem relevância indiscutível. Prescrito o crédito tributário, não pode o Estado pretender a execução do devedor, mesmo que tenha havido o surgimento da obrigação tributária. Havendo, em matéria penal, a ocorrência de qualquer uma das espécies de prescrição – pretensão punitiva e pretensão executória – não há que se falar em seguimento da persecução criminal. Vê-se, pois, que a *mera formalidade* da ocorrência da prescrição tem efeitos profundos na definição da própria liberdade e dignidade dos indivíduos.

Por fim, não havendo um mínimo de consolidação das situações jurídicas com a passagem do tempo – independentemente da quantidade deste, fato que recai sob a responsabilidade do legislador – poder-se-ia dizer que há uma verdadeira *carte blanche* para o arbítrio, uma vez que o destinatário da norma – observada ou não – pode, a qualquer tempo, ser objeto de uma execução e/ou de um processo para o cumprimento da obrigação. Tal fato, que por si só já parece contraintuitivo, mostra como é importante e relevante a consolidação de situações jurídicas para a própria calculabilidade e previsibilidade do direito por parte dos destinatários. Impedir que situações jurídicas de conflito e dúvida se prolonguem eternamente nada mais é do que concretizar os mandamentos da segurança jurídica.

Conclusão

Sem segurança não há liberdade. Não há liberdade, uma vez que não é possível moldar a própria vida de acordo com seus planos sem um mínimo de previsibilidade e calculabilidade.[48] Não há liberdade se existe a possibilidade de eternização de conflitos, de incertezas e da possibilidade de ser perseguido judicialmente por atos ocorridos há muitos e muitos anos. Sem segurança, outras garantias existentes também restam severamente prejudicadas. Sem segurança não se pode planejar e prever as suas relações patrimoniais, uma vez que não haverá a estabilização dos efeitos de negócios jurídicos que as envolve.

A prescrição, como elemento concretizador da segurança jurídica, pode ser considerada como um "elemento conservador inserido na ordem jurídica",[49] a proibir a eternização de conflitos, gerando previsibilidade e certeza em relação aos efeitos que surgirão com a passagem do tempo nas relações dos indivíduos entre si e destes com o Estado. O tempo, enfim, não pode ser um "fator de séria

---

[48] "A liberdade exige a confiabiabilidade da ordem jurídica. Uma vez que liberdade significa, antes de tudo, a possibilidade de conformar a própria vida de acordo com os próprios planos". Excerto de uma conhecida decisão do TCF alemão. (BVerfGE 60, 253 [268]).
[49] COUTO E SILVA, Almiro, 2004b, p. 38.

instabilidade intersubjetiva",[50] como decidiu o STF, mas deve, antes, ser um fator que confere previsibilidade e planejabilidade aos indivíduos; que indica a impossibilidade de disputas e conflitos eternos; que, por fim, confere segurança à vida em sociedade.

A prescrição, pois, tem natureza tão simples quanto importante: a passagem do tempo, com a consolidação de situações, funciona como elemento estabilizador do direito – e da própria justiça –, alimentando e fortalecendo a crença dos cidadãos na previsibilidade, na confiabilidade e na calculabilidade do direito aplicável às suas relações. Somente em casos extremos – aqui incluídos a má-fé, o dolo e a injustiça extrema – é que a passagem do tempo não terá a condição de consolidar situações com o intuito de impor a segurança (jurídica) aos destinatários das normas. O tempo, aliado às regras de prescrição, consolidam situações jurídicas específicas, garantindo direitos aos sujeitos, moldando a própria noção de segurança jurídica que, ao fim e ao cabo, tem papel de relevância na própria definição de justiça. Assim, a passagem de "uma camada razoável de tempo"[51] terá o condão de cristalizar situações jurídicas, concretizando o dever constitucional de segurança jurídica como a própria realização da justiça material no caso concreto.

As regras de prescrição, portanto, são a objetivação deste desejo inerente aos homens por segurança, presente e futura, ao confirmar que seus planos de vida podem ser previsíveis e realizados de acordo com regras claras, inexistindo a possibilidade de conflitos e incertezas eternas. Além disso, as regras prescricionais oferecem a garantia de que, com a inexorável passagem dos dias, também os efeitos dos seus atos permanecerão, tais quais as marcas no rosto.

Por fim, se a vida, como disse Guimarães Rosa, não nos deixa terminar parágrafos e capítulos, a paciência do leitor exige que se termine, pelo menos, este.

Bibliografia

AMORIM FILHO, Agnelo. Critério científico para distinguir a prescrição da decadência e para identificar as ações imprescritíveis. In Revista dos Tribunais. São Paulo, ano 49, n. 300, pp. 7-37, outubro de 1960.
ATALIBA, Geraldo. República e Constituição. São Paulo: Revista dos Tribunais, 1985.
ÁVILA, Humberto. Segurança Jurídica. São Paulo: Malheiros, 2011.
——. Sistema Constitucional Tributário. 3ª ed. São Paulo: Saraiva, 2008a.
——. Teoria dos princípios. 8ª ed. São Paulo: Malheiros, 2008b
BEVILÁQUA, Clóvis. Código Civil dos Estados Unidos do Brasil – Comentado. Ed. Histórica, 2ª tir. Vol I. Rio de Janeiro: Ed. Rio, 1976.
BORGES, Souto Maior. O princípio da segurança jurídica na criação e aplicação do tributo. In Revista de Direito Tributário, São Paulo, Vol. 63, 1997.
CANOTILHO, J.J. Gomes. Direito Constitucional e Teoria da Constituição. 7ª ed. Coimbra: Almedina, 2003.
CARVALHO, Paulo de Barros. Tributo e Segurança Jurídica. In LEITE, George Salomão (Org.). Dos princípios constitucionais. Considerações em torno das normas principiológicas da constituição. São Paulo: Malheiros, 2003.

---

[50] STF, MS 25403, Rel. Min. Ayres Britto, TP, DJ 10.2.11.
[51] COUTO E SILVA, Almiro, 2004b, p. 29.

COUTO E SILVA, Almiro. Prescrição Quinqüenária da pretensão anulatória da administração pública com relação a seus atos administrativos. *Revista da Procuradoria Geral do Estado*, Porto Alegre, vol. 27, Suplemento, 2004a.

——. Princípios da legalidade da administração pública e da segurança jurídica no Estado de Direito contemporâneo. *Revista da Procuradoria Geral do Estado*, Porto Alegre, vol. 27, Suplemento, 2004b.

GUASTINI, Riccardo. *L'interpretazione dei documenti normativi*. Milano: Giuffrè, 2004.

——. *La sintassi del diritto*. Torino: Giappichelli, 2011.

KAUFMANN, Arthur. *Rechtsphilosophie*. 2ª ed. Munique: C.H. Beck, 1997.

LUHMANN, Niklas. Die Funktion des Rechts: Erwartungssicherung oder Verhaltenssteuerung. *In* LUHMANN, Niklas. *Ausdifferenzierung des Rechts*. Frankfurt a.M.: Suhrkamp, 1999.

——. *Das Recht der Gesellschaft*. Frankfurt a.M.: Suhrkamp, 1993.

NOVAIS, Jorge Reis. Os princípios constitucionais estruturantes da República Portuguesa. Coimbra: Coimbra Editora, 2011.

PAUSCH, Alfons. *Goethe Zitate für Juristen*. Köln: Otto Schmidt, 2000.

PÉREZ LUÑO, Antonio Enrique. *Teoría del Derecho*, 9ª ed. Madri: Tecnos, 2010.

——. *La seguridad jurídica*. Barcelona: Ariel Editorial, 1994.

RADBRUCH, Gustav. *Rechtsphilosophie. Studienausgabe*.2ª ed. Heidelberg: C.F. Müller, 2003.

——. *Vorschule der Rechtsphilosophie*. Heidelberg: Schrer, 1948.

SCHMIDT-AßMANN, Eberhard. Der Rechtsstaat. *In* ISENSEE, Josef, KIRCHHOF, Paul (Orgs.) *Handbuch des Staatsrechts*. 3ª ed. Vol. II. Heidelberg: C.F. Müller, 2004.

SOBOTA, Katharina. *Das Prinzip Rechtsstaat*. Tübingen: Mohr Siebeck, 1997.

STERN, Klaus. *Das Staatsrecht der Bundesrepublik Deutschland*. Vol. I. Munique: C. H. Beck, 2000.

VON ARNAULD, Andreas. *Rechtssicherheit*. Tübingen: Mohr Siebeck, 2006.

WIEDEMANN, Herbert. Rechtssicherheit – ein absoluter Wert? Gedanken zum Bestimmtheitserfordernnis zivilrechtlicher Tatbestände. *In* PAULUS/DIEDRICHSEN/CANARIS. *Festschrift für Karl Larenz zum 70. Geburtstag*. Munique: Beck, 1973.

Tema V

Da incidência de prescrição penal no direito administrativo sancionador: contornos atuais de incidência no processo administrativo disciplinar e na ação de improbidade administrativa, sob o enfoque do direito fundamental à tutela jurisdicional

Alexandre Schubert Curvelo

Alessandra Krüger

Introdução

Os fenômenos sociais são somente passíveis de compreensão dentro da dimensão de tempo em que se inserem, dentre eles, especialmente, o Direito. No caso do Direito, as normas jurídicas constitucionais ou infraconstitucionais devem construir uma ideia de ordem, a qual demanda a limitação do espaço temporal, contudo. O princípio da segurança jurídica forma um dos pilares da nossa Carta Maior, constante do rol de direitos fundamentais e individuais (art. 5º, *caput*) e sociais (art. 6º), e implícito na cláusula do Estado Democrático de Direito (art. 1º), do princípio da legalidade (art. 5º, II), da proteção do direito adquirido, ao ato jurídico perfeito e à coisa julgada (art. 5º, XXXVI).

A possibilidade de alteração das relações jurídicas estabilizadas ou a ameaça de punição *ad eternum* geram insegurança cujos custos sociais excedem eventuais benefícios em casos isolados. Não se justificam, ademais, pois à medida que situações se consolidam, apagam-se provas, esvaem-se memórias, desaparecem motivos à aplicação das normas que em tempos pretéritos seriam de legítima aplicação. Dentre as soluções possíveis, escolheu nosso Constituinte por fazer prevalecer o valor segurança, em detrimento do totalitarismo do processo kafkiano, no qual "Nenhum documento é perdido. O Tribunal nunca esquece".[1]

Assim sendo, a prescrição, em qualquer área do direito, apresenta-se como princípio de ordem pública, visando à estabilização das relações jurídicas. A im-

---

[1] "*Es geht keine Akte verloren. Es gibt bei Gericht kein vergessen*". KAFKA, Franz, 2006, p. 176.

prescritibilidade é a exceção, necessitando autorização expressa do constituinte, e apresentando-se como atentatória ao preceito da segurança jurídica, salvo suficiente justificação, pela ponderação com outros princípios. No âmbito da pretensão sancionatória, seja na esfera penal, civil ou administrativa, a restrição temporal assume inclusive maior relevância, não se concedendo guarida à inércia Estatal, independentemente da gravidade da conduta do particular,[2] variando, em função desta última, somente a extensão do prazo prescricional.

A aplicação do correto prazo prescricional é imprescindível para a manutenção da segurança e ordem jurídicas; contudo, é matéria que suscita reiteradamente pronunciamentos doutrinários e jurisprudenciais divergentes, mormente ante algumas incongruências e omissões legislativas, a ensejar melhor análise. Para além disso, a debilidade legislativa de alguns Municípios e Estados brasileiros, bem como a inexistência de uma *jurisdição administrativa* formalmente instituída, é capaz de provocar diversos problemas decorrentes de ausência de especialidade das decisões proferidas naquelas esferas, fatores que determinam a posterior judicialização dos processos administrativos.

1. Delimitação do *ius puniendi* nos ilícitos penais e disciplinares

Pilar do Estado de Direito, o princípio da legalidade estrita é de inafastável incidência nas relações jurídicas de direito público, e justamente exacerbado nos ramos do direito administrativo sancionador e do direito penal. Relativamente a este último, decorrem desse princípio dois postulados básicos, qual sejam, *nullum crime sine lege* e *nulla poena sine lege*, cuja consequência direta é a proibição de aplicação de analogia e direito consuetudinário para agravamento da pena, proibição de tipos e penas indeterminadas e a proibição da retroatividade em prejuízo do réu.

No direito administrativo brasileiro, o qual foi constituído no âmbito doutrinário a partir de influências que decorrem de diversos sistemas jurídicos e, sob o aspecto normativo, a partir de uma evolução que foi tonificada sobretudo a partir da Constituição de 1988, o princípio da legalidade sempre constituiu pilar de sustentação do regime jurídico-administrativo. Ao primeiro momento histórico, ele era concebido no sentido de que todo e qualquer ato da Administração Pública devesse ser expressamente previsto como elemento de alguma hipótese normativa:[3] a norma devia, pois, fixar poderes, direitos, deveres etc., modo e sequência dos procedimentos, atos e efeitos em cada um de seus componentes e requisitos de cada ato etc. A isso se contrapunha o agir do âmbito privado, livre na sua autono-

---

[2] Excetuando-se a figura dos crimes imprescritíveis, a exemplo dos crimes contra a humanidade.

[3] (...) In sua prima enunciazione, esso era concepito nel senso che ogni atto ed elemento di atto dell´amministrazione pubblica dovesse essere espressamente previsto come elemento di una qualche ipotesi normativa. GIANNINI, Massimo Severo, 1993, p. 87.

mia.⁴ Esse inicial modo de interpretar o princípio da legalidade, inegavelmente rígido e estanque, correspondia à concepção de poder administrativo (apenas) como Poder Executivo e, pois, da Administração (apenas) como execução.⁵

Entretanto, como, dessa forma, a Administração Pública não teria podido funcionar, exercer completamente seus desígnios, encontrou-se, ao menos, uma válvula: a discricionariedade administrativa⁶ e as ordens da necessidade, válidas para atos administrativos a adotarem-se em circunstâncias extraordinárias.

Na experiência jurídica contemporânea, o princípio da legalidade assume significado diverso, mais limitado, em certo aspecto, porém mais afinado, sob outro: atém-se à atividade administrativa enquanto esta se exprime em atos que possuem um conteúdo impositivo. Assim, podemos dizer,⁷ o valor do princípio da legalidade modificou-se, sendo hoje muito mais que uma regra do conteúdo da atividade administrativa, uma regra do seu limite, inserindo-se na dialética existente entre *autoridade* e *liberdade*.⁸

No direito brasileiro, na conformação do sistema administrativo, é certo, poucas matérias foram reservadas exclusivamente à lei federal, permitindo uma sobreposição evidente de influência do princípio da simetria. A concorrente competência legislativa, em especial na matéria disciplinar, por exemplo, pode ser

---

⁴ (...) Alors que le droit civil est marqué par le principe d'autonomie des relations entre personnes privées (Privatautonomie) et que, par suite, il est axé précisément sur le contrat, considéré comme moyen d'aménagement des rapports entre individus (Gestaltungsmittel), le droit administratif est dominé par le principe de *légalité*. Les règles juridiques s'imposant à l'administration régissent de plus en plus étroitement les rapports qu'elle a avec le citoyen, comme le montre l'extension du domaine réservé à la loi, la soumission croissante du pouvoir discrétionnaire à des règles de droit, la reconnaissance de droits subjectifs et le développment de la protection juridictionelle. MAURER, Hartmut, 1994, p. 378/9.

⁵ (...) administrar é aplicar a Lei de ofício (...). FAGUNDES, Seabra, 1979, p. 4-5. Na mesma linha, quadra escorreito conceito de ato administrativo vinculado: (...) a conduta do agente público estabelecendo de antemão e em termos estritamente objetivos, aferíveis objetivamente, quais as situações de fato que ensejarão o exercício de uma dada conduta e determinando, em seguida, de modo completo, qual o comportamento único que, perante aquela situação de fato, tem que ser obrigatoriamente tomado pelo agente. Neste caso, diz-se que existe vinculação, porque foi pré-traçada pela regra de Direito a situação de fato, e o foi em termos de incontendível objetividade. BANDEIRA DE MELLO, Celso Antonio, 2008, p. 18.

⁶ (...) embora seja comum falar-se em "ato discricionário", a expressão deve ser recebida apenas como uma maneira elíptica de dizer «ato praticado no exercício de apreciação discricionária em relação a algum ou alguns dos aspectos que o condicionam ou que o compõem». Isso porque o que é discricionária é a competência do agente quanto ao aspecto ou aspectos tais ou quais. Logo, reside a verdadeira questão em saber-se sobre quê poderá incidir a correção judicial do ato e sobre quê não poderá incidir sob pena de invadir esfera da alçada do Executivo. Naquilo que estiver em causa aspecto discricionário, só cabe juízo administrativo não havendo espaço, então, para juízo de legalidade. BANDEIRA DE MELLO, Celso Antonio, 2008, p. 23.

⁷ GIANNINI, Massimo Severo, 1993, p. 84.

⁸ (...) quanto maior a importância do preceito, menor deverá ser a margem de liberdade por ele deixado à Administração, como executante (no plano da emissão de regulamentos, como no da prática de actos concretos), para livremente escolher pressupostos de decisão ou fixar o respectivo conteúdo. CORREIA, José Manuel Sérvulo, 1987, p. 53. (...) O princípio da liberdade, que norteia a vida privada, conduz à afirmação de que tudo que não estiver disciplinar pelo direito está abrangido na esfera de autonomia. Portanto, a ausência de disciplina jurídica é interpretada como liberação para o exercício de escolhas subjetivas. (...) Quando se consideram as relações regidas pelo direito publico, a situação se altera. Assim se opõe porque o exercício de competências estatais e de poderes excepcionais não se funda em alguma qualidade inerente ao Estado ou a algum atributo do governante. JUSTEN FILHO, Marçal, 2009, p. 130.

reputada como sendo uma das principais diferenças no que tisna ao exercício da função legislativa entre as esferas administrativas e penal, sendo que, diferentemente desta, naquela não há a reserva de lei federal, sendo constitucionalmente legítimo o estabelecimento de legislações diferentes para abalizamento dos processos sancionadores, caracterizando-os uma descentralização legislativa.

Não há negar, porém, que a principal diferença entre as esferas penal e administrativo-sancionatória reside em que os processos administrativos disciplinares avaliam, são conduzidos e permitem o enquadramento de condutas dos sujeitos em *conceitos jurídicos* e não em *tipos*. A elasticidade dos conceitos, o enquadramento em condutas culposas, é certo, constituem elementos que seriam, por definição, írritos ao direito penal, algo que na esfera administrativa, ao contrário, faz parte do cotidiano – ainda que sujeitos e cambiantes às transformações sociais, políticas, econômicas e culturais.[9]

O princípio da segurança jurídica e o da legalidade se conjugam, portanto, quando pretende o Estado punir seus servidores por faltas cometidas contra a Administração Pública, no âmbito do exercício funcional, porquanto somente pode fazê-lo nos termos da lei, e dentro dos prazos prescricionais nela estabelecidos, sob pena de prescrever essa sua prerrogativa. Em atenção a estes princípios é que se faz imprescindível a compreensão correta e uma aplicação jurisprudencial uniforme dos prazos prescricionais previstos para os ilícitos administrativos, dificultada pela interação destes, mandada por lei, com os prazos prescricionais penais.

As legislações civil, penal e administrativa estabelecem, por vezes, diferentes prazos prescricionais, nos quais poderá se enquadrar uma mesma conduta. Sabe-se da autonomia entre as jurisdições penal e administrativa, não dependendo a aplicação de sanção disciplinar de uma condenação na esfera penal. Expressamente, esse corolário consta do art. 125 da Lei 8.112/90, que dispõe que: "As sanções civis, penais e administrativas poderão cumular-se, sendo independentes entre si". Entretanto, diversas legislações administrativas fazem referência, conforme se verá, ao prazo prescricional penal, dele se utilizando para determinados casos; nesta hipótese, defende-se ora a necessidade de uma harmonia em sua aplicação, o que até o presente não foi logrado pela jurisprudência, ainda divergente e instável.

Sublinhe-se: o principal problema deste modelo legislativo reside justamente em conferir certa competência para que o julgador *administrativo* considere do enquadramento de determinadas condutas em tipos penais ou mesmo no modelo da improbidade administrativa. E isso porque embora previsível nos regimes disciplinares pena de demissão nestes casos, sob pena de violação ao princípio da legalidade e ao princípio próprio da jurisdição, é defeso ao *julgador administrativo* aplicar a penalidade de demissão enquadrando o servidor público em tipos penais ou mesmo no âmbito dos conceitos da improbidade administrativa.

---
[9] MEDINA OSÓRIO, Fábio, 2005, p. 260.

1.1. A PRESCRIÇÃO DA PRETENSÃO PUNITIVA NO DIREITO PENAL E DISCIPLINAR

A prescrição,[10] no direito punitivo, seja penal ou disciplinar, é dita a extinção do *ius puniendi*, do direito punitivo, em razão da inércia do Poder Público na perseguição da infração ou na execução da sanção, com o *telos* de garantir a segurança na ordem jurídica, conforme visto. A Lei Fundamental elevou expressamente, no art. 37, § 5º, à garantia constitucional a prescritibilidade da pretensão punitiva da Administração Pública. Conforme salienta Luís Roberto Barroso, "se o princípio é a prescritibilidade, é a imprescritibilidade que depende de norma expressa, e não o inverso".[11]

No âmbito do direito penal, conforme ensina a doutrina, a prescrição se traduz na extinção da pena pelo transcurso do tempo, pela perda do interesse em punir determinada conduta por razões de política criminal.[12] Conforme salienta a doutrina, contudo, a prescrição deixa inatingível a tipicidade e antijuridicidade do fato, e mesmo não exclui qualquer juízo de culpabilidade, subsistindo, eventualmente, fato típico e ilícito, contudo, sem possibilidade de aplicação da sanção, pois a punibilidade se extinguiu com o decurso do tempo.[13] Conforme já assentou o Superior Tribunal de Justiça, a incidência da prescrição equivale à proclamação de inocência: "A incidência da prescrição da pretensão punitiva importa na rescisão da sentença condenatória, que não faz coisa julgada material, e na supressão de seus efeitos principais e acessórios, resultando, ainda, na perda do direito da ação cognitiva, pois extingue a pretensão do Estado em obter qualquer decisão a

---

[10] No Direito brasileiro, existem pelo menos três grandes estudos acerca do instituto da prescrição, elaborados, respectivamente, por CÂMARA LEAL (CÂMARA LEAL, Antonio Luís da. *Da prescrição e da decadência*. 4. ed. Forense: Rio de Janeiro, 1982), AMORIN FILHO (AMORIN FILHO, Agnelo. O critério científico para distinguir a prescrição da decadência e para identificar as ações imprescritíveis. *Revista dos Tribunais*, Ano 49, v. 300, outubro de 1960, p. 7-37), e PONTES DE MIRANDA (PONTES DE MIRANDA. *Tratado de Direito Privado*, Rio, Borsoi, 1955, t. VI.). Dentre eles, possível é referir que o texto de AMORIN FILHO foi aquele que, a despeito de sua pertinência temática para o presente estudo, quadra analisar na medida em que parte das ideias produzidas pelos outros dois autores, razão pela qual a dialética estabelecida no texto contribui verdadeiramente para compreensão do instituto da prescrição. Tributário do valor do estudo elaborado por CÂMARA LEAL, por se tratar do (...) autor brasileiro que mais se aproxima da essência da matéria, chegando mesmo a elaborar um método prático para fazer a distinção entre os dois institutos (...), AMORIN FILHO destacou que uma das principais carências, relativamente ao tema, residiria justamente no estabelecimento de regra cunhada a partir de uma base científica para que se pudesse estabelecer firmemente uma distinção entre os institutos da prescrição e da decadência. Depois de analisar as principais teorias a respeito do tema, AMORIN FILHO cunhou o que entendeu ser um critério verdadeiramente científico para aplicação a priori das questões envolvendo a prescrição, a partir de três regras, a saber: a) todas as ações condenatórias (e somente elas) estão sujeitas à prescrição; b) os únicos direitos para os quais podem ser fixados de decadência são os direitos potestativos, e, assim, as únicas ações ligadas ao instituto da decadência são as ações constitutivas, que têm prazo especial de exercício fixado em lei; e c) todas as ações declaratórias, e também aquelas ações constitutivas para as quais a lei não fixa prazo especial para o exercício.

[11] BARROSO, Luís Roberto, 200, p. 501.

[12] FAYET JÚNIOR, Ney. 2011, p. 100.

[13] JESUS, Damásio Evangelista de, 2009, p. 22.

respeito do fato criminoso, não acarretando nenhuma responsabilidade para o acusado, tampouco marcando seus antecedentes ou gerando futura reincidência".[14]

A prescrição, no direito penal, aparece então como uma causa geral de extinção da punibilidade, elencada dentre outras no artigo 107 do Código Penal. Para Damásio de Jesus, a prescrição, na legislação penal, teria tríplice fundamento, no (i) decurso do tempo (teoria do esquecimento do fato), (ii) correção do condenado e (iii) negligência da autoridade.[15] Neste ponto, inexiste unidade na doutrina, podendo ser enumerados diversos outros fundamentos à prescrição, como a negação do princípio da celeridade da justiça penal, do desaparecimento da prova, da presunção do comportamento, da necessidade da pena.[16]

Em regra geral, a prescrição administrativa recebeu importante contribuição do direito privado, pelo que comumente se atribui a análise deste instituto ao direito privado.[17] No direito administrativo sancionador, contudo, a prescrição refere-se ao escoamento do prazo para a manifestação da própria administração sobre a conduta dos seus servidores.[18] Este suporte fático, quando se trata do exercício, pelo Poder Público, do poder de punir um ilícito praticado contra seus interesses por um membro do seu quadro de servidores ou pessoa legalmente equiparada, aproxima tal ramo do direito administrativo do direito penal, o que justifica, por razões de unidade e coerência do ordenamento jurídico, a comunicação de prazos prescricionais.

A prescrição no direito administrativo, contudo, ante o influxo dos seus próprios princípios e regras, possui contornos que lhe são específicos, diversos da conhecida do direito civil ou mesmo do direito penal, ainda que seja possível encontrar pontos de convergência entre essas. Por esta razão é que, salvo determinação expressa em contrário, a analogia para determinação de prazos prescricionais deve ser estabelecida com o próprio direito administrativo, que tem por regra o prazo prescricional máximo de cinco anos.[19]

Ao lado do direito penal, o direito administrativo sancionador se desenvolve a partir da ideia de que o Estado carece de sanções para viabilizar sua própria e direta atuação.[20] O exercício do poder disciplinar constitui atividade plenamente vinculada, não só aos preceitos que norteiam a atividade administrativa, mas principalmente às garantias constitucionais e às legais relativas à defesa dos servidores. À parte da existência de ilícitos penal ou civil, o regime disciplinar implica a responsabilização administrativa de servidor por ilícitos administrativos definidos

---

[14] STJ, MS nº 6.877/DF, Rel. Min. Fernando Gonçalves, DJ 21.05.2001.
[15] JESUS, Damásio Evangelista de, 2009, p. 19.
[16] FAYET JÚNIOR, Ney, p. 43.
[17] Sobre a compreensão privatística do instituto da prescrição em CIRNE LIMA, Ruy, 1960.
[18] MEIRELLES, Hely Lopes, 2011, p. 545.
[19] BARROSO, Luis Roberto.
[20] MEDINA OSÓRIO, Fábio, 2007.

na legislação estatutária.[21] Tradicionalmente, a doutrina considera as sanções disciplinares substancialmente distintas das sanções penais, porquanto aquela tem por objetivo assegurar o bom funcionamento interno dos serviços e da ordem administrativa, enquanto estas visariam assegurar a paz social e valores mais amplos.[22] O foco das sanções disciplinares é a ordem interna e bom andamento da organização, com a proteção dos valores específicos de hierarquia, eficiência, moralidade dentro da Administração Pública.

Na evolução do direito administrativo sancionador, alguns autores defenderam a unificação das responsabilidades penal e administrativa em um ramo jurídico único, sob o fundamento de que ambos obedeceriam aos mesmos princípios jurídicos, perseguiriam os mesmos fins através do mesmo meio, que seria o sancionamento do transgressor, para fins exemplares e repressivos.[23] Contudo, há diferenças conceituais entre ambos os ilícitos, podendo-se diferenciar entre ilícito administrativo puro e ilícito administrativo criminal, além de razões pragmáticas pelas quais essa separação se faz necessária, por instrumentalizar adequadamente a autotutela da Administração Pública, garantindo-lhe maior eficiência no controle de seus servidores. A aplicação das sanções disciplinares, portanto, cabe às autoridades administrativas, enquanto as sanções provocadas pelos ilícitos penais são manifestações do poder jurisdicional do Estado, pelo que o mesmo fato pode ser julgado nas duas esferas sem que tal se configure em *bis in idem*.

1.2. APLICAÇÃO DA PRESCRIÇÃO PENAL AO PROCESSO DISCIPLINAR

A regra geral da Lei Federal nº 8.112/90 estabelece os prazos prescricionais para a responsabilização de servidor por ilícito funcional, no art. 142, sendo este de cinco anos para infrações puníveis com demissão, de dois anos para aquelas puníveis com suspensão e de 180 dias para aquelas sujeitas à advertência. Segundo expresso na referida legislação, a prescrição deverá ser conhecida de ofício e não pode ser ignorada pela Administração Pública, porquanto trata-se de matéria de ordem pública.

Contudo, tratando-se de transgressões administrativas também tipificadas criminalmente, buscando concretizar a unidade do ordenamento jurídico no tratamento de situações análogas, estabelece o art. 142, § 2º, da Lei nº 8.112/90, ponto central do presente estudo, que os prazos prescricionais previstos na legislação penal terão aplicação. No entendimento do Supremo Tribunal Federal: "A falta disciplinar, também prevista em lei penal, prescreve juntamente com este".[24] A despeito da aparente logicidade de que tal dispositivo se reveste, tal aprovei-

---

[21] DI PIETRO, Maria Sylvia Zanella, 2009, p. 613.
[22] MEDINA OSÓRIO, Fábio, 2005, p. 159.
[23] WOLFF, Hans J.; BACHOFF, Otto; STOBER, Rolf, 2006.
[24] STF, MS 19.986, Tribunal Pleno. Rel. Min. Xavier de Albuquerque, DJ 17-09-1976.

tamento de prazos prescricionais da legislação penal não se faz na ausência de inúmeras dificuldades e divergências doutrinárias e jurisprudenciais, em vista da dificuldade de transplantação de instituto isolado de um regime jurídico para outro, regidos estes, de resto, por princípios e regras diversas.

A falta administrativa, também prevista como crime, na explanação do Ministro Moreira Alves, é aquela constante do estatuto dos servidores públicos ou de outra lei administrativa que disponha sobre desvios de conduta funcional praticados por servidor público e que, por sua gravidade, foi também incluída como crime.[25] Distingue-se, por conseguinte, das chamadas faltas disciplinares puras, não previstas como crime por serem consideradas de menor potencial lesivo à Administração, e, de outro lado, dos crimes comuns, que não se originaram de faltas disciplinares anteriores e por sua gravidade tornaram-se crimes, mas sempre foram condutas tipificadas tão somente na seara criminal.[26] Nas palavras de Carlos S. de Barros Junior, "há faltas disciplinares que, por sua maior gravidade, pelo caráter doloso, constituem também crimes. Elas configuram violação de deveres relativos à disciplina e, do mesmo passo, atos previstos na legislação penal. Prevê, assim, a lei disciplinar, faltas que o Código Penal também reprime. São os denominados crimes praticados por funcionários contra a Administração Pública".[27]

Primeiramente, é preciso destacar-se que a extensão dos prazos prescricionais da legislação penal às infrações administrativas somente é cabível, em atenção ao princípio da legalidade, quando a mesma conduta for tipificada, então, nos dois diplomas legais, no Código Penal e no estatuto do funcionalismo. Não se pode, portanto, aplicar o dispositivo do § 2º do art. 142 da Lei 8.122/90 para fins de computar os prazos da lei penal para punições administrativas, quando os crimes comuns não sejam tipificados expressa e especificamente, no estatuto dos servidores, como falta funcional; os crimes comuns não tipificados no estatuto dos servidores como faltas infracionais não podem motivar a apenação administrativa, razão pela qual, inclusive, alguns estatutos do funcionalismo municipal ou estadual já incluíram como falta funcional alguns crimes comuns.[28]

A Lei 8.122/90 previu exaustivamente, no art. 132, as condutas passíveis de serem sancionadas com a demissão, não havendo falar-se em discricionariedade para além do conteúdo da lei, vigorando a tipicidade estrita para as infrações mais graves. Essas condutas, portanto, não são puníveis pela Administração por constituírem crimes, mas sim por virem autonomamente tipificadas na legislação administrativa. Conforme lembra Maria Sylvia Zanella Di Pietro, "o ilícito penal, por si só, não enseja punição disciplinar".[29]

---

[25] STF, Tribunal Pleno, Mandado de Segurança nº 20.069/DF, Rel. Min, Moreira Alves, DJ 02.09.1977.
[26] CARVALHO, Antonio Carlos Alencar, 2011, p. 975.
[27] BARROS JÚNIOR, Carlos S, 1972, p. 103.
[28] CARVALHO, Antonio Carlos Alencar, p. 996
[29] DI PIETRO, Maria Sylvia, p. 527.

A autonomia e independência entre as instâncias penal, civil e disciplinar não é questionada; contudo, reconhece-se uma espécie de "prevalência" do juízo penal, quando as decisões penais que negam o fato ou autoria fazem coisa julgada nas demais instâncias, conforme expresso no artigo 126 da Lei 8.112/90. Esse excepcional predomínio da sentença penal advém do fato de que, em tese, o princípio da ordem pública é mais denso na esfera penal e, também por isso, há um maior rigor probatório.[30] Esse maior rigor da esfera penal é reconhecido também pela jurisprudência: "A atividade jurisdicional, a nível penal, não define a atividade a nível administrativo relativamente ao mesmo fato, porque a exigência de prova da ilicitude penal é mais rigorosa do que para a ilicitude administrativa. É mais rigorosa porque, apesar de inexistir diferenças entre as ilicitudes (penal, civil e administrativo), existe uma escala de gravidade da mesma, ensejando com isso respectivas sanções mais ou menos graves".[31]

O primeiro e mais básico obstáculo que se coloca ao intérprete do § 2º do art. 142 do estatuto dos servidores federais é justamente a determinação da similitude entre o ilícito tipificado na legislação administrativa e o crime descrito no tipo penal. Parte-se de que o paralelismo prescricional entre as duas esferas sancionadoras se aplicaria aos ilícitos previstos no art. 132 da Lei 8.112/90, que encontram, alguns, correspondência nos arts. 312 a 337 do Código Penal. O problema reside no fato de que quem normalmente exerce o juízo de similitude entre os tipos e a conduta é a Autoridade Administrativa, já que o processo disciplinar, de regra, é mais célere que o juízo penal;[32] ao fim prevalecerá, contudo, pelas razões já aduzidas, o juízo deste último.

Pior: o juízo levado a efeito exclusivamente pela autoridade administrativa, sobre a tipificação penal de um ilícito administrativo, pode provocar flagrante violação ao direito fundamental do cidadão de ver-se julgado, quando da prática de um delito, no âmbito de um processo judicial, seja pelo âmbito de garantias ínsitas ao processo judicial penal, seja por força da independência funcional dos magistrados tal e qual previsto no sistema brasileiro.

Um exemplo que traz à análise doutrinária dificuldade no exercício do juízo de similitude é a equiparação do ilícito administrativo de abandono de cargo, tipificado no art. 138 da Lei 8.112/90, com o crime previsto no art. 323 do Código Penal. Em que pese ambos os tipos partirem da mesma conduta geral – abandonar o exercício de um cargo público –, as peculiaridades de um e de outro ilícito diferem, exigindo a legislação administrativa, de um lado, um elemento temporal (o abandono por período superior a trinta dias) e, de outro, a legislação penal, condicionando a caracterização do crime a uma consequência da conduta do agente,

---

[30] COSTA, José Armando da, 2008, p. 324.

[31] TRF – 2ª Região, Agravo de Instrumento nº 91220/RJ, 2ª Turma, Rel. Des. Federal Paulo Espírito Santo, DOU 22.12.2004.

[32] CURVELO, Alexandre Schubert, 2011, p. 215. Conforme apontado por ocasião daquele estudo, o problema cerne é a incapacidade da esfera administrativa, enquanto sistema uno de jurisdição, de permitir o mesmo grau de segurança em relação à imparcialidade (neutralidade) do julgador. Idem, p. 214.

qual seja, a potencialidade de risco à continuidade do serviço sob a responsabilidade do servidor.[33] Neste caso, para que possa ser estendido ao servidor faltoso (por pelo menos trinta dias), no âmbito do processo disciplinar, a prescrição cominada pela legislação penal (oito anos), mister haja o agravante da potencialidade de risco à repartição pública,[34] porquanto, prescindindo deste elemento, estar-se-á diante de um ilícito administrativo puro, cujo prazo prescricional é de cinco anos, somente.

Inexistindo uma neutralidade e especialização da Autoridade Administrativa, como o é, via de regra, e por vezes buscando encobrir sua própria inércia, pode-se vislumbrar eventualmente a tentativa da Administração de forçar uma determinada conduta no esquadro da lei penal, a fim de ver acrescido o prazo prescricional. Exigindo-se, para tanto, a concreta similitude entre as condutas, não raro os processos disciplinares serão (re)analisados na esfera judicial, com relação a este enquadramento.

Tendo em vista a existência de autonomia entre as esferas, já referida, a jurisprudência é consolidada quanto à desnecessidade de aguardar-se o trânsito do processo penal para o julgamento e sancionamento de infrações administrativas.[35] [36] Entretanto, considerando-se que remanesce certa insegurança quanto ao enquadramento do ilícito funcional também em crime, pela autoridade administrativa, para que se possa estender o prazo prescricional penal à punição das infrações administrativas, a jurisprudência vem estabelecendo a necessidade de haver cognição penal sumária, com no mínimo a apuração dos indícios de prática de crime, com a formulação e recebimento da denúncia pelo juiz competente. Neste sentido, a jurisprudência do Superior Tribunal de Justiça:

> ADMINISTRATIVO. SERVIDOR PÚBLICO. PROCESSO ADMINISTRATIVO DISCIPLINAR. PENA DE DEMISSÃO. PRAZO PRESCRICIONAL. INEXISTÊNCIA DE APURAÇÃO CRIMINAL. APLICAÇÃO DO PRAZO ADMINISTRATIVO. PARECER DO MPF PELA CONCESSÃO DA ORDEM. PRECEDENTES. 1. A regra geral do prazo prescricional para a punição administrativa de demissão é de cinco anos, nos termos do art. 142, I, da Lei n. 8.112/90, entre o conhecimento do fato e a instauração do processo administrativo disciplinar. 2. Quando o servidor público comete infração disciplinar também tipificada como crime, somente se aplicará o prazo prescricional da legislação penal se os fatos também forem apurados em ação penal. 3. Precedentes: RMS 19.087/SP, Rel. Ministra Laurita Vaz, Quinta Turma, julgado em 19.6.2008, DJe 4.8.2008; MS 12.884/DF, Rel. Min. Maria Thereza de Assis Moura, Terceira Seção, julgado em 9.4.2008, DJe 22.4.2008; RMS 18.688/RJ, Rel. Min. Gilson Dipp,

---

[33] Nesse sentido: JESUS, Damásio Evangelista de, 1995, p. 331; BITENCOURT, Cezar Roberto, 2004, p. 433; MIRABETE, Julio Fabbrini, 1995, p. 331; CAPEZ, Fernando, 2004, p. 464.

[34] Na jurisprudência: "O legislador incluiu o abandono de cargo entre os ilícitos penais, visando não deixar paralisada a máquina administrativa. Tal não acontece quando está presente o funcionário a quem incumbe assumir o cargo na ausência do ocupante; nesse caso, não havendo probabilidade de dano, que é a condição mínima para a existência de um evento criminosos, não se configura o ilícito do art. 323 do CP". TACRIM, AC, Rel. Cunha Bueno – RT526/331.

[35] STF, MS nº 22.438-1/30.

[36] Remanescem algumas vozes na doutrina contrárias à suficiência do recebimento da denúncia para a extensão do prazo prescricional, entendendo que, para que reste legitimada a regência da legislação penal para efeito do estabelecimento do prazo da prescrição disciplinar, seria necessária a existência de provimento criminal transitado em julgado, pena de violação da segurança jurídica. Nesse sentido, COSTA, José Armando da, p. 330.

> Quinta Turma, DJ 9.2.2005. 4. No presente caso não há notícia de apuração criminal, razão pela qual deve ser aplicado o prazo prescricional de 5 (cinco) anos, previsto no art. 142, I, da Lei n. 8.112/90. 5. É incontroverso nos autos que os fatos desabonadores foram conhecidos pela Administração em 7.4.2000, e que o prazo prescricional foi interrompido em 7.3.2008, com a instauração do Processo Administrativo Disciplinar (PAD), caracterizando a prescrição quinquenal para a punição dos servidores públicos. Segurança concedida. (MS 15.462/DF, Rel. Ministro HUMBERTO MARTINS, PRIMEIRA SEÇÃO, julgado em 14/03/2011, DJe 22/03/2011.)
>
> 5. Ainda que a falta administrativa configure ilícito penal, na ausência de denúncia em relação ao impetrante, aplica-se o prazo prescricional previsto na lei para o exercício da competência punitiva administrativa; a mera presença de indícios de crime, sem a devida apuração em Ação Criminal, afasta a aplicação da norma penal para o cômputo da prescrição (RMS 20.337/PR, Rel. Min. LAURITA VAZ, DJU 07.12.2009), o mesmo ocorrendo em caso de o Servidor ser absolvido na eventual Ação Penal (MS 12.090/DF, Rel. Min. ARNALDO ESTEVES LIMA, DJU 21.05.2007); não seria razoável aplicar-se à prescrição da punibilidade administrativa o prazo prescricional da sanção penal, quando sequer se deflagrou a iniciativa criminal. (...) (MS 14.446/DF, Rel. Ministro NAPOLEÃO NUNES MAIA FILHO, TERCEIRA SEÇÃO, julgado em 13/12/2010, DJe 15/02/2011.)
>
> 3. Não tendo sido evidenciado nos autos que tenha sido apurada criminalmente a conduta do impetrante, ainda que seu ato seja tipificado como crime, deve ser aplicado o prazo prescricional previsto na lei que regula a punição administrativa, qual seja, de cinco anos (art. 142, Lei nº 8.112/90). (MS 11.220/DF, Rel. Ministra MARIA THEREZA DE ASSIS MOURA, TERCEIRA SEÇÃO, julgado em 27/05/2009, DJe 03/08/2009.)
>
> 1.Nos casos em que o suposto ilícito praticado pelo servidor público não for objeto de ação penal ou o servidor for absolvido, aplica-se o disposto na legislação administrativa quanto ao prazo prescricional. Precedentes. (MS 12.090/DF – 3ª TURMA – JULGADO EM 09/05/2007 – Rel. Ministro ARNALDO ESTEVES LIMA.)

Essa solução encontrada pela jurisprudência[37] respeita a independência das esferas, permitindo uma resposta mais rápida às infrações disciplinares, mas impossibilitando uma completa discricionariedade da autoridade administrativa relativamente ao enquadramento da conduta no tipo penal correspondente, com vistas a prolongar o prazo prescricional. Com a exigência do recebimento da denúncia-crime, tem-se uma chancela, ainda que em cognição sumária, do Judiciário, sem a necessidade de esperar-se o desfecho da *persecutio crimis*, em harmonia com o princípio da razoável duração do processo do art. 5º, LXXVIII, da Constituição Federal. Se a conduta é expressamente declarada atípica na esfera penal, contudo, sobrevém a impossibilidade de computarem-se os prazos da esfera penal para a responsabilização administrativa, conforme entendimento do Superior Tribunal de Justiça:

> AGRAVO REGIMENTAL EM RECURSO ORDINÁRIO EM MANDADO DE SEGURANÇA. PROCESSO ADMINISTRATIVO DISCIPLINAR. FATO TIPIFICADO COMO CRIME NA LEI PENAL. ABSOLVIÇÃO NO PROCESSO CRIMINAL E *ABOLITIO CRIMINIS*. (...) 1.Segundo orientação do Superior Tribunal de Justiça e nos termos da legislação estadual, a prescrição da pretensão punitiva do Estado, nos casos em que o servidor pratica ilícito disciplinar também capitulado como crime, deve observar o disposto na legislação penal. Porém, nos casos de absolvição no processo criminal ou de *abolitio*

---

[37] Deve ser ressalvado que existem ainda julgados que entendem pela desnecessidade de processo penal a respeito do ilícito apurado também administrativamente: MS 16.075/DF, Rel. Ministro BENEDITO GONÇALVES, PRIMEIRA SEÇÃO, julgado em 29/02/2012, DJe 21/03/2012; MS 24013, Relator(a): Min. ILMAR GALVÃO, Relator(a) p/ Acórdão: Min. SEPÚLVEDA PERTENCE, Tribunal Pleno, julgado em 31/03/2004, DJ 01-07-2005.

criminis, aplica-se o disposto na legislação administrativa. (...) (AgRg no RMS 32.363/RS, Rel. Ministro HAMILTON CARVALHIDO, PRIMEIRA TURMA, julgado em 22/02/2011, DJe 15/03/2011.)

Cumpre diferenciar esta questão da extensão do prazo prescricional quando o mesmo ato infracional for tipificado tanto na lei penal quanto nas leis funcionais, da hipótese do art. 132, I, da Lei 8.112/9 ("A demissão será aplicada nos seguintes casos: I – crime contra a administração pública; (...)"), que, conforme jurisprudência dos tribunais superiores e precedente vinculante da AGU, exige para sua aplicação, a condenação penal com trânsito em julgado para a eventual demissão do servidor infrator, com a qual justamente se inicia o prazo prescricional.

1.3. CONTAGEM DO PRAZO PRESCRICIONAL PENAL PARA OS ILÍCITOS ADMINISTRATIVOS

Superado o enquadramento do ilícito praticado em ambas as legislações penal e funcional, ainda remanescem, contudo, severas divergências relativamente à contagem do prazo prescricional em questão. Isto porque, conforme referido, opera-se a transposição de um elemento de um ramo jurídico para outro razoavelmente diverso, cada qual com seus princípios e regras materiais. A questão é, justamente, o quanto de direito penal deve acompanhar a regra de prescrição, para que ela possa ser devidamente compreendida e aplicada na esfera administrativa.

A maior controvérsia, neste ponto, é sem dúvida o *dies a quo* da contagem do prazo prescricional. A Lei 8.112/90, em seu art. 142, § 1º, estabelece que se conte o prazo prescricional "da data em que o fato se tornou conhecido". Antes de chegar inequivocamente ao conhecimento da autoridade administrativa a prática do ato infracional, portanto, sequer corre qualquer prazo prescricional, podendo a conduta ser punida independentemente do número de anos que tenham se passado desde sua prática.[38] Salienta-se que o conhecimento por qualquer autoridade administrativa já é considerado suficiente, conforme jurisprudência atual, não necessitando ser a autoridade competente para a apuração do ilícito:

> MANDADO DE SEGURANÇA. PROCESSO ADMINISTRATIVO DISCIPLINAR. TERMO INICIAL DO PRAZO PRESCRICIONAL. INEQUÍVOCO CONHECIMENTO DOS FATOS PELA ADMINISTRAÇÃO, MAS NÃO PELA AUTORIDADE COMPETENTE PARA APURAR A INFRAÇÃO. (...) 3. A Terceira Seção desta Corte pacificou o entendimento de que o termo inicial do prazo prescricional da Ação Disciplinar é a data em que o fato se tornou conhecido da Administração, mas não necessariamente por aquela autoridade específica competente para a instauração do Processo Administrativo Disciplinar (art. 142, § 1o. da Lei 8.112/90). Precedentes. 4. Qualquer autoridade administrativa que tiver ciência da ocorrência de infração no Serviço Público tem o dever de proceder à apuração do ilícito ou comunicar imediatamente à autoridade competente para promovê-la, sob pena de incidir no delito de condescendência criminosa (art. 143 da Lei 8.112/90); considera-se autoridade, para os efeitos dessa orientação, somente quem estiver investido de poder decisório na estrutura administrativa, ou seja, o integrante da hierarquia superior da Administração Pública. Ressalva do ponto de vista do relator

---

[38] Nesse sentido parecer vinculante da AGU n. GQ-55: "19. A inércia da Administração somente é suscetível de se configurar em tendo conhecimento da falta disciplinar a autoridade administrativa competente para instaurar o processo".

quanto a essa última exigência. (MS 14.446/DF, Rel. Ministro NAPOLEÃO NUNES MAIA FILHO, TERCEIRA SEÇÃO, julgado em 13/12/2010, DJe 15/02/2011.)

Diferente a perspectiva no direito penal, quando o Código Penal expressamente consigna que "A prescrição, antes de transitar em julgado a sentença final, começa a correr do dia em que o crime se consumou." (art. 111, *caput* e inciso I), considerando-se praticado o crime no momento da ação ou omissão, ainda que outro seja o momento do resultado (art. 4º do Código Penal).

Ensina Damásio E. de Jesus que, cometida a infração penal, o direito de punir, que era abstrato, passa a ser concreto: "Antes o Estado tinha o direito de exigir a abstenção da prática criminosa. Realizado o fato delituoso, a relação entre o Estado e o delinquente, que antes era de simples obediência penal, consubstanciada no preceito primário de lei incriminadora, tem seu suporte legal no preceito secundário, que comina a sanção, denominando-se relação jurídico-punitiva. Esse ius puniendi concreto, verdadeiro poder-dever de unir, e não simples faculdade de punir, estabelece uma relação real, de natureza jurídico-penal, entre o Estado e o sujeito ativo do crime".[39]

Veja-se que a legislação funcional determina, genericamente, que sejam aplicados os prazos prescricionais previstos na legislação penal, pelo que se poderia entender pelo afastamento tácito de todas as regras prescricionais administrativas, inclusive aquelas que regulam o início da contagem do prazo. Este era, aliás, o entendimento majoritário da doutrina, qual seja, de que, tendo a Lei 8.112/90 remetido à contagem pelo Código Penal, no caso dos crimes de peculato, concussão, corrupção passiva, prevaricação, facilitação de contrabando, advocacia administrativa, violação de sigilo funcional e abandono de cargo ou função (quando preenchidos os elementos do tipo penal) a prescrição seria contada "a partir do fato", tenha ou não a autoridade administrativa tido conhecimento do fato, podendo a Administração aplicar essa regra independentemente de reconhecimento judicial da prescrição.[40]

A jurisprudência, contudo, vem consolidando o entendimento de que o prazo penal é aplicável, mas a partir da data em que o fato se tornou conhecido da autoridade, o que autoriza a responsabilização do ilícito administrativo muito além de já prescrito o crime. Nesse sentido:

> 3. Nas hipóteses em que o ilícito administrativo praticado por servidor, nessa condição, também é capitulado como crime, a prescrição da pretensão punitiva da Administração tem como baliza temporal a pena em concreto, conforme o disposto nos arts. 109 e 110 do Código Penal. 4. Sendo a pena aplicada de 02 (dois) anos de reclusão em regime aberto, além do pagamento de dez dias-multa, na forma dos arts. 29 e 316 do Código Penal, o prazo prescricional é de 04 (quatro) anos, conforme o disposto no art. 109, inciso V, do Código Penal. 5. Transcorridos mais de 04 (quatro) anos entre o momento a partir do qual, para a Administração, os fatos se tornaram conhecidos e aquele em que se deu a instauração do processo administrativo disciplinar, de direito reconhecer ter ocorrido a prescrição da pretensão

---

[39] JESUS, Damásio Evangelista de, 2009, p. 2.
[40] NASSAR, Elody, 2009, p. 149; CARVALHO, Antonio Carlos Alencar, p. 968; VAROTO, Renato Luiz Mello, 2007, p. 168-173; ARAÚJO, Edmir Netto de, 1994, p. 244.

> punitiva. (RMS 26.624/SP, Rel. Ministra LAURITA VAZ, QUINTA TURMA, julgado em 29/04/2010, DJe 24/05/2010.)
> ADMINISTRATIVO. MANDADO DE SEGURANÇA. SERVIDOR PÚBLICO. DEMISSÃO. PRAZO PRESCRICIONAL. INFRAÇÃO DISCIPLINAR CAPITULADA COMO CRIME. CONDENAÇÃO NA ESFERA CRIMINAL. REPERCUSSÃO NA ESFERA ADMINISTRATIVA. (...) 2. Havendo o cometimento, por servidor público federal, de infração disciplinar capitulada também como crime, aplicam-se os prazos de prescrição da lei penal e as interrupções desse prazo da Lei 8.112/90, quer dizer, os prazos são os da lei penal, mas as interrupções, do Regime Jurídico, porque nele expressamente previstas. Precedentes. 3. A Administração teve ciência, em 22/5/1995, da infração disciplinar praticada pelo impetrante, *quando se iniciou a contagem do prazo prescricional* que, todavia, foi interrompido com a abertura da sindicância, em 16/9/1995. Ocorrendo o encerramento dessa investigação em 15/12/1995, a partir desta data o prazo de prescrição começou a correr por inteiro. 4. Na esfera penal, o impetrante foi condenado à pena de 1 (um) ano e 4 (quatro) meses de reclusão, havendo o trânsito em julgado para a acusação em fevereiro de 2001. Por conseguinte, a prescrição passou a ser de 4 (quatro) anos, porquanto calculada com base na pena in concreto, de acordo com os arts. 109 e 110 do Código Penal, c/c o art. 142, § 2º, da Lei 8.112/90. (...) (MS 10.078/DF, Rel. Ministro ARNALDO ESTEVES LIMA, TERCEIRA SEÇÃO, julgado em 24/08/2005, DJ 26/09/2005, p. 171.) (Grifou-se.)

Este posicionamento busca dar interpretação razoável aos diversos parágrafos do art. 142, quando consta do § 1º que o prazo começa a correr da data em que o fato se tornou conhecido e, no § 2º, que se aplicam os prazos prescricionais da lei penal, determinações aparentemente conflitantes. Evitou-se assim, conforme já era desejado da doutrina, a diferenciação entre ilícitos funcionais puros e ilícitos funcionais-crimes. O que ocorre, porém, é que a falta administrativa poderá ser punida com demissão muito depois de já ter prescrito o crime correspondente, o que parece paradoxal, uma vez que dá tratamento mais severo à infração menos grave.

A legislação administrativa admite, em suma, que autor de mero ilícito administrativo seja punido com pena de demissão a qualquer tempo, já que o prazo inicia-se com o reconhecimento, pela autoridade administrativa, da sua ciência do ato, o que demonstra uma tendência à imprescritibilidade, veementemente rechaçada por José Cretella Junior: "(...) dada a extrema gravidade da pena de demissão, não há a menor dúvida de que se deve dar às disposições estatutárias pertinentes interpretação extensiva, a fim de que o agente beneficie-se com as regras penais da prescrição 'a partir do fato' e jamais 'a partir da ciência do fato'".[41] Sugere o autor uma interpretação extensiva do termo *a quo* do direito penal a todas as infrações disciplinares puníveis com demissão, a fim de evitar-se a incongruência de dar tratamento mais benéfico a crime do que a um ilícito disciplinar, puníveis ambos com demissão. No caso das infrações funcionais puníveis com sanção mais branda, elas em nada se relacionam com o direito penal, razão pela qual não sofreriam influência da regra de *dies a quo*.[42]

Contrária, neste ponto, a posição de Barros Junior, que preconiza uma interpretação restritiva da regra, entendendo que "não se pode cotejar ilícito penal e

---

[41] CRETELLA JUNIOR, José, 1981, p. 16. Nesse sentido também: NASSAR, Elody, p 215; ARAÚJO, Edmir Netto de, p. 249; STF, MS n. 20.069, voto do Min. Moreira Alves.

[42] NASSAR, Elody, p. 154.

ilícito administrativo disciplinar como repressões de faltas mais ou menos graves, porquanto entre uma e outra não há que estabelecer tal comparação quantitativa. Elas não configuram ilícito do mesmo gênero, mais ou menos grave, mas qualitativamente diferentes, de natureza e fins diversos. Os efeitos de uma condenação criminal são muito mais graves do que de uma pena disciplinar (...)".[43]

Saliente-se, por ocasião, que a jurisprudência aceita a utilização dos prazos prescricionais penais também quando estes forem menores do que cinco anos, ou seja, não somente para dilatar o prazo daquelas infrações que também constituem crime, mas para reduzir o mesmo se assim o prever a legislação penal, porquanto o art. 142, § 2º, nenhuma ressalva faz a esta hipótese.[44] Por esta razão, algumas lei estaduais e municipais estabelecem ressalva a esta possibilidade, como ocorre no Estado de Santa Catarina, Lei Estadual nº 6.745/85, que estabelece que "Art. 151. Se o fato configurar também ilícito penal, a prescrição será a mesma da ação penal, caso esta prescreva em mais de 5 (cinco) anos".

Conforme se viu, a jurisprudência entende pela utilização do prazo estabelecido pela lei penal, para fins de prescrição dos ilícitos administrativos também capitulados como crime, mas aplicável conforme as leis administrativas no que diz respeito ao termo *a quo* da contagem do prazo. Mesmo raciocínio aplica-se para as causas de suspensão e interrupção da prescrição: são aquelas estabelecidas pela legislação administrativa, e não as da lei penal. Dispõe o art. 142, § 3º que "a abertura de sindicância ou a instauração de processo disciplinar interrompe a prescrição, até a decisão final proferida por autoridade competente". Considerando que este dispositivo, lido isoladamente, permitia a prorrogação da prescrição *ad aeternum*, até que a autoridade competente resolvesse proferir uma decisão final, levando à completa insegurança jurídica dos administrados, o Supremo Tribunal estabeleceu limites à duração do processo disciplinar para fins de prescrição, sob pena de incidência da prescrição intercorrente.[45]

No julgamento do MS 22728, de relatoria do Ministro Moreira Alves, julgado em 22/01/1998, em seu voto, Ministro Sepúlveda Pertence, concordando com o Relator, expressou as dificuldades que encontrava a doutrina em lidar com o supracitado dispositivo: "Sr. Presidente, já me causava certa perplexidade o problema da interpretação dos §§ 3º e 4º do art. 142 da Lei Federal nº 8.112/90, dado que uma exegese literal levaria a absurdo de fazer a prescrição depender exclusivamente da vontade da autoridade se se entende, como é letra do dispositivo, que a interrupção prossegue da abertura do processo disciplinar até a decisão final e só então recomeça a correr. O eminente relator dá significado razoável ao dispositi-

---

[43] BARROS JUNIOR, Carlos S. de, p. 150.
[44] Exemplificativamente: STJ, RMS 32.285/RS, Rel. Ministro MAURO CAMPBELL MARQUES, SEGUNDA TURMA, julgado em 08/11/2011, DJe 17/11/2011; STJ,ROMS nº 18.319, Rel. Min. Laurita Vaz, DJ 30.10.2006; STJ, MS 10.078/DF, Rel. Ministro ARNALDO ESTEVES LIMA, TERCEIRA SEÇÃO, julgado em 24/08/2005, DJ 26/09/2005, p. 171.
[45] STF, RMS 23.436/DF, Rel. Min. Marco Aurélio, 1ª Turma, DJ 15.10.1999; MS 22.728/PR, Rel. Min. Moreira Alves, Pleno, DJ 13.11.1998.

vo: a prescrição segue interrompida durante o prazo legal para o encerramento do inquérito, mas qual começa a correr daí haja ou não decisão final. Esse era o ponto que me causava certa inquietação. Mas fiquei convencido da solução proposta pelo relator, que acompanho".

Atualmente, referido entendimento já firmou-se na jurisprudência superior, conforme se vê de recente julgado:

> 4. O prazo legal para término do processo administrativo disciplinar é de 140 (cento e quarenta) dias. Por isso, a contagem do prazo prescricional, após a interrupção prevista no art. 142, § 3º, da Lei nº 8.112/90, deve ser retomada por inteiro. 5. Instaurado o processo disciplinar em 6/6/2006, ocorreu a interrupção do prazo prescricional, que foi retomado em 14/10/2006. Como o procedimento se encerrou somente em 1º/12/2008, quando já ultrapassado o prazo de 2 anos estabelecido nos arts. 109 e 110 do Código Penal, é de se entender prescrita a pretensão punitiva estatal. 6. Segurança concedida. (MS 14.138/DF, Rel. Ministro JORGE MUSSI, TERCEIRA SEÇÃO, julgado em 26/10/2011, DJe 01/02/2012.)[46]

O fato de a administração ter, portanto, instaurado validamente o processo administrativo disciplinar apenas afasta a primeira forma de se auferir a prescrição; transcorrido, contudo, prazo razoável sem a conclusão do mesmo, a prescrição retoma o seu curso, não se permitindo mais sua interrupção. Considera-se razoável que a administração profira decisão final no julgamento da sindicância em trinta dias, prorrogáveis por mais trinta, acrescidos de vinte dias para julgamento, num total de 80 dias e, no processo administrativo disciplinar, em sessenta dias, prorrogáveis por mais sessenta, acrescido do prazo de vinte dias para julgamento, totalizando 140 dias, sendo conforme art. 167 da Lei 8.112/90.

Desta forma, a partir do 141º dia, a pretensão punitiva retoma seu curso prescricional, o qual não poderá mais ser interrompido. Segundo a doutrina e a jurisprudência, não há qualquer motivo que autorize o prolongamento desse prazo de 140 dias para a conclusão do feito, limitando-se, com isso, a inércia da Administração e evitando-se uma imprescritibilidade em detrimento do servidor.

Tratando-se de faltas funcionais também tipificadas como crime, decidiu o Superior Tribunal de Justiça que, a despeito de aplicar-se, *in casu*, os prazos prescricionais estipulados pelo Código Penal, a instauração do processo administrativo disciplinar terá o condão de interromper o prazo prescricional: "A instauração do processo disciplinar é, nos termos da lei, causa interruptiva da prescrição administrativa, mesmo na incidência do prazo da lei penal".[47]

Entretanto, novamente é apontada aqui pela doutrina a incongruência deste posicionamento, pois se chega ao resultado de permitir que a Administração demita servidor público, mesmo depois que o prazo para punição do crime já se tenha esgotado, e isso se utilizando, teoricamente, dos prazos mais extensos da lei penal. Referida interpretação, conforme se vê, contraria a própria letra do art. 142,

---

[46] No mesmo sentido STF MS 23.299/SP, Tribunal Pleno, Rel. Min. Sepúlveda Pertence, DJ 15.04.2002; STJ, MS 14.159/DF, Rel. Ministro NAPOLEÃO NUNES MAIA FILHO, TERCEIRA SEÇÃO, julgado em 24/08/2011, DJe 10/02/2012.

[47] STJ, RMS nº 13.134/BA, Rel. Min. Paulo Medina, 6ª Turma, DJ 01.07.2004.

§ 2º, pois se a prescrição, no caso de faltas disciplinares que também constituem crime, regula-se pelas disposições do Código Penal, lógico seria que também as causas de interrupção e suspensão da prescrição fossem as daquele diploma, mantendo-se idêntica a data da prescrição da pretensão punitiva em ambas as esferas de responsabilização.[48]

Em síntese, a despeito de eventuais discrepâncias de ordem fática às quais pode conduzir a aplicação dos prazos penais às infrações funcionais deste modo, atualmente a jurisprudência consolidou-se no sentido de impor à autoridade administrativa o respeito dos prazos prescricionais estabelecidos na legislação penal sempre que a conduta administrativamente apurada constituir-se também em crime, tendo sido recebida, na esfera penal, a respectiva denúncia. Entretanto, o prazo prescricional da lei penal passa a correr da data da do conhecimento do fato pela autoridade, conforme se viu, ocorrendo, ademais, a interrupção da prescrição pela instauração do processo administrativo, que perdurará até a decisão final administrativa ou, na ausência desta, pelo período máximo de 140 dias.

2. Para além dos ilícitos penais e disciplinares: a ação de improbidade

Como é de domínio público, a promulgação da Lei 8.429/92 foi marcada pela certeza e, por que não dizê-lo, pelo clamor de que um semelhante instrumento de punição da improbidade já deveria ter sido implementado há muito mais tempo.[49] Sem dúvida, a sensação de todos foi a de que o legislador tardara no enfrentamento do problema. Todavia, essa espécie de sentimento de culpa pela longa demora acabou, talvez, contribuindo para que vários dispositivos da Lei nº 8.429/92, com destaque para os que cuidam das penas, ganhassem um alto e draconiano grau de inflexibilidade. O que se nota é que o legislador parece ter procurado, de um só golpe, purgar anos e anos de culposa omissão legislativa, pelo que suas severas consequências vêm sendo sopesadas pela doutrina e jurisprudência em um legítimo juízo de proporcionalidade.

A Lei 8.429/92 veio, concretizando dispositivo constitucional do art. 37, § 4º, dispor sobre as sanções aplicáveis aos agentes públicos nos casos de enriquecimento ilícito no exercício do mandato, cargo, emprego ou função na Administração Pública direta, indireta ou fundacional, abrangendo as modalidades de enriquecimento ilícito (art. 9º), prejuízo ao erário (art. 10) e atentado aos princípios da Administração (art. 11).

Embora os atos abrangidos pela Lei de Improbidade Administrativa constituam, muitas vezes, também crimes, tipificados na legislação penal, esta lei não define delitos, mas impõe sanções de natureza civil ou política, independentemen-

---

[48] Neste sentido: CARVALHO, Antonio Carlos Alencar, p. 970.

[49] Como enfatiza Manoel Gonçalves Ferreira Filho, a Lei de Improbidade refletiu "a revolta do povo brasileiro contra a corrupção nos escalões governamentais e administrativos" (2002, p. 253).

te de sanções penais, civis ou administrativas definidas nas legislações próprias.[50] De fato, o advento desta peça legislativa veio acompanhado de grande discussão a respeito da natureza penal ou extrapenal da sanção aplicável aos atos de improbidade administrativa. Isto porque o art. 12, *caput*, da referida lei fala em sanção por atos de improbidade "independentemente das sanções penais, civis e administrativas previstas na legislação específica", o que deixa dúvidas a respeito de qual seria a natureza desta.

Desde o início, importantes administrativistas se posicionaram contrariamente à confusão da ação de improbidade com a ação penal correlata,[51] tendo a jurisprudência acolhido essa posição e assentado a impossibilidade de se confundir as esferas penal e cível *lato sensu* de responsabilidade. Assim, ante o caráter não criminal das sanções previstas na referida lei, a persecução dos atos ímprobos está sob a égide das regras processuais civis, não se aplicando a disciplina penal. Fábio Medina Osório assevera a pertença dessas sanções ao direito administrativo sancionador – ainda que sua aplicação seja feita exclusivamente pelo Poder Judiciário – em razão do próprio objeto da lei e seu foco na normativa da função pública, em sua vertente sancionatória.[52] O mesmo autor destaca o tratamento peculiar conferido pela Carta Constitucional e legislador federal a esta categoria de ilícitos, separando-os, e suas consequências, expressamente das demais esferas jurídicas, ainda quando as sanções incidam sobre os mesmo fatos; no art. 37, § 4º, o constituinte previu expressamente a independência das esferas cível e penal, tendo o legislador federal agregado a separação também das sanções administrativas em sentido estrito, aquelas aplicadas pela própria autoridade administrativa, enfraquecendo-se o princípio do *non bis in idem* em homenagem à preservação de outros valores.[53]

2.1. PRAZOS PRESCRICIONAIS DAS AÇÕES DE IMPROBIDADE – REGRA GERAL

Relativamente aos prazos prescricionais, a Lei da Improbidade oferece algumas dificuldades, porquanto dá tratamento severamente distinto a situações aproximadas. Referida legislação estabelece regras diferentes para a prescrição quando se tratar de ocupantes de mandatos eletivos, cargo em comissão ou função de confiança, e quando se tratar de servidores ocupantes de cargos efetivos ou empregados públicos. No primeiro caso, o prazo prescricional para ajuizamento da ação de improbidade é, seguindo a constante nas disposições gerais estatuídas

---

[50] NASSAR, Elody, p. 252.
[51] BANDEIRA DE MELLO, Celso Antônio, 2008, p. 135; MOREIRA NETO, Diogo de Figueiredo, 2005, p. 290-294; DI PIETRO, Maria Sylvia, p. 70.
[52] MEDINA OSÓRIO, Fábio, 2005, p. 177.
[53] MEDINA OSÓRIO, Fábio, p. 399-402.

em regras de direito público,⁵⁴ de cinco anos, conforme dispõe expressamente o art. 23 da Lei 8.429/92. Conta-se esse prazo do término do exercício do mandato, cargo ou função de confiança.

Em caso de servidor efetivo ou empregado, porém, o prazo prescricional é aquele previsto em lei específica para faltas disciplinares puníveis com demissão; no caso de servidores federais, será o prazo estabelecido na Lei 8.112/90, de cinco anos a partir do conhecimento do fato pela autoridade competente, em se tratando de falta funcional pura.

Pode-se vislumbrar, ademais, a hipótese de que um servidor público efetivo esteja exercendo temporariamente cargo de provimento em comissão. Neste caso, se o ato de improbidade for cometido no exercício do cargo de comissão, deve-se aplicar a regra do art. 23, I, contando-se cinco anos do término do exercício deste último. Mesmo raciocínio vale para o ocupante de um cargo de comissão que o encerra e passa a exercer outro: o prazo é computado tão somente em relação àquele cargo onde praticado o ato ímprobo.⁵⁵ Entretanto, sendo o ato ímprobo praticado no exercício simultâneo de cargo de comissão e efetivo, e não podendo diferenciar-se nitidamente no exercício de qual o ato ímprobo ocorreu, deve-se contar o prazo pelo art. 23, II, conforme entendimento do Superior Tribunal de Justiça:

> 5. Portanto, exercendo cumulativamente cargo efetivo e cargo comissionado, ao tempo do ato reputado ímprobo, há de prevalecer o primeiro, para fins de contagem prescricional, pelo simples fato de o vínculo entre agente e Administração pública não cessar com a exoneração do cargo em comissão, por ser temporário. (REsp 1060529/MG, Rel. Ministro MAURO CAMPBELL MARQUES, SEGUNDA TURMA, julgado em 08/09/2009, DJe 18/09/2009.)

Questionamento que exsurge da leitura do art. 23, II, da Lei 8.429/92, "As ações destinadas a levar a efeito as sanções previstas nesta Lei podem ser propostas (...) II – dentro do prazo prescricional previsto em lei específica para faltas disciplinares puníveis com demissão a bem do serviço público, nos casos de exercício de cargo efetivo ou emprego", é relativamente àqueles atos de improbidade cujo prazo prescricional aplicado na esfera administrativa é estendido em função de denúncia crime recebida pelo Judiciário.

2.2. PRESCRIÇÃO PENAL INCIDENTE SOBRE A AÇÃO DE IMPROBIDADE

No caso de servidor efetivo que cometa ato ímprobo também tipificado como crime, determina a Lei 8.112/90 que o prazo prescricional aplicável será o da lei penal, conforme visto. Remetendo, a Lei de Improbidade, à Lei 8.112/90, aplicável seria o prazo comum de cinco anos, ou, *in casu*, o § 2º do art. 142, e

---

⁵⁴ BANDEIRA DE MELLO, Celso Antônio, 2007, p. 1014.
⁵⁵ BANDEIRA DE MELLO, Celso Antônio, 2007, p. 386.

consequentemente o prazo penal, quer seja ele menor, quer seja maior que cinco anos. Nesse sentido:

PROCESSUAL CIVIL E ADMINISTRATIVO. VIOLAÇÃO AO ART. 535 DO CPC. INOCORRÊNCIA. IMPROBIDADE ADMINISTRATIVA. CONDUTA TAMBÉM TIPIFICADA COMO CRIME. PRESCRIÇÃO. ART. 109 DO CP. PENA ABSTRATAMENTE COMINADA. OFENSA AO ART. 333 DO CC. ALEGADA AUSÊNCIA DE PREQUESTIONAMENTO. INCIDÊNCIA DA SÚMULA N. 211/STJ. 1. Trata-se de ação de improbidade administrativa ajuizada em face de militares em razão da prática de peculato. 2. Como os recorrentes são servidores públicos efetivos, no que se relaciona à prescrição, incide o art. 23, inc. II, da Lei n. 8.429/92. 3. A seu turno, a Lei n. 8.112/90, em seu art. 142, § 2º, dispositivo que regula os prazos de prescrição, remete à lei penal nas situações em que as infrações disciplinares constituam também crimes – o que ocorre na hipótese. No Código Penal – CP, a prescrição vem regulada no art. 109. 4. A prescrição da sanção administrativa para o ilícito de mesma natureza se regula pelo prazo prescricional previsto na Lei Penal (art. 142, § 2º, da Lei 8.112/90). (REsp 1234317/RS, Rel. Ministro MAURO CAMPBELL MARQUES, SEGUNDA TURMA, julgado em 22/03/2011, DJe 31/03/2011.)

PROCESSUAL CIVIL E ADMINISTRATIVO. OFENSA AO ART. 535 DO CPC.

INCIDÊNCIA ANALÓGICA DA SÚMULA N. 284 DO STF. IMPROBIDADE ADMINISTRATIVA. CONDUTA TAMBÉM TIPIFICADA COMO CRIME. PRESCRIÇÃO. ART. 109 DO CP. PENA ABSTRATAMENTE COMINADA. INDEPENDÊNCIA PROCESSUAL ENTRE AÇÃO CIVIL PÚBLICA POR IMPROBIDADE ADMINISTRATIVA E AÇÃO PENAL. RESGUARDO DO VETOR SEGURANÇA JURÍDICA. 4. Como os recorrentes são servidores públicos efetivos, no que se relaciona à prescrição, incide o art. 23, inc. II, da Lei n. 8.429/92.

5. Os prazos prescricionais, portanto, serão sempre aqueles tangentes às faltas disciplinares puníveis com demissão. 6. A seu turno, a Lei n. 8.112/90, em seu art. 142, § 2º, dispositivo que regula os prazos de prescrição, remete à lei penal nas situações em que as infrações disciplinares constituam também crimes – o que ocorre na hipótese. No Código Penal – CP, a prescrição vem regulada no art. 109.

7. Discute-se, aqui, se o enquadramento no art. 109 do CP deve ter em conta a pena abstratamente prevista no tipo penal ou a pena concreta aplicada pela sentença penal proferida com base nos mesmos fatos: a origem aplicou o primeiro entendimento, concluindo pela inocorrência da prescrição; o primeiro recorrente defende, no especial, a segunda tese. 8. Inviável, entretanto, modificar os fundamentos da instância ordinária. Dois os motivos que me levam a assim entender. 9. A um porque o ajuizamento da ação civil pública por improbidade administrativa não está legalmente condicionado à apresentação de demanda penal. Não é possível, desta forma, construir uma teoria processual da improbidade administrativa ou interpretar dispositivos processuais da Lei n. 8.429/92 de maneira a atrelá-las a institutos processuais penais, pois existe rigorosa independência das esferas no ponto. 10. A dois (e levando em consideração a assertiva acima) porque o lapso prescricional não pode variar ao talante da existência ou não de ação penal, justamente pelo fato de a prescrição estar relacionada ao vetor da segurança jurídica. 11. Vale dizer: havendo ação penal e ação de improbidade administrativa ajuizadas simultaneamente, impossível considerar que a aferição do total lapso prescricional nesta última venha a depender do resultado final da primeira demanda (quantificação final da pena aplicada em concreto), inclusive com possibilidade de inserção, no âmbito cível-administração, do reconhecimento de prescrição retroativa. 12. Daí porque impossível reconhecer a violação aos arts. 109 e 110, § 1º, do Código Penal c/c 142, § 2º, da Lei n. 8.112/90. 13. Por fim, como já foi sustentado anteriormente, na situação em exame, a causa de pedir da presente ação civil pública é o cometimento de atos sobre os quais recai também capitulação penal, o que atrai a incidência do art. 23, inc. II, da Lei de Improbidade Administrativa e das normas que daí advêm como consequência de estrita remissão legal. 14. Desnecessário, pois, enfrentar a problemática apontada no recurso especial no que se refere à ofensa aos arts. 142, 152 e 167 da Lei n. 8.112/90 (interrupção do prazo prescricional). O reconhecimento da ofensa a estes dispositivos não teria o condão de reverter as conclusões da origem no sentido de que, por incidência do art. 23, inc. II, c/c o art. 142, § 3º, da Lei n. 8.112/90, não estaria perfectibilizado o prazo prescricional. 15. É que porque *os atos cometidos ocorreram em 8.1.1996*, e a presente ação civil pública foi ajuizada em 2001 – respeitados, portanto, o prazo de 12 anos (prescrição relativa ao

crime de corrupção passiva, o que tem maior pena abstratamente cominada dentre os acima elencados), na redação do Código penal à época dos fatos. Ademais, o art. 142, inc. I, da Lei n. 8.112/90 (e os dispositivos a ele vinculados) é inaplicável à espécie, considerando existir regra mais específica (o § 3º do art. 142 do mesmo diploma normativo). (REsp 1106657/SC, Rel. Ministro MAURO CAMPBELL MARQUES, SEGUNDA TURMA, julgado em 17/08/2010, DJe 20/09/2010.)

Deste último julgado vê-se, novamente, a dificuldade que a jurisprudência encontra em, no caso concreto, decidir entre a aplicação do prazo do art. 142, § 1º ou do § 2º, quando inexiste ação penal em curso relativamente ao ato ímprobo, a despeito de este constituir-se também crime. Nas palavras do Relator Min. Mauro Campbell Marques, "*o lapso prescricional não pode variar ao talante da existência ou não de ação penal, justamente pelo fato de a prescrição estar relacionada ao vetor da segurança jurídica*". Entretanto, conforme já adrede discorrido, a jurisprudência majoritária entende pela necessidade de existir ação penal em curso para fins de aplicação deste prazo prescricional.

A diferenciação a que a referida norma conduz, entre ocupantes de mandato, cargo ou função de comissão e servidores efetivos, é gritante, porquanto, no caso desses últimos, a prescrição, quando o ato ímprobo também configurar crime, reger-se-á pelos prazos da lei penal, caso em que a prescrição pode dar-se em até vinte anos, possibilitando que o servidor efetivo seja punido muitos anos depois de ter prescrito a ação de improbidade contra um ocupante de cargo de comissão, ainda que os dois tenham concorrido para o mesmo ilícito.[56] Ademais, para aqueles abrangidos pelo inc. I do art. 23, a prescrição começa a correr de uma data determinada – término do mandato –, enquanto que para os demais a prazo somente se inicia com o conhecimento do fato pela autoridade, conforme se vê da jurisprudência:

> 2. O ato de improbidade administrativa, em qualquer das modalidades previstas nos artigos 9º, 10º e 11 da Lei 8.429/92 (enriquecimento ilícito, dano ao erário ou violação dos princípios da Administração Pública), constitui transgressão disciplinar punível com a pena de demissão, o que fixa o prazo prescricional, na esfera federal, em cinco anos, a partir da data em que o fato se tornou conhecido,conforme inciso VI do artigo 132 c/c § 1º do artigo 142, ambos da Lei 8.112/90. (REsp 965.340/AM, Rel. Ministro CASTRO MEIRA, SEGUNDA TURMA, julgado em 25/09/2007, DJ 08/10/2007, p. 256.)

A Lei de Improbidade beneficiou o exercente de mandato eletivo, cargo em comissão ou função de confiança não somente com um prazo eventualmente mais curto, mas principalmente com uma maior segurança jurídica, porquanto o prazo prescricional é constante em cinco anos.

Por fim, nesta seara, imprescindível a ressalva à imprescritibilidade das ações de ressarcimento ao erário, à luz do art. 37, § 5º da Constituição Federal, amplamente reconhecida na jurisprudência atual, a despeito de uma certa perplexidade encontrada na doutrina, sumarizada nas palavras de Fabio Medina Osório: "É o caso de questionar essa ideia, pois a quebra e a violação da segurança jurídica não é um bom caminho de combate às práticas nefastas ao patrimônio público. Entendo que um amplo e larguíssimo prazo prescricional deveria ser criado para

---
[56] DECOMAIN, Pedro Roberto, 2007, p. 385.

as hipóteses de lesão ao erário, mas não se poderia aceitar a total imprescritibilidade, ao menos do ponto de vista ideológico".[57]

Esta imprescritibilidade da ação de ressarcimento ao erário possui, porém, vertente moral inescondível, bem como razões de índole prática, pela dificuldade de apurar-se a corrupção que traz prejuízo ao erário. A imprescritibilidade representa, neste cenário, a preponderância, desejada pelo constituinte, do interesse público, consubstanciado na garantia à coletividade ao ressarcimento do que lhe foi subtraído, mediante ato ímprobo.

3. Do direito fundamental à tutela jurisdicional (efetiva)

Criado a partir de diferentes influências, o direito administrativo brasileiro, convive com as deficiências clarividentes da assim chamada *jurisdição administrativa*. Comissões disciplinares muitas vezes formadas por servidores sem conhecimento jurídico específico, autoridade administrativa sem conhecimento especializado também, e, ambos, sem possuir as garantias institucionais conferidas aos magistrados, por exemplo, constituem elementos que devem ser considerados quando o resultado da sanção administrativa constitui restrição de direitos flagrante.

O direito fundamental à tutela jurisdicional *efetiva*, na atualidade, corresponde a um dos temas mais debatidos no âmbito do direito processual pátrio. O motivo principal deste novo enfoque ao direito processual decorre dos diversos problemas verificados a partir da sistemática de aplicação dos preceitos constitucionais, não só no período pós-88, mas, sobretudo, a partir da necessidade de conformar o antigo e o moderno processo civil brasileiro aos novos ditames da Carta.

No art. 5°, LXXVIII, acrescentado à Constituição Federal pela EC 45/2004, se encontra o direito fundamental processual à efetividade da tutela jurisdicional, assegurando a todos um processo com duração razoável, bem como os meios que garantam a celeridade de sua tramitação. Procura-se, com a inserção deste novo inciso no rol dos direitos e garantias fundamentais, diminuir a distância do "ideal do processo justo" que entre os constitucionalistas contemporâneos funciona como um aprimoramento da garantia do devido processo legal. Para merecer essa *nomen iuris*, a prestação jurisdicional, além de atender aos requisitos tradicionais – juiz natural, forma legal, contraditório e julgamento segundo a lei – têm de proporcionar à parte um resultado compatível com a efetividade e a presteza.

Neste novo espaço de proteção da esfera individual, por certo, é que se insere tanto o direito do servidor público de ver eventual conduta por si praticada, quando ela constituir crime, apenas sob o juízo judicial; da mesma forma, no âmbito da improbidade administrativa, mormente porque, neste caso, existe lei que

---
[57] MEDINA OSÓRIO, Fábio, p. 101.

judicializou os conceitos daquelas práticas ofensivas ao princípio da moralidade (nas três vertentes).

Segundo aponta a doutrina:

> O direito fundamental à tutela jurisdicional efetiva, quando se dirige contra o juiz, não exige apenas a efetividade da proteção dos direitos fundamentais, mas sim que a tutela jurisdicional seja prestada de maneira efetiva para todos os direitos. (...) Como se vê, embora a resposta do juiz sempre atenda ao direito fundamental à tutela jurisdicional efetiva, somente em alguns casos o objeto da decisão é outro direito fundamental, ocasião em que, na realidade, existe o direito fundamental à tutela jurisdicional ao lado do direito fundamental posto à decisão do juiz. Quando esse outro direito fundamental requer prestação de proteção, não há dúvida que a decisão configura evidente prestação jurisdicional de proteção. E no caso em que a decisão não trata de direito fundamental? Frise-se que, embora o juiz, nesse caso, não decida sobre direito fundamental, ele obviamente responde ao direito fundamental à efetiva tutela jurisdicional. Nessa hipótese, como a prestação do juiz não decide sobre direito fundamental, ela deverá ser considerada diante do próprio direito fundamental à tutela jurisdicional.[58]

Neste cenário, no âmbito do influxo inarredável dos princípios fundamentais de garantia, não existe espaço para a demissão, em sede administrativa, aplicada sem a existência de uma sentença penal condenatória pela prática delitiva e, da mesma forma, sem a sentença condenatória em caso de improbidade administrativa. Decorre daí, igualmente, a necessidade de aplicar-se a prescrição penal ou da improbidade apenas quando existente a ação penal ou a ação de improbidade administrativa, pois, referentemente a ambas as matérias, o servidor público terá o direito fundamental consistente em uma verdadeira prerrogativa de jurisdição (em função da unidade de nosso sistema e pelos argumentos já expostos).

Conclusão

O sistema de independência entre as esferas de responsabilização, no direito brasileiro, tem provocado uma série de distorções cujos contornos apontam para uma tendência de violação de direitos fundamentais. E isso porque a celeridade de condução dos processos administrativos, se comparada aos processos judiciais, tem permitido que autoridades administrativas, em processos cuja presença de advogado é desnecessária, e nos quais a interpretação de condutas e correspondente aplicação de sanções se dá por meio de agentes públicos desprovidos de garantias institucionais, possam decidir sobre a prática de conduta tipificada como criminosa e aplicar sanção administrativa altamente restritiva de direitos, sem que se tenha apreciação técnico-jurídica adequada, o que implica a revisão dos atos sob o aspecto da legalidade, pelo Poder Judiciário. Ou seja, do ponto de vista restritivo de direitos e formal das instituições administrativas, tem-se uma esfera administrativa de jurisdição; porém, materialmente, não há especialidade técnica correspondente.

A presença de dispositivos que permitem a demissão de servidores públicos a partir do enquadramento em tipos penais e conceitos de improbidade administra-

---
[58] MARINONI, Luiz Guilherme, p. 179

tiva, em prejuízo da garantia fundamental da jurisdição, provoca danos imediatos ao servidor que, posteriormente, é compelido a buscar a reparação por meio do processo judicial.

O reconhecimento de que a infração administrativa corresponde a uma ilegalidade em grau diverso da improbidade administrativa e do crime (ou prática delituosa) deveria, antes de tudo, constituir garantia ao servidor público de que no âmbito da esfera administrativa não seria *processado* nem tampouco julgado pelo enquadramento em práticas cuja avaliação e enquadramento apenas pode dar-se na esfera judicial. Neste ponto, a influência da prescrição penal, na esfera administrativa, e igualmente no âmbito da improbidade administrativa, não prescinde da existência de uma ação penal, e, mais do que isso, de uma sentença judicial transitada em julgada na qual se reconheça a prática delituosa ou ímproba, porquanto o direito fundamental à tutela jurisdicional *efetiva* constitui prerrogativa inafastável do Estado Democrático de Direito.

Bibliografia

AMORIN FILHO, Agnelo. *O critério científico para distinguir a prescrição da decadência e para identificar as ações imprescritíveis.* Rio de Janeiro: Revista dos Tribunais, Ano 49, volume 300, outubro de 1960.

ARAÚJO, Edmir Netto de. *O ilícito administrativo e seu processo.* São Paulo: Revista dos Tribunais, 1994.

BANDEIRA DE MELLO, Celso Antonio. *Discricionariedade e controle judicial.* 2ª ed., 9ª tiragem. São Paulo: Malheiros, 2008.

——. *Curso de direito administrativo.* 22ª ed. São Paulo: Malheiros, 2007.

BARROS JÚNIOR, Carlos S. de. *Do poder disciplinar na Administração Pública.* São Paulo: Revista dos Tribunais, 1969.

BARROSO, Luís Roberto. A prescrição administrativa no direito brasileiro antes e depois da Lei 9.873/99. In: *Temas de direito constitucional.* Rio de Janeiro: Renovar, 2001.

BITENCOURT, Cezar Roberto. *Tratado de direito penal.* Vol. IV. São Paulo: Saraiva, 2004.

CÂMARA LEAL, Antonio Luís da. *Da prescrição e da decadência.* 4ª ed. Rio de Janeiro: Forense, 1982.

CAPEZ, Fernando. *Curso de direito penal.* 2ª ed. São Paulo: Saraiva, 2004.

CARVALHO, Antonio Carlos Alencar. *Manual de Processo Administrativo Disciplinar e Sindicância.* Belo Horizonte: Fórum, 2010.

CIRNE LIMA, Ruy. O Código Civil e o Direito Administrativo. In: *Revista de Direito Administrativo*, vol. 62, outubro-dezembro. Rio de Janeiro, 1960.

CORREIA, José Manuel Sérvulo. *Legalidade e autonomia contratual nos contratos administrativos.* Coimbra: Almedina, 1987.

CRETELLA JUNIOR, José. *Prescrição da falta administrativa.* Rio de Janeiro: Revista dos Tribunais, v. 544, 1981.

CURVELO, Alexandre Schubert. Da influência da prescrição penal sobre o processo administrativo disciplinar: entre a infração penal e a administrativa. In: FAYET JÚNIOR, Ney. *Prescrição penal – temas atuais e controvertidos.* Vol. 3. Porto Alegre: Livraria do Advogado, 2011.

DECOMAIN, Pedro Roberto. *Improbidade Administrativa.* São Paulo: Dialética, 2007.

DI PIETRO, Maria Sylvia Zanella. *Direito Administrativo.* 22ª ed. São Paulo: Atlas, 2009.

FAGUNDES, Seabra. *O controle dos atos administrativos pelo poder judiciário.* 3ª ed. Rio de Janeiro: Forense, 1979.

FAYET JÚNIOR, Ney. *Prescrição penal – temas atuais e controvertidos.* Vol. 2. Porto Alegre: Livraria do Advogado, 2011.

FERREIRA FILHO, Manoel Gonçalves. *Comentários à Constituição brasileira de 1988.* São Paulo: Saraiva, vol. 1, 2002.

GIANNINI, Massimo Severo. *Diritto amministrativo.* Milano: Dott. A. Giuffrè. Editore, 1993.

JESUS, Damasio Evangelista de. *Prescrição penal*, 18. ed. São Paulo: Saraiva, 2009.

——. *Direito Penal.* 6ª ed. Vol. IV. São Paulo: Saraiva, 1995.

JUSTEN FILHO, Marçal. *Curso de direito administrativo*. 4ª ed. Saraiva: São Paulo, 2009.
KAFKA, Franz. *Der Prozess*. Colônia: Anaconda Verlag, 2006.
MARINONI, Luiz Guilherme. *Técnica Processual e Tutela dos Direitos*. São Paulo: Revista dos Tribunais, 2004.
MAURER, Hartmut. *Droit administratif allemand*, traduit par M. Fromont. Paris: L.G.D.J., 1994.
MEDINA OSÓRIO, Fábio. *Teoria da improbidade administrativa*. São Paulo: Revista dos Tribunais, 2007.
——. *Direito Administrativo Sancionador*. 2ª ed. São Paulo: Revista dos Tribunais, 2005.
MEIRELLES, Hely Lopes. *Direito Administrativo Brasileiro*. 37ª ed. São Paulo: Malheiros, 2011.
MIRABETE, Julio Fabbrini. *Manual de Direito Penal*. Vol. III. 9ª ed. São Paulo: Atlas, 1995.
MIRANDA, Pontes de.*Tratado de Direito Privado*, Rio de Janeiro: Borsoi, 1955.
MOREIRA NETO, Diogo de Figueiredo. *Curso de direito administrativo*, 11ª ed., Rio de Janeiro: Forense, 2005.
NASSAR, Elody. *Prescrição na administração pública*: as interseções do tempo, do princípio da segurança jurídica e da prescrição nas relações do direito administrativo. 2ª ed. São Paulo: Saraiva, 2009.
VAROTO, Renato Luiz Mello. *Prescrição no processo administrativo disciplinar*. São Paulo: Revista dos Tribunais, 2007.
WOLFF, Hans J.; BACHOFF, Otto; STOBER, Rolf. *Direito administrativo*. Vol. 1, 11ª ed. Tradução: António F. de Souza. Lisboa: Fundação Calouste Gulbekian, 2006.

Tema VI

A imunidade parlamentar e a prescrição penal

Ney Fayet Júnior
Amanda Varela

Introdução

A valência sistêmico-jurídica destes dois institutos – a imunidade parlamentar e a prescrição penal – sempre se impôs a ferro e fogo, pois não são poucos os opositores, tanto de um como de outro, ou mesmo de ambos os institutos. Com efeito, não faltam vozes a obtemperar que se trata de figuras cuja indefensabilidade é patente, na medida em que convergiriam ao privilégio, em um caso, e à impunidade, em outro. De qualquer modo, e se nos ativermos ao plano estritamente teórico-doutrinal, relevantes são os aspectos que se apresentam em face da justaposição dessas figuras jurídicas, que merecem, portanto, uma melhor clarificação, especialmente nos pontos de encadeamento.

Desse modo, e seguindo-se a ideia fundacional das coletâneas de textos sobre a prescrição penal, vamos abordar, em um primeiro momento, os institutos, separadamente, para, depois, procedermos à miscibilidade, para cuja análise iremos nos valer, à semelhança do que também sucedeu em edições anteriores, de forma muito significativa, das fontes jurisprudenciais.

1. Imunidade parlamentar. Noções elementares

A imunidade parlamentar[1] consubstancia espécie de prerrogativa funcional[2][3] conferida constitucionalmente, em face do direito comum, aos membros do Poder Legislativo a fim de que exerçam suas atribuições com independência e

---

[1] Criticando-a, de forma bastante enfática, José Cirilo de Vargas (1997, p. 133-4), para quem: "Tais vantagens, que ferem profundamente o princípio da igualdade de todos perante a lei, acham-se previstos na Constituição, documento elaborado pelos próprios beneficiários. (...) os parlamentares foram eleitos para elaborar as leis da República, e jamais para cometer crimes acobertados pela própria Lei". Em sentido oposto, aduz Ladislau Fernando Röhnelt (2011, p. 283) o seguinte: "Tais privilégios funcionais não são conferidos à pessoa, mas à função que ela exerce. Daí se entender que não são exceções ao princípio da igualdade: os privilégios não são pessoais, mas funcionais, não são devidos à pessoa, e sim à função que desempenha".

[2] Como apontam Giovanni Fiandaca e Enzo Musco (2011, p. 137-8), "Le immunità derivanti dal diritto pubblico interno mirano a garantire e proteggere l'espletamento di determinate funzioni o uffici di particolare importanza per il corretto funzionamento del nostro sistema politico; in questo senso, non si tratta di privilegi concerneti persone fisiche, bensì di prerogative reguardanti le funzioni esercitate e quindi valide solo nei limiti tassativamente fissati dalla legge".

liberdade.[4] [5] As regras acerca das imunidades e vedações parlamentares, denominadas (em seu conjunto) de estatuto dos congressistas, estão dispostas no Título IV, Capítulo I, Seção V, da CF.[6]

Essas garantias conferidas aos congressistas em virtude do cargo representativo parlamentar são, comumente, divididas pela doutrina em imunidade material, que implica a impunidade pela prática de crime (bem como a inviolabilidade civil), pelas opiniões, palavras e votos (prevista no art. 53, *caput*, da CF); e imunidade formal (disposta no art. 53, §§ 1º ao 5º, da CF), que representa, de um lado, a impossibilidade, como regra, de prisão dos parlamentares e, de outro, certas peculiaridades do processo criminal enfrentado pelos congressistas,[7] entre as quais as referentes à suspensão do prazo prescricional decorrente da sustação do processo criminal, conforme se avaliará em momento próprio.

---

[3] Luiz Flávio Gomes (2002, p. 90) assinala que a imunidade parlamentar se trata, simultaneamente, de prerrogativa funcional e institucional.

[4] MORAES, Alexandre, 2008, p. 437.

[5] Segundo René Ariel Dotti (2012, p. 369), a imunidade assenta em duas bases essenciais, quais sejam: "a) é um corolário lógico das liberdades de manifestação do pensamento e de informação (CF, art. 5º, IV); b) é uma garantia conferida aos parlamentares em razão da liberdade do mandato". O mesmo autor ainda acentua que "a imunidade parlamentar constitui um dos aspectos inerentes à soberania popular" (DOTTI, 1998, p. 282). Gilmar Ferreira Mendes (2009, p. 942) enfatiza o seguinte: "A imunidade não é concebida para gerar um privilégio ao indivíduo que por acaso esteja no desempenho de mandato popular; tem por escopo, sim, assegurar o livre desempenho do mandato e prevenir ameaças ao funcionamento normal do Legislativo". Por seu turno, Osmar Veronese (2002, p. 71) dispõe que "embora a doutrina corretamente assevere cuidar-se de proteção precípua da instituição parlamentar (é evidente o caráter público, e não particular, da garantia), é inegável o alcance pessoal das imunidades, visto não ser possível proteger o Parlamento, senão protegendo seus membros. Assim, são normas constitucionais exorbitantes do direito comum, redigidas em favor dos Deputados e Senadores, imunizando-os de processos ou de prisões arbitrárias, para que eles exerçam com liberdade, independência e altivez a sua função parlamentar, sem medo de violência, suborno, coação ou qualquer outro tipo de pressão capaz de macular sua atuação, manchando a representação e desconstituindo a vontade do eleitor. Ressalta-se, por oportuno, que o instituto guarda sintonia com sociedades democráticas, sofrendo restrições e até desaparecendo nos países de regime ditatorial, até porque o sonho de qualquer ditador é manter todo o poder em suas mãos".

[6] MARTINS, Ives Gandra da Silva, 2010, p. 902.

[7] Sobre o histórico das espécies de imunidade, assim realça Raul Machado Horta (2009, p. 942): "Ambas surgiram no singular ordenamento inglês, a princípio se manifestando nas práticas, nos usos, nos precedentes e nos costumes, sujeitas aos eclipses impostos por vontades despóticas, para finalmente receber a consagração de textos que recordam a gradual conquista das liberdades britânicas". Ana Maria D'Avila Lopes e José Antonio Tirado (2002, p. 7), por outro lado, sugerem que a imunidade parlamentar remonta ao período posterior à Revolução Francesa. Segundo os autores, "o motivo pelo qual a imunidade – e a inviolabilidade – parlamentar surgem na França é fácil de advertir. Se, por um lado, uma das mais importantes consequências do triunfo da Revolução Francesa foi a negação do poder absoluto do monarca e o reconhecimento do povo como verdadeiro soberano, representado por meio da Assembleia; por outro lado, o Parlamento, nos momentos iniciais, não era um órgão com posição consolidada, pois teve que enfrentar o Antigo Regime que tinha conservado grande parte da sua força e poder e que, durante muito tempo, lutou contra a existência mesma do Parlamento até a sua derrota definitiva. Nessas circunstâncias, além do secular desprezo pelos juízes – antigas marionetes dos monarcas – e da interpretação estrita do princípio da divisão de poderes, que rejeitava qualquer interferência entre os órgãos do Estado, é que surge a imunidade processual dos parlamentares para garantir sua independência e superioridade diante de outros poderes". José de Faria Costa (2000, p. 37-8) adverte que "a origem das imunidades parlamentares encontra-se na Inglaterra, sendo certo que a expressão da sua conformação normativa que mais nos influenciará está, indubitavelmente, no pensamento político-constitucional francês". O mesmo autor ainda pondera (p. 37) que "a raiz latina de imunidade [*immunitas, immunitatis*] dá-nos uma gênese onde claramente só se pode vislumbrar uma situação de inequívoco privilégio. Com efeito, no direito romano, o termo indicava isenção total ou parcial de ônus de direito público".

Pondera Gilmar Ferreira Mendes que a "imunidade pode tornar o parlamentar insuscetível de ser punido por certos fatos (imunidade material) ou livre de certos constrangimentos previstos no ordenamento processual penal (imunidade formal)".[8] Outros autores, por sua vez, catalogam as imunidades utilizando nomenclaturas diversas, como é o caso de René Ariel Dotti,[9] que as classifica em imunidades absolutas[10] e relativas, respectivamente. José Afonso da Silva,[11] ao dispor acerca da classificação das imunidades parlamentares, as divide em inviolabilidade e imunidade propriamente dita. Enquanto inviolabilidade seria sinônimo de imunidade material, o conceito de imunidade se enquadraria no que a (maior parte da) doutrina denomina de imunidade formal.

As imunidades parlamentares, que têm como termo inicial a diplomação do parlamentar e se encerram com o término do mandato,[12] apresentam-se em âmbito federal, estadual e municipal. Assim, os deputados estaduais (art. 27, § 1º, da CF) e distritais (art. 32, § 3º, da CF) também usufruem das imunidades parlamentares (material e formal), as quais – à semelhança do que sucede com os deputados federais e senadores (art. 53 da CF) – foram ampliadas, garantindo-se-lhes especial prerrogativa consistente na outorga de um estado de relativa incoercibilidade pessoal.[13] Aos vereadores apenas foi conferida a imunidade material, limitada à circunscrição do município (art. 29, VIII, da CF).[14] Portanto, os vereadores não têm imunidade formal nem mesmo gozam de foro por prerrogativa de função.

A mais disso, a CF, em seu art. 53, § 8º, estatui que as imunidades sejam garantidas ainda que o país esteja sob a vigência de estado de sítio, salvo se houver deliberação em contrário da Casa respectiva. Em caso de estado de sítio, "se os atos forem praticados no recinto do Congresso Nacional a imunidade é absoluta, não comportando a suspensão pela Casa respectiva. É uma garantia importante,

---

[8] MENDES, Gilmar Ferreira, p. 942.

[9] DOTTI, René Ariel, 2012, p. 370-1.

[10] Na mesma linha é a lição de Eugenio Raúl Zaffaroni (2002, p. 48), quando afirma que, tanto no Direito internacional quanto no ordenamento interno, há exceções à regra segundo a qual a lei é aplicável a todos com igualdade (art. 5º, I, CF). Essas exceções, segundo o autor, "são de duas classes ou categorias: a) em alguns casos, trata-se de determinados requisitos processuais, que devem ser cumpridos antes do julgamento. Na realidade, trata-se de condições extraordinárias de procedimento, cujo estudo, em definitivo, compete ao Direito processual. São hipóteses da chamada *imunidade*, por alguns denominada 'imunidade relativa'; b) a outra ordem de exceções é constituída por situações, em que certos e determinados atos de uma pessoa ficam excluídos da responsabilidade penal. É a chamada *indenidade*, que alguns autores denominam 'imunidade absoluta'. O seu estudo está afeto ao Direito Penal, embora mais propriamente se possa dizer que se trata de um 'direito de aplicação da lei penal'".

[11] SILVA, José Afonso da, 2011, p. 535.

[12] BITENCOURT, Cezar Roberto, 2012, p. 228. Sobre esse aspecto, insta referir que o mandato termina com o início da legislatura seguinte (GOMES, Luiz Flávio, p. 105).

[13] STF, Rec. Ext. 456.679-6/DF, Rel. Min. Sepúlveda Pertence, 15.12.05.

[14] Nesse caminho, aponta a seguinte decisão do STJ: "(...) A imunidade material dos parlamentares, bem assim dos vereadores, não se aplica a atos de liderança, incitação e participação em manifestações públicas, causadoras de impedimento ou dificuldade no funcionamento de transporte público, conforme a sentença condenatória, mas somente a opiniões, palavras e votos no exercício do mandato ou a ele relacionado, dentro ou fora da casa legislativa, no raio territorial do município. 3. Recurso ordinário não provido" (STJ, RHC 24193/SC, Relª Minª Maria Thereza de Assis Moura, 6ª T., DJe 8/6/11).

porque se harmoniza com o disposto no parágrafo único do art. 139 e porque afasta qualquer pretensão de aplicar a parlamentar as restrições previstas nos incisos desse artigo".[15]

Por fim, antes de se passar ao estudo das espécies de imunidades parlamentares, cabe referir que, se o parlamentar obtiver licença para ocupar cargo da Administração Pública, não estará protegido pela prerrogativa da imunidade parlamentar, ainda que siga a usufruir do foro especial por prerrogativa de função. Por esse motivo, restou prejudicada a Súmula nº 4 do STF, a qual garantia a permanência das imunidades ao congressista nomeado Ministro de Estado.

1.1. A IMUNIDADE MATERIAL

A imunidade material, também denominada de inviolabilidade parlamentar, imunidade real, indenidade, imunidade penal[16] ou imunidade substantiva, está disposta no texto constitucional em seu art. 53, *caput*, que prevê a condição de inviolabilidade dos deputados federais e dos senadores, civil e penalmente, por quaisquer de suas opiniões, palavras e votos no desempenho do mandato[17]. Essa espécie de imunidade "implica subtração da responsabilidade penal, civil, disciplinar ou política do parlamentar por suas opiniões, palavras e votos".[18] Avalia Pedro Sérgio Rebés Guimarães que a "imunidade material é a inviolabilidade, tratada como irresponsabilidade legal ou jurídica, pelas opiniões. Daí chamar-se de inviolabilidade pessoal".[19] Segundo Álvaro Mayrink da Costa, trata-se da proteção à clássica *freedom of speech*, nascida na Inglaterra no *Bill of Rights*.[20]

---

[15] SILVA, José Afonso da, p. 537.

[16] Acentua Damásio de Jesusp (2002, p. 06) que o "*caput* da disposição prevê a imunidade parlamentar material ou penal em relação aos denominados delitos de opinião, segundo a qual, aplicada a teoria da imputação objetiva, a conduta do Senador ou Deputado Federal, constitucionalmente permitida, e o resultado eventualmente produzido são atípicos". Nos Tribunais Superiores, entende-se que a imunidade material: "(...) exclui a possibilidade jurídica de responsabilização civil do membro do Poder Legislativo, por danos eventualmente resultantes de suas manifestações, orais ou escritas, desde que motivadas pelo desempenho do mandato (prática *in officio*) ou externadas em razão deste (prática *propter officium*). Precedente da Suprema Corte no AI 473092/AC, Min. Celso de Mello. 2. A imunidade parlamentar pode ser reconhecida de ofício pelo órgão julgador, ainda que não suscitada pela parte, inexistindo, nesse contexto, violação ao artigo 515 do CPC. 3. Recurso especial não provido" (STJ, REsp 734218/PB, Rel. Min. Luis Felipe Salomão, 4ª T., DJe 5/9/11).

[17] Em caso de inviolabilidade civil, a eficácia da imunidade também está circunscrita ao desempenho do mandato (PIOLA, Décio Antonio, 1999, p. 63).

[18] MORAES, Alexandre de, p. 437. Diverso é o posicionamento de Julio Fabbrini Mirabete e Renato N. Fabbrini (2013, p. 68), para quem: "Ao contrário da redação anterior, o art. 53, *caput*, da Constituição Federal restringiu o alcance da inviolabilidade, válida apenas para os Direitos penal e civil, excluindo-a das matérias administrativa, disciplinar e política".

[19] GUIMARAES, Sérgio Rebés, 2004, p. 25.

[20] COSTA, Álvaro Mayrink da, 2005, p. 532. René Ariel Dotti (1998, p. 285), ao comentar jurisprudência relativamente ao ponto, assevera: "A única hipótese de responsabilidade do parlamentar pelos abusos que possa vir a cometer no desempenho do mandato é de natureza regimental. Essa conclusão, aliás, se harmoniza com a histórica e secular carta: *Bill of rights*. Só o parlamento poderá exercer o seu poder de punição quanto aos excessos de linguagem cometidos pelos seus membros".

Dessa forma, no que concerne às suas manifestações de pensamento, o parlamentar não será responsabilizados pelos chamados crimes de opinião ou de palavra – como é o caso dos crimes contra a honra[21] –, desde que as condutas aptas, em tese, a dar ensejo à penalização tenham ocorrido no exercício de seu mister, porquanto a imunidade afasta a incidência da norma penal ao obstar a propositura de ação criminal. A imunidade protege, para além disso, os relatórios e trabalhos executados durante as comissões.[22]

1.1.1. Da natureza jurídica da imunidade material

Bastante controvertida é a questão que envolve a natureza jurídica da imunidade material, na medida em que várias são as classificações adotadas pela doutrina: causa de exclusão da pena;[23] causa de irresponsabilidade;[24] causa de exclusão do crime;[25] causa pessoal de exclusão de pena;[26] causa de exclusão da antijuridicidade;[27] causa funcional de exclusão de pena;[28] e, ainda, causa de atipicidade.[29] Apesar de haver outras opções,[30] modernamente a disputa doutrinária parece estabelecer-se entre um entendimento tradicional (causa pessoal de exclusão da pena) e um moderno (exclusão da tipicidade [conglobante] ou da ilicitude).

Investigaremos, a seguir, os principais argumentos levantados pelas correntes mais expressivas na doutrina.

---

[21] A respeito da questão, assim considera Damásio de Jesus (2002, p. 5): "A prerrogativa, que constituía causa funcional de isenção de pena, indicava que referidos parlamentares, desde que cometido o fato no exercício da função, não respondiam pelos chamados delitos de opinião ou de palavra, como os crimes contra a honra, incitamento a crime, vilipêndio oral a culto religioso, apologia de crime ou criminoso, etc. Nesses casos, diante da indenidade penal, os deputados federais e os senadores ficavam livres do IP e do processo criminal". Esse também é o entendimento de Julio Fabbrini Mirabete e Renato N. Fabbrini (p. 67): "A imunidade absoluta, nos novos termos constitucionais, estende-se a todos os crimes de opinião, também chamados de 'crimes da palavra', não respondendo os parlamentares por delitos contra a honra, de incitação ao crime, de apologia de crime ou criminoso etc., previstos no Código Penal, ou definidos na Lei de Segurança Nacional ou em qualquer outra lei penal especial".

[22] Raul Machado Horta (p. 597) acrescenta que a imunidade material "protege o congressista ou parlamentar pelos atos praticados na Comissão Parlamentar de Inquérito".

[23] LOPES, Jair Leonardo, 2005, p. 83. LYRA FILHO, Roberto; CERNICCHIARO, Luiz Vicente, 1973, p. 69.

[24] NORONHA, E. Magalhães, 1999, p. 92.

[25] HUNGRIA, Nélson, 1977, p. 188.

[26] FRAGOSO, Heleno Cláudio, 1995, p. 130. MAURACH, Reinhart; ZIPF, Heinz, 1994, p. 189.

[27] COSTA, Álvaro Mayrink da, p. 537. DOTTI, René Ariel, 2012, p. 370.

[28] RÖHNELT, Ladislau Fernando, p. 286.

[29] GOMES, Luiz Flávio; GARCÍA-PABLOS DE MOLINA, Antonio, 2007, p. 134. ZAFFARONI, Eugenio Raúl, p. 48.

[30] Assim, por exemplo, a opção de Giuseppe Maggiore (1954, p. 186), para quem as imunidades representariam um limite à eficácia obrigatória da lei penal; ou a da Antonio Pagliaro (1980, p. 184), segundo a qual existiria "incapacità generale di diritto penale"; ou, ainda, a da "esenzione dalla giurisdizione", sustentada, como indica Luigi Delpino (2009, p. 190-1), por G. Leone.

1.1.1.1. Da orientação tradicional

Para a corrente doutrinária conservadora, as imunidades inserem-se na ampla categoria das causas pessoais de exclusão da pena, ou seja, daquelas causas que excluem a aplicação da sanção (punibilidade), mantendo, entretanto, de um lado, o caráter ilícito-penal do fato e, de outro, intacta a existência do crime.

Nesse rumo, Jair Leonardo Lopes entende que as imunidades parlamentares excluem a pena, "mas mantêm o caráter típico e ilícito do fato pelo qual responde quem para o mesmo tenha concorrido".[31] Para Luiz Vicente Cernicchiaro e Roberto Lyra Filho, o mais correto é se falar em exclusão da punibilidade, pois a conduta "continua antijurídica (pode, por exemplo, ensejar o exercício da legítima defesa); a capacidade penal persiste (existe o entendimento do caráter delituoso do fato e estão presentes as condições de autogoverno, e não é afastada por definição legal); aquelas pessoas são destinatárias da norma penal, tanto assim que a ação praticada revela o estigma da ilicitude. A exclusão da jurisdição, por sua vez, é consequência da não punibilidade. Como não haverá aplicação da pena, o processo se torna sem objeto".[32] Também para Damásio de Jesus, a "prerrogativa constitui causa funcional de exclusão ou isenção de pena", na medida em que "não se trata de causa de exclusão da antijuridicidade. Dessa forma, admite-se legítima defesa contra a conduta do parlamentar, que é típica e ilícita".[33] Ainda sobre a natureza jurídica do instituto da inviolabilidade parlamentar, Flávio Augusto Monteiro de Barros conclui, com pequena variante, que, "no plano do fato criminoso, constitui causa de extinção da punibilidade, e, no plano da pessoa do agente, revela-se uma causa de exclusão da capacidade pessoal".[34]

1.1.1.2. Da orientação moderna

Para outro segmento doutrinário, as imunidades absolutas são verdadeiramente causas de exclusão da ilicitude penal, na medida em que "in tutti i casi in cui l'immunità di un soggetto è conseguenza dell'esercizio delle sue funzioni, non può seriamente contestarsi che si è in presenza di una causa di giustificazione (esercizio di un diritto, adempimento di un dovere)",[35] ou seja, "il fatto comesso nell'esercizio di una delle funzioni indicate dalle singole norme sarebbe da considerare ab origine lecito".[36]

---

[31] LOPES, Jair Leonardo, 2005, p. 83.

[32] LYRA FILHO, Roberto; CERNICCHIARO, Luiz Vicente, p. 69.

[33] JESUS, Damásio de, 2010, p. 181. Refere, ainda, o mesmo autor que "na denominada imunidade parlamentar formal ou processual penal não há exclusão funcional de pena. O fato constitui delito e é punível seu autor" (2012, p. 444).

[34] BARROS, Flávio Augusto Monteiro de, 2011, p. 128.

[35] FIANDACA, Giovanni; MUSCO, Enzo, p. 143-4.

[36] DELPINO, Luigi, 191.

No mesmo passo, René Ariel Dotti avalia que a imunidade absoluta, na precisão constitucional, é uma prerrogativa funcional de exclusão de ilicitude. Segundo o autor, "não se trata de uma causa de *extinção da punibilidade*. Como é crucial, esta última pressupõe a prática de uma infração penal, com a reunião dos elementos de estrutura do fato punível (conduta tipicamente ilícita e culpável). Todas as causas extintivas de punibilidade [morte do agente, anistia, graça, indulto, retroatividade da lei descriminalizante, prescrição, decadência, perempção, renúncia do direito da queixa ou representação, perdão aceito, retratação do agente e perdão judicial (CP, art. 107)] têm como pressuposto a existência de um crime ou contravenção. O mesmo não ocorre com a imunidade parlamentar absoluta, i.e, a *inviolabilidade*, civil e penal, do mandato por quaisquer opiniões, palavras e votos".[37]

Com variante de compreensão, Luiz Flávio Gomes e Antonio García-Pablos de Molina, na linha de entendimento já esposado pelo STF,[38] sublinham que os atos praticados sob a proteção da imunidade penal são atípicos, ou seja, "não entram no raio de incidência da (ampla e abstrata) tipicidade criminalizadora".[39] Para os autores, haveria atipicidade material, em vista da aplicação da teoria conglobante da tipicidade, desenvolvida por Eugenio Raúl Zaffaroni, segundo a qual o que está fomentado e autorizado por uma norma jurídica nunca pode estar proibido por outra. Isso estaria inserido no contexto do risco permitido. Dessa forma, "se a inviolabilidade penal do parlamentar foi pensada para assegurar-lhe independência no exercício das suas funções, assim como liberdade na formação da vontade do Parlamento, não se pode concluir que os atos diretamente vinculados ao seu mandato legislativo, em que não se vislumbra nenhum tipo de desvio ou abuso, sejam proibidos".[40]

Antes de nos posicionarmos em relação ao entendimento que, a nosso sentir, se mostraria mais adequado, cumpre-nos avançar relativamente a tópico (não menos controverso) que a esse ponto se vincula totalmente, como desdobramento consequencial.

---

[37] DOTTI, René Ariel, 2012, p. 370.

[38] A respeito do tópico, assim decidiu o STJ: "*Habeas corpus* para trancamento de ação penal privada. Crimes contra a honra. Deputada estadual. Imunidade material. Supostas ofensas relacionadas à atuação parlamentar. Precedentes do STJ e STF. Parecer do MPF pela concessão da ordem. Ordem concedida para trancar a ação penal instaurada contra a paciente. 1. Este STJ e o colendo STF, em inúmeras oportunidades já decidiram que a imunidade material garantida pelo art. 53 da CF aos Parlamentares (Deputados e Senadores) afasta a tipicidade quanto a eventuais delitos contra a honra por acaso praticados no âmbito de sua atuação político-legislativa. (...)." (STJ, 128802/RJ, Rel. Min. Napoleão Nunes Maia Filho, 5ª T., DJe 24/5/10.) "Crimes contra a honra. Rejeição da inicial acusatória. Falta de justa causa para a instauração da ação penal. Atipicidade da conduta. Queixa-crime rejeitada. Prejudicado o exame das preliminares. 1. O processamento da queixa-crime encontra óbice no inciso III do art. 395 do CPP. Não há justa causa para o exercício da ação penal se o fato increpado ao acusado (detentor de foro por prerrogativa de função) está estreitamente ligado ao exercício do mandato parlamentar, sabido que 'os Deputados e Senadores são invioláveis, civil e penalmente, por quaisquer de suas opiniões, palavras e votos' (cabeça do art. 53 da CF/88). Torna-se imperioso, portanto, o reconhecimento da manifesta ausência de tipicidade da conduta descrita na inicial acusatória" (STF, Inq. 2674/DF, Rel. Min. Carlos Britto, TP, DJu 26/11/09).

[39] GOMES, Luiz Flávio, 2002, p. 94.

[40] GOMES, Luiz Flávio; GARCÍA-PABLOS DE MOLINA, Antonio, p. 134.

1.1.2. Da (im)possibilidade de extensão da prerrogativa aos coautores (ou partícipes) não parlamentares

Entre os aspectos relacionados à aferição da natureza jurídica do instituto em causa, inscreve-se o atinente à possibilidade (ou não) de punição dos coautores (ou partícipes) de delito que, quanto ao parlamentar, se encontra acobertado pela inviolabilidade.

Também acerca desse enunciado existe, ainda hoje, forte discussão doutrinária a respeito da possibilidade de extensão da prerrogativa, formando-se, *grosso modo*, duas linhas básicas de compreensão do tema.

1.1.2.1 Favorável à extensão

Para parcela da doutrina, a extensão da prerrogativa seria de rigor, por implicar um desdobramento lógico-sistêmico, além de impedir tratamento desigual e, por isso mesmo, injusto.

Nesse sentido, Luiz Flávio Gomes, sobre as consequências da coautoria em sendo apenas um dos agentes parlamentar, tece as seguintes considerações: "havendo coautor ou partícipe nesse ato, ele também não responde penalmente (se o fato é atípico para o autor principal, o é também para o participante). A Súmula 245 do STF (que diz que a imunidade parlamentar não se estende ao corréu) só teria valor hoje para a imunidade processual (exemplo: particular que ajuda parlamentar a cometer corrupção). Quanto ao parlamentar, pode haver – em tese – sustação do processo, mas para o particular não, que aliás, normalmente, responde pelo crime em primeira instância – separando-se o processo (CPP, art. 80). Afastar a responsabilidade penal do agente principal (parlamentar) e não estender suas consequências para o coautor seria uma injustiça enorme. Mesmo para os que entendem que a imunidade penal seja uma causa pessoal de exclusão de pena, ainda assim o coautor não pode ser atingido. Se o fato não é punível para o principal não pode ser para o partícipe (assessores do parlamentar, conselheiros etc.) responder penalmente pelos atos praticados sob o amparo da inviolabilidade penal".[41]

No mesmo rumo, Eugenio Raúl Zaffaroni assevera: "De conformidade com a tese da atipicidade, ficam excluídas da responsabilidade penal as ações dos coautores e partícipes, o que é correto, pois, de outro modo, se estreitaria, em demasia, a garantia, e seriam responsáveis os colaboradores do legislador (inclusive, os secretários, que cooperam nas simples tarefas materiais) e os organismos partidários, que aconselham o discurso e a opinião".[42]

---

[41] GOMES, Luiz Flávio; GARCÍA-PABLOS DE MOLINA, Antonio, p. 134.
[42] ZAFFARONI, Eugenio Raúl, p. 48.

1.1.2.2. Contrária à extensão

De modo diverso, entretanto, é o entendimento tradicional da doutrina, pelo qual essa proteção não poderia ser estendida ao codelinquente não possuidor da prerrogativa em causa.

Segundo Aníbal Bruno,[43] a proteção é estendida apenas aos parlamentares, ou seja, não abarca outras pessoas cuja participação nos trabalhos legislativos se dê sem o exercício de um mandato. Dessa forma, o fato, em si, continuará a manter o seu caráter de ilícito, quando praticado em coautoria; e, assim, "pode ser perseguido e punido nos coautores de qualquer natureza que não gozem dessa imunidade".[44]

Igualmente, Filippo Grispigni, depois de assinalar que a natureza jurídico-penal é uma causa de exclusão pessoal da pena, com o que se mantém a ilicitude do fato, ainda quando a este excepcionalmente não siga a pena, afirma: "La determinación de la naturaleza jurídica de las excepciones del art. 3 que ahora se ha llevado a cabo, no tiene una finalidad meramente teórica, sino que además presenta una significativa importancia práctica, porque solamente si se admite la antijuridicidad penal de los hechos cometidos por tales personas, puede derivarse la punibilidad de otras en el caso de participación en el delito cometido por una de dichas personas (que de otro modo no sería posible en virtud del principio de la naturaleza accesoria de la participación)".[45]

Vistos os principais argumentos apresentados pela doutrina no que atine tanto à natureza da imunidade quanto à (im)possibilidade de extensão da prerrogativa, passaremos a expor a posição à qual nos filiamos.

1.1.2.3. Da posição que se adota

Conquanto sedutora a postura que entende haver – no ponto das imunidades – uma causa de exclusão da tipicidade (conglobante) ou mesmo da ilicitude, com o que *ipso facto* se deveriam estender os efeitos da exclusão do crime aos coautores ou partícipes não portadores dessas prerrogativas, avaliamos que se trata, em rigor técnico, de causa pessoal e funcional de exclusão da pena, implicando, em consequência, que "la coautoría o la participación de sujetos no privilegiados es tan posible y punible como la omisión de denuncia (§ 138) o la receptación (§ 259)".[46]

---

[43] BRUNO, Aníbal, 1959, p. 236.
[44] BRUNO, Aníbal, p. 236. No mesmo sentido, Damásio de Jesus (2010, p. 181): "Havendo concurso de agentes, o terceiro não qualificado responde pelo crime. Ex.: o parlamentar é induzido a praticar o delito por um particular. Este responde pelo crime (STF, Súmula 245)".
[45] GRISPIGNI, Filippo, p. 411.
[46] MAURACH, Reinhart; ZIPF, Heinz,1994, p. 189.

Em tal caso, em primeiro lugar, não se alarga indevidamente aquilo que se constitui em uma quebra (constitucionalmente estabelecida) ao princípio da isonomia de lei; e, em segundo lugar, permite a aplicação do princípio da incomunicabilidade das circunstâncias de caráter pessoal.[47] [48] Essa postura, para além de tudo, harmoniza-se com a Súmula 245 do STF, aplicável, a nosso ver, tanto à imunidade processual como à material.[49]

Nessa linha de entendimento, é a posição de Flávio Augusto Monteiro de Barros, para quem a inviolabilidade se trata "de causa de extinção da punibilidade, porque o crime não é excluído. Com efeito, a imunidade não se estende ao corréu que não goze dessa prerrogativa, porquanto as circunstâncias pessoais não se comunicam (CP, art. 30)".[50] Assim, "suponha-se que um deputado, em razão das funções, instigado por 'A' (particular) injurie uma pessoa. O deputado é imune; contra ele nem inquérito policial pode ser instaurado, todavia, o partícipe 'A' responde normalmente pelo delito. Portanto, a imunidade não exclui o crime, caso contrário, haveria incongruência de o mesmo fato ser lícito para uma pessoa e ilícito para outra. Logo, no exemplo acima, o deputado realizou fato típico e antijurídico, além de ser culpável, estando, porém, isento de pena".[51]

Na esteira de pensamento anteriormente exposta, bem como nas hipóteses de escusas absolutórias[52] por razões de política criminal (como, por exemplo, em

---

[47] Como comenta Paulo Queiroz (2013, p. 344), "não é necessário, para ter lugar a punição do partícipe, que o autor seja imputável, uma vez que a imputabilidade é uma questão de catáter pessoal, motivo pelo qual não é comunicável ao partícipe. Também não há necessidade de o fato ser punível, porque, mesmo que o autor seja isento de pena por qualquer motivo (v.g., furto contra ascendente – CP, art. 181), ainda assim o partícipe responderá penalmente".

[48] Refere José Henrique Pierangeli (1999, p. 96) que não "se comunicam as circunstâncias e as condições de caráter pessoal, que fundamentam as causas de exclusão do injusto ou a extinção da punibilidade. (...) Servem de exemplos, as imunidades diplomáticas ou judiciárias, as escusas absolutórias, bem assim algumas espécies de causas de extinção da punibilidade, como o indulto e a retratação do agente, quando admitida pela lei".

[49] Corroborando esse entendimento, a lição de Julio Fabbrini Mirabete e Renato N. Fabbrini (p. 68): "A imunidade parlamentar, porém, não se estende ao corréu do ilícito que não goze dessa prerrogativa, como deixa claro a Súmula 245 do STF".

[50] BARROS, Flávio Augusto Monteiro de, p. 128.

[51] BARROS, Flávio Augusto Monteiro de, p. 128. No mesmo sentido, Ladislau Fernando Röhnelt (p. 287): "E, se houver concurso de pessoas, o terceiro não qualificado, não deputado ou senador, responde pelo crime, como na hipótese de o parlamentar ter sido induzido a praticar o delito por um particular. Este responde pelo crime, conforme dispõe a Súmula 245 do Supremo Tribunal, não porém o parlamentar".

[52] Acerca das escusas absolutórias, a lição de Fernando de Almeida Pedroso (2011, p. 39): "Atendendo à magnitude do interesse a ser preservado, a lei penal aloja as causas de *imunidade absolutas* ou *substanciais*, as denominadas *escusas absolutórias* (art. 181, CP), portadoras de espectro mais amplo porque prelevam o transgressor da norma com a isenção da pena, e as causas de imunidade *relativas* ou *processuais*, com quadrante mais restrito porque conservam a punibilidade da conduta e apenas limitam a atividade persecutória penal à provocação inicial da vítima (art. 182, CP). As causas de imunidade absoluta não representam óbice, porém, à instauração do inquérito, mesmo porque pode haver coautoria, participação ou receptação, que continuam puníveis. As referidas causas de imunidade tão só isentam um dos autores do crime, pela condição personalíssima de que se revestem, da aplicação da pena. Não impedem a responsabilidade de outros envolvidos (*ut infra*). Por isso, não obstaculizam a abertura do inquérito ou mesmo a instauração da ação penal com relação a outros protagonistas de condutas puníveis, sendo excluído apenas o autor imune. As causas de imunidade relativa reclamam prévia representação da vítima ou de quem a represente e transmudam, portanto, a ação penal, em princípio pública incondicionada, para ação penal pública condicionada".

caso de furto doméstico) ou de isenção de pena em casos excepcionais (favorecimento real, art. 349), torna-se possível que se puna apenas o crime acessório, tal qual se verifica em se tratando de incapacidade convencional.[53]

1.1.3. Da imunidade material em face dos suplentes

Por se tratar de uma prerrogativa funcional e institucional, a inviolabilidade acompanha o efetivo exercício do mandato, "estando fora da incidência da imunidade material o suplente, vez que não está no desempenho de atividade parlamentar".[54]

1.1.4. Dos pressupostos existenciais da imunidade parlamentar material

No tocante aos pressupostos apresentados pelo instituto sob análise, tem-se que apenas os atos funcionais (ou seja, manifestação de opiniões, palavras e votos no exercício da função parlamentar) são objeto da prerrogativa da imunidade material.[55]

De outro plano, somente os atos praticados durante a legislatura estão protegidos; essa segurança, contudo, é permanente e absoluta, na medida em que nem mesmo após o término do mandato os parlamentares poderão ser investigados,[56] incriminados ou punidos por suas condutas abarcadas pela indenidade.[57]

Por conseguinte, independentemente da natureza jurídica que se confira ao instituto, o que o caracteriza é a circunstância de impedir que o congressista seja responsabilizado penal, civil, política e administrativamente. Trata-se, pois, de hipótese de irresponsabilidade geral para os fatos ocorridos em razão do exercício funcional. É, nesse traçado, "indiferente que as manifestações sejam praticadas dentro ou fora do Congresso Nacional, desde que haja *nexo funcional*, inclusive para aquelas manifestações proferidas através da mídia".[58] [59]

---

[53] LYRA FILHO, Roberto; CERNICCHIARO, Luiz Vicente, p. 234.

[54] GUIMARÃES, Pedro Sérgio Rebés, p. 24.

[55] Nesse aspecto, ressalta Alexandre de Moraes (p. 441) que se "as manifestações dos parlamentares forem feitas fora do exercício estrito do mandato, mas, em consequência deste, estarão abrangidas pela imunidade material". Assim, o que se exige é "a existência de conexão entre as condutas praticadas pelo parlamentar e o exercício do mandato" (PRADO, Luiz Regis, 2013, p. 243).

[56] Com relação ao tema ora abordado, insta mencionar o posicionamento do Ministro Eros Roberto Grau (2010, p. 209) sobre o pedido de explicações em ocorrências que envolvem hipótese de crime contra a honra cometido por parlamentar: "(...) ressalta-se que o pedido de explicações em juízo pressupõe a viabilidade da futura ação penal. Não há como se admitir a interpelação quando a eventual ofensa está acobertada pela imunidade material conferida pelo art. 53 da Constituição do Brasil aos deputados e senadores".

[57] MORAES, Alexandre de, p. 441.

[58] BITENCOURT, Cezar Roberto, p. 231. Nesse aspecto, a seguinte decisão do STJ: "(...) Induvidoso o nexo causal entre a nota tida como ofensiva, publicada na imprensa local, e a atuação do edil em plenário da Câmara de Vereadores, impõe-se o trancamento da ação penal, por força da imunidade parlamentar. 2. Recurso provido" (STJ, RHC 15590/CE, Rel. Min. Hamilton Carvalhido, 6ª T., DJe 11/4/05). No STF, a matéria também já foi

Em lição precisa, Gilmar Ferreira Mendes tece as seguintes considerações: "Apurado que o acontecimento se inclui no âmbito da imunidade material, não cabe sequer indagar se o fato, objetivamente, poderia ser tido como crime. Se a manifestação oral ocorre no recinto parlamentar, a jurisprudência atual dá como assentada a existência da imunidade. Se as palavras são proferidas fora do Congresso, haverá a necessidade de se perquirir o seu vínculo com a atividade de representação política".[60] Por esse motivo, com relação aos pronunciamentos realizados no interior da Casa Legislativa, não cabe a indagação acerca do conteúdo das ofensas ou sua conexão com o mandato, dado que estão acobertados pela inviolabilidade. Dessa forma, em tal seara, "caberá à casa a que pertence o parlamentar coibir eventuais excessos no desempenho dessa prerrogativa".[61]

Além do mais, como deixamos antecipado, cabe salientar uma vez mais que a imunidade está circunscrita aos votos, às opiniões e às palavras proferidas no exercício das funções dos congressistas, ainda que materializados no lado externo do recinto das Casas Legislativas.[62] Mesmo que o parlamentar esteja fora do âmbito do Congresso Nacional, mas no exercício de suas funções institucionais, estará resguardado em qualquer local do território nacional.[63] Portanto, o parlamentar goza da prerrogativa quando emprega palavras ao exprimir suas opiniões e votos no exercício legítimo do mandato. Isso porque a prerrogativa não pode autorizar a prática de atos criminosos, sob pena de violação ao princípio da igualdade.[64]

A garantia da imunidade material "estende-se ao desempenho das funções de representante do Poder Legislativo, qualquer que seja o âmbito dessa atuação –

---

objeto de julgamento: "O Tribunal, apreciando queixa-crime ajuizada contra deputado federal, inicialmente, pronunciou-se no sentido de que a imunidade material dos deputados e senadores, prevista na nova redação dada pela Emenda Constitucional 35/2001 ao art. 53 da CF, abrange as opiniões, palavras e votos proferidos em virtude da condição de parlamentar, não alcançando as manifestações sobre matéria alheia ao exercício do mandato ('Os deputados e senadores são invioláveis, civil e penalmente, por quaisquer de suas opiniões, palavras e votos'). Com esse entendimento, o Tribunal afastou a possibilidade de enquadramento da espécie na imunidade material, por se tratar de fatos imputados a parlamentar relativos à divergência interna de um escritório de advocacia, com manifestações do querelante e do querelado pela imprensa, fatos esses que não têm a mais remota relação com o exercício do mandato. Em seguida, o Tribunal rejeitou a queixa-crime apresentada por crime de difamação ante a ausência de justa causa" (STF, Inq. 1.710/DF, Rel. Min. Sydney Sanches, 27/02/02).

[59] De acordo com Osmar Veronese (p. 473), "uma entrevista de rádio sobre sua atuação no parlamento, uma reunião política em um final de semana, uma audiência pública, enfim, a atuação vinculada a sua atividade política, dentro ou fora da casa parlamentar, é alcançada pelo manto da imunidade".

[60] MENDES, Gilmar Ferreira, p. 942.

[61] MENDES, Gilmar Ferreira, p. 943. Sobre a temática, avalia Álvaro Mayrink da Costa (p. 536) o seguinte: "A forma de evitar que exista o abuso do exercício do direito de opinião, usando-se da tribuna para defender a honra de terceiros ou instituições, será o devido policiamento *interna corporis* feito pela Presidência da Mesa da Casa de Leis, que deverá cassar a palavra do orador ou censurar a publicação do pronunciamento que julgar indevido, observado o regimento interno da Casa".

[62] Acrescenta Alexandre de Moraes (p. 440): "Da mesma forma, o depoimento prestado por membro do Congresso Nacional a uma Comissão Parlamentar de Inquérito está protegido pela cláusula de inviolabilidade que tutela o legislador no desempenho de seu mandato, especialmente quando a narração dos fatos, ainda que veiculadora de supostas ofensas morais, guarda íntima conexão com o exercício do ofício legislativo e com a necessidade de esclarecer os episódios objeto da investigação parlamentar".

[63] PERES, Onir de Carvalho, 1996, p. 147.

[64] ALEIXO, Pedro, 1961, p. 73.

parlamentar ou extraparlamentar – desde que exercida *ratione muneris*".[65] Postas as coisas desse modo, restam excluídas da imunidade as manifestações que não guardem qualquer pertinência temática com o exercício do mandato do membro do Poder Legislativo.

1.1.5. Abrangência da indenidade

Ponto que se mostra relevante no que atine à imunidade material diz com a delimitação de sua abrangência, o que independe da natureza jurídica conferida ao instituto.

Nesse diapasão, insta mencionar que a conduta do parlamentar (circunscrita às suas opiniões, votos e palavras) não importará responsabilização criminal, qualquer responsabilização por perdas e danos, além de nenhuma espécie de sanção disciplinar. A mais disso, resta a atividade congressista imune, inclusive, de responsabilização política, "pois trata-se de cláusula de irresponsabilidade geral de Direito Constitucional material".[66]

Cabe relembrar, todavia, que é diverso o posicionamento de Julio Fabbrini Mirabete e Renato N. Fabbrini, para quem a CF restringiu o alcance da inviolabilidade – que atingiria apenas o Direito Penal e o Direito Civil – excluindo de sua incidência as matérias administrativa, disciplinar e política.[67]

1.1.6. Da irrenunciabilidade da imunidade material

A imunidade material é absoluta e de ordem pública,[68] razão por que dela o congressista não poderá renunciar, em vista do seu caráter institucional. É uma espécie de inviolabilidade total, ou seja, trata-se de uma garantia constitucional indeclinável; por conseguinte, as palavras, os votos e as opiniões sustentadas durante o exercício do mandato legislativo ficam excluídos de qualquer ação repressiva, mesmo após a extinção da função parlamentar.[69]

---

[65] MORAES, Alexandre de, p. 439.

[66] MORAES, Alexandre de, p. 438.

[67] MIRABETE, Julio Fabbrini; FABBRINI, Renato N., p. 68. Converge nesse sentido o entendimento de Osmar Veronese (p. 473): "Embora respeitados autores comunguem do entendimento de que a exclusão da responsabilidade penal e civil, agora expressa, obstam outras espécies de sanção, como a administrativa, a disciplinar e a política, importa reconhecer que a maioria defende a possibilidade de haver responsabilização político-disciplinar nessas circunstâncias. Ou seja, mesmo defesas, por previsão constitucional, as sanções penais e civis, resulta possível a perda do mandato com arrimo na falta de decoro parlamentar, a sua suspensão ou a imposição de outras sanções disciplinares (...)".

[68] BARBOSA, Elizabeth Christina da C. L., 2002, p. 26. Importante característica da imunidade parlamentar material, segundo Osmar Veronese (p. 474), é "ser tal proteção perpétua. Assim, o congressista não será responsabilizado por suas opiniões, palavras e votos, mesmo após encerrar seu mandato, ou seja, haverá irresponsabilidade eterna".

[69] HORTA, Raul Machado, p. 597.

Em sintética lição sobre a temática, Alexandre de Moraes sustenta que "a imunidade material é prerrogativa concedida aos parlamentares para o exercício de sua atividade com a mais ampla liberdade de manifestação, por meio de palavras, discussão, debate e voto; tratando-se, pois, a imunidade, de cláusula de irresponsabilidade funcional do congressista, que não pode ser processado judicial ou disciplinarmente pelos votos que emitiu ou pelas palavras que pronunciou no Parlamento ou em uma das suas comissões".[70]

Sobre a questão, avalia Fernando Galvão que, "por ser instituída em favor do regime democrático-representativo, a imunidade não pode ser renunciada pelo parlamentar. A imunidade é garantia da instituição, e não da pessoa que ostenta o cargo público".[71] Ainda, quanto à indisponibilidade das imunidades, afirma Flávio Augusto Monteiro de Barros que se trata de "direito público do parlamento, e não apenas do parlamentar, sendo indisponível, isto é, irrenunciável".[72]

A seguir, vamos examinar a outra categoria de imunidade.

1.2. IMUNIDADE FORMAL

A imunidade formal, também intitulada de imunidade processual, adjetiva ou improcessabilidade, por sua vez, consubstancia o viés da imunidade parlamentar que confere ao congressista a garantia de, como regra, não ser (ou permanecer) preso durante o cumprimento de seu mandato legislativo, bem como a possibilidade de ver sustado o andamento da ação penal contra ele proposta em decorrência de crimes comuns praticados após a sua diplomação.[73] Essa prerrogativa protege o parlamentar, por conseguinte, de qualquer tentativa de restrições ao seu exercício funcional.

Anteriormente à vigência da EC 35/2001, o parlamentar poderia ser processado no exercício de seu mandato; no entanto, após iniciada a ação penal, a continuidade da persecução dependia de licença concedida pelos demais congressistas (o que, como se pode imaginar, era de rara ocorrência). Conforme adverte Cezar Roberto Bitencourt,[74] cuidava-se de um ato vinculado e unilateral que constituía condição de procedibilidade. Nesse contexto, a imunidade formal se aproximava muito da ideia de impunidade, fator que motivou a reforma do texto constitucional.

Com o advento dessa emenda reformadora, deixou de existir a necessidade de licença prévia para o prosseguimento do feito; e, em seu lugar, estabeleceu-se, tão somente, a possibilidade de, nos crimes comuns, imputáveis aos deputados

---

[70] MORAES, Alexandre de, p. 439.
[71] GALVÃO, Fernando, 2013, p. 168.
[72] BARROS, Flávio Augusto Monteiro de, p. 127.
[73] MORAES, Alexandre de, p. 439.
[74] BITENCOURT, Cezar Roberto, p. 231.

e senadores, a Casa Legislativa respectiva, em face da iniciativa da Mesa, por maioria absoluta, sustar[75] o processo.[76] A imunidade formal não mais impede que a denúncia seja recebida pelo STF. O processo, dessa forma, não será extinto, mas apenas suspenso até o término do mandato, momento em que a prerrogativa da imunidade formal é perdida. Nessa conjuntura, o controle pela Casa Legislativa passou a ser exercido *a posteriori*, o que viabilizou uma maior persecução dos delitos cometidos pelos parlamentares.[77]

1.2.1. Limitação temporal da imunidade formal

A imunidade formal, diversamente da material, tem eficácia temporal limitada, na medida em que os parlamentares somente usufruem das prerrogativas processuais no curso de seus mandatos; deste modo, uma vez extinto o mandato, inicia-se a contagem do prazo prescricional, não podendo haver "sustação do processo pela Casa Legislativa à qual pertenceu o parlamentar".[78]

Detecta-se, nesse passo, que os parlamentares se encontrarão submetidos aos mesmos ditames que quaisquer outros cidadãos, em consagração ao princípio da igualdade da lei; e, com isso, por eventuais atos criminosos praticados, serão responsabilizados. Contudo, e aqui tem relevo o interesse público, não se mostra conveniente que "eles sejam afastados ou subtraídos de suas funções legiferantes por processos judiciais arbitrários e vexatórios, emanados de adversários políticos, ou governo arbitrário",[79] na medida em que isso enfraqueceria a moldura republicana de governo.

1.2.2. Imunidade formal quanto à prisão

Quanto à imunidade formal concernente à prisão, tem-se que, nela, estão abarcadas tanto a prisão penal como a civil, porquanto os parlamentares não podem sofrer nenhum tipo de privação de liberdade, salvo em caso de flagrante de crime inafiançável.

Além disso, em caso de prisão em flagrante por crime inafiançável, a manutenção da prisão dependerá de autorização da Casa da qual o parlamentar é

---

[75] A decisão legislativa pela sustação do processo criminal, segundo Alexandre de Moraes (p. 448), deverá ocorrer sempre no Plenário da Casa, razão por que não poderá ser delegada à Mesa Diretora ou a qualquer de suas comissões, "não estando, pois, submetida a regras rígidas e pré-constituídas, pois os critérios não são jurídico-normativos, mas movidos por motivos políticos de conveniência e oportunidade".

[76] MORAES, Alexandre de, p. 441.

[77] A propósito do tópico, assinalou Luiz Flávio Gomes (p. 100): "Como se nota, o único controle legislativo (do processo criminal) agora previsto é o *a posteriori*, leia-se, depois de já iniciado o processo no STF pode haver *sustação* do seu andamento". O mesmo autor (p. 101) acrescenta: "Sublinhe-se que não existe suspensão parlamentar de investigação (senão exclusivamente de *processo* em curso)".

[78] PRADO, Luiz Regis, p. 245.

[79] MORAES, Alexandre de, p. 442.

membro, pelo voto ostensivo e nominal da maioria absoluta de seus integrantes no prazo de vinte e quatro horas (art. 53, § 2º, CF). Nesse aspecto, também houve significativa mudança do texto constitucional; isso porque, anteriormente à edição da EC 35/2001, essa votação era secreta; e, para além disso, a partir de sua aprovação, "os parlamentares poderão decidir tão somente a respeito da prisão, não tendo mais o poder de autorizar, ou não, a formação de culpa (art. 53, § 2°)".[80]

Insta salientar que "o congressista não poderá sofrer qualquer tipo de prisão de natureza penal ou processual, seja provisória (prisão temporária, prisão em flagrante por crime afiançável, prisão preventiva, prisão por pronúncia, prisão por sentença condenatória recorrível), seja definitiva (prisão por sentença condenatória transitada em julgado), ou ainda, prisão de natureza civil".[81] Dessa mesma forma, nem mesmo a prisão civil do devedor de alimentos poderá ser decretada aos membros do Poder Legislativo.

1.2.2.1. Da possibilidade de prisão em virtude de sentença condenatória transitada em julgado

Quanto à prisão do parlamentar em virtude de decisão judicial transitada em julgado, o STF entendeu por sua possibilidade, na medida em que as garantias da imunidade formal não poderiam obstar, observado o *due process of law*, a execução das penas impostas aos congressistas.

Em voto proferido no julgamento do Inquérito n° 510, o Min. Celso de Mello teceu as seguintes considerações: "A *freedom from arrest* não afasta, no entanto, a possibilidade de o parlamentar, sujeito a condenação penal definitiva, vir a ser preso, para efeito da execução da decisão condenatória. Esse aspecto da imunidade formal – estado de relativa incoercibilidade pessoal do congressista – não obsta, observado o *due process of law*, a execução de penas privativas da liberdade definitivamente impostas".

Apesar disso, entende Alexandre de Moraes[82] que esse não é o melhor entendimento, porquanto se está a restringir, indevidamente, garantia prevista no texto constitucional, que, em momento algum, apresenta forma de limitação diversa da hipótese da prisão em flagrante em casos de crimes inafiançáveis.

Avaliamos que, em abordagem lógico-sistêmica, se a imunidade formal não tem o condão de obstacularizar a simples prisão em flagrante (por crime inafiançável) dos parlamentares, não terá, também, o de impedir a prisão em decorrência de uma sentença condenatória definitiva. Se não impede o menos, com mais razão, não pode neutralizar o mais.

---

[80] PRADO, Luiz Regis, p. 244.
[81] MORAES, Alexandre de, p. 443.
[82] MORAES, Alexandre de, p. 443.

1.2.3. Da imunidade para imunidade para servir de testemunha

Os parlamentares usufruem, ademais, de prerrogativa para servir como testemunha.

Nos termos do art. 56, § 6º, da CF, "os deputados e senadores não serão obrigados a testemunhar sobre informações recebidas ou prestadas em razão do exercício do mandato, sem sobre as pessoas que lhes confiaram ou delas receberam informações".

Conforme advertem Julio Fabbrini Mirabete e Renato N. Fabbrini, "quanto ao mais, porém, os congressistas deverão prestar depoimentos, praticando crimes de desobediência se se recusarem a prestá-los, ou de falso testemunho se calarem ou falsearem a verdade (art. 342 do CP)".[83]

1.2.4. Momento da ocorrência do delito e suas consequências práticas

Quanto aos processos por crimes cometidos pelos parlamentares após a diplomação, a imunidade formal se limita à possibilidade de a "Casa Legislativa respectiva sustar, a qualquer momento antes da decisão final pelo Poder Judiciário, o andamento da ação penal proposta contra parlamentar por *crimes praticados após a diplomação*".[84] A suspensão do curso processual implica a sustação do curso do prazo prescricional, conforme iremos abordar neste estudo.

Nesse diapasão, aos crimes praticados anteriormente à diplomação, que caracteriza o começo do *vinculum iuris*, não incide qualquer imunidade formal em relação ao processo, motivo por que poderá o parlamentar ser julgado, a qualquer momento, pelo STF até o término de sua legislatura. Além disso, quanto aos delitos já praticados quando da diplomação, não haverá a possibilidade de sustação do feito.

O termo inicial para incidência da presente imunidade formal, portanto, "não está relacionado com a posse, mas sim com a diplomação, pois é nesse momento que se tem a presunção de ter sido validamente eleito o representante, e, então, a Constituição o protege, vedando sua prisão, (...) possibilitando a suspensão de ações penais propostas por crimes praticados após esse momento".[85] A diplomação perante a Justiça Eleitoral marca o início da imunidade (conforme dispõe o § 2º do art. 53 da CF); a posse, por sua vez, representa o ato público e oficial por que os parlamentares se investiriam no mandato.

1.2.5. Da instauração do inquérito policial

As garantias conferidas pelo manto da imunidade formal não obstam, no entanto, que inquéritos policiais sejam instaurados para apurar a ocorrência de

---

[83] MIRABETE, Julio Fabbrini; FABBRINI, Renato N., p. 69-70.
[84] MORAES, Alexandre de, p. 449.
[85] MORAES, Alexandre de, p. 445.

crimes não albergados pela imunidade material. Isso porque essa espécie de imunidade não impede a futura punição, mas apenas permite à Casa Legislativa sustar a persecução enquanto o parlamentar a ela estiver vinculado. A *persecutio* desses delitos, entretanto, precisa ser intentada perante o órgão judiciário competente – o STF.

Com o término das investigações, será dado acesso ao relatório ao Procurador-Geral da República, caso se trate de ação penal de iniciativa pública, para que possa oferecer a denúncia.

1.2.6. Da irrenunciabilidade da imunidade formal

Na mesma linha do que se asseverou quanto à imunidade material, tem-se que as prerrogativas processuais são irrenunciáveis pelo parlamentar, porquanto são garantias institucionais atinentes ao cargo, e não privilégios conferidos ao sujeito que desempenha funções parlamentares.

O STF, nesse sentido, entende que o foro por prerrogativa de função possui natureza *intuitu funcionae*, pelo que possui liame com o cargo, e não com a pessoa que o ocupa; não se cuida, pois, de prerrogativa *intuitu personae*.[86]

Recentemente, decidiu o STF[87] sobre o procedimento de o congressista renunciar ao mandato parlamentar na véspera do julgamento pela Suprema Corte. De acordo com a decisão, tal renúncia não seria válida, por representar nítida fraude processual que frustraria as regras constitucionais; e não apenas as de competência.

Dessa forma, a alegação defensiva no sentido de que a prerrogativa de foro não mais poderia incidir em virtude da renúncia à função parlamentar foi, *in casu*, refutada, por cujo pronunciamento se nos é dado concluir que STF, mais uma vez, entende não estar a imunidade a serviço do congressista, mas, sim, da função por ele desempenhada.

---

[86] "Agravo regimental. *Habeas corpus*. Queixa-crime. Arts. 20, 21 e 22 da Lei 5.250/1967. Suplente de senador. Interinidade. Competência do STF para o julgamento de ações penais. Inaplicabilidade dos arts. 53, § 1°, e 102, I, *b*, da CF. Retorno do titular ao exercício do cargo. Baixa dos autos. Possibilidade. Natureza. Foro especial. Prerrogativa de função possui natureza *intuitu funcionae* e não *ratione personae*. Estatuto dos congressistas que se aplica apenas aos parlamentares em exercício dos respectivos cargos. I – Os membros do Congresso Nacional, pela condição peculiar de representantes do povo ou dos Estados que ostentam, atraem a competência jurisdicional do STF. II – O foro especial possui natureza *intuitu funcionae*, ligando-se ao cargo de Senador ou Deputado e não à pessoa do parlamentar. III – Não se cuida de prerrogativa *intuitu personae*, vinculando-se ao cargo, ainda que ocupado interinamente, razão pela qual se admite a sua perda ante o retorno do titular ao exercício daquele. IV – A diplomação do suplente não lhe estende automaticamente o regime político-jurídico dos congressistas, por constituir mera formalidade anterior e essencial a possibilitar à posse interina ou definitiva no cargo na hipótese de licença do titular ou vacância permanente. V – Agravo desprovido" (STF, Inq 2453 AgR/MS, Rel. Min. Ricardo Lewandowski, TP, DJu 17/5/07).

[87] Informativo 606/2010.

Feitas essas considerações acerca das generalidades que envolvem o estudo das imunidades, passaremos à análise da prescrição, *lato sensu*; e, a seguir, de suas peculiaridades correlatas às imunidades parlamentares.

2. Da prescrição penal: conceito e fundamentos

Em compreensão conceitual, o instituto jurídico-penal da prescrição deve ser entendido como perda (ou renúncia) do poder de punir[88] do Estado em virtude da passagem do tempo.

Trata-se, em suma, de uma limitação temporal da *persecutio criminis* (prescrição da pretensão punitiva) ou da execução da pena (prescrição da pretensão executória), encampada para o atendimento de motivos de Política Criminal (que, *grosso modo*, pode ser entendida como o conjunto de procedimentos pelos quais determinada sociedade reage, em diferentes planos, ao fenômeno criminal).[89]

Traduz-se, pois, o instituto jurídico da prescrição penal como um fator limitante da perseguibilidade do crime ou da executabilidade da pena, ao ancorar-se no precípuo argumento segundo o qual, salvo exceções, o poder punitivo não poder apresentar-se sempiterno, devendo atrelar-se, assim, a um determinado período de tempo, findo o qual o Estado – como titular exclusivo do *jus puniendi* – não mais poderá exercitar a pretensão punitiva ou a executória, extinguindo-se, *ipso facto*, a punibilidade.[90]

São antigas e longas as discordâncias doutrinárias em face do instituto em causa, como se pode ler em Georges Vidal: "Le principe de la prescription des

---

[88] Fernando Velásquez Velásquez (1997, p. 39) anota que o *ius puniendi* "es la potestad radicada en cabeza del Estado en virtud de la cual este, revestido de su poderío e imperio, declara punibles determinados comportamientos que – por su especial gravedad – atentan contra la convivencia comunitaria y les impone penas y/o medidas de seguridad a título de consecuencia jurídica".

[89] Michèle-Laure Rassat (2006, p. 69) conceitua e identifica as funções mais elementares da Política Criminal: "La conception qui nous paraît être la bonne est à la fois plus volontariste et plus limitée. À partir du moment où une collectivité fait quelque chose à ses délinquants, elle a une attitude pénale. Elle ne nous paraît cependant avoir une politique pénale qu'autant qu'elle est consciente de pouvoir agir sur le phénomène criminal et qu'elle considère ce qu'elle fait à chaque délinquant comme un élément déterminé à l'avance d'une attitude d'ensemble face à la délinquance. Une politique pénale suppose donc: 1) La conscience (les plus pessimistes diraient l'illusion) de la possibilité d'une action sur le volume et les formes de la délinquance (ce qui fait que, si l'attitude pénale est de tous les temps, la politique pénale n'a pu naître qu'après le développement de la criminologie); 2) La détermination d'un certain nombre d'objectifcs à atteindre à partir desquels chaque décision prise dans le domaine pénal devra se situer".

[90] Com mais detalhes sobre o instituto prescricional: FAYET JÚNIOR, Ney, 2007, p. 39-45. Cabe indicar a explicação sobre os fundamentos da prescrição da pena desenhada por Frédéric Desportes e Francis Le Gunehec (2009, p. 1057-8): "La première justification de la prescription est la nécessité d'oublier. À mesure que le temps passe, le souvenir de la condamnation s'estompe de même que celui du trouble social causé par l'infraction. Le raviver en ramenat tardivement la peine à exécution serait donc davantage un facteur de désordre que d'apaisement. De plus, l'inexécution est souvent la conséquence de la négligence ou de la carence des autorités chargées de l'exécution, dont le condamné ne doit pas subir les conséquences. Enfin, la prescription suppose que, pendant la durée du délai, le condamné se soit dissimulé pour échapper aux poursuites. Cette existence clandestine prolongée constitue déjà en soi une sanction. Tels sont les principaux arguments avancés pour justifier la prescription de la peine".

peines, critiqué par Beccaria, et Bentham, est de nouveau contesté par plusieurs criminalistes contemporains et principalement par l'école positiviste italienne; on lui reproche de favoriser l'habileté des criminels, de leur assurer une impunité que rien ne justifie et de laisser, au grand drétriment de lá sécurité sociale et du respect de la chose jugée, les condamnations sans exécution: les souffrances de l'exil et le repentir du condamné, qui réussit à se soustraire à sa peine, sont le plus souvent purement imaginaires et ne se rencontrent pas chez les criminels les plus redoutables auxquels il est dangereux d'assurer l'impunité; l'argument tiré de ces souffrances et de ce repentir n'est que le produit de l'automorphisme psychologique reproché non sans raison à la doctrine classique, qui a inspiré la plupart des législations".[91]

Contudo, apesar desse longo debate doutrinário – que se renova, com certa constância, notadamente em virtude de crimes que causam grande comoção social ou em plataformas ocasionais de um populismo penal (perigosamente crescente na América Latina, de um modo geral, e no Brasil, de um modo particular) –, a figura jurídico-penal da prescrição desponta, de forma concreta, como uma ferramenta apta a conceder, sob vários títulos, a racionalidade punitiva, na medida em que fortalece, de um lado, a noção da duração razoável do processo e, de outro, a da prescindibilidade da intervenção jurídico-penal (sempre que a *pax* social for, por qualquer meio, atingida, ainda que o seja pelo decurso do tempo).

Tais fundamentos permitem avaliar que o modelo jurídico da prescrição ostenta um quadro maior de favorabilidade, a cuja linha de raciocínio se agrega que a dulcificação do Direito Penal corresponde, em boa medida, a políticas criminais racionais (e, por que não dizê-lo, iluministas), que devem passar ao largo de construções teóricas que entendem ser a retribuição (severa, implacável, irracional) a exclusiva (e melhor) resposta ao fenômeno (altamente complexo e multifacetário) da criminalidade. E isso nos faz adentrar o tema do sistema jurídico-penal (ainda que a traços bastante largos).

Modernamente, a avaliação do sistema penal deve ser conduzida, sob todos os títulos, a partir de duas dimensões básicas: a função do Direito Penal e a finalidade da pena em face ao Estado democrático e social de Direito.

Quanto à primeira dimensão, insistimos na compreensão segundo a qual hoje, mais que nunca, a função do Direito Penal (no Estado democrático e social de Direito, repita-se)[92] é a proteção de bens jurídicos mediante a prevenção de

---

[91] VIDAL, Georges, 1921, p. 728.

[92] Não se pode desconectar o Direito Penal da estrutura social concreta em que se encontra, historicamente, inserido, daí por que se reforça a base material em que deveria inscrever-se a construção teórica a que procedemos. Como adverte Santiago Mir Puig (2006, p. 335), "basar la teoría jurídica en el reconocimiento de que el Derecho ha de servir al ciudadano me parece obligado para una concepción democrática del Derecho. Es evidente que ello supone renunciar a una teoría jurídico-penal válida para cualquier contexto político. No ha habido nunca ningún sistema jurídico-penal que no haya estado al servicio de algún sistema político. Merece la pena reducir el alcance de nuestro análisis al Derecho penal adecuado a nuestra actual cultura política, puesto que ello permite concretar los principios que han de inspirar su contenido. También permite evitar la impresión que puede dar una concepción apolítica, estrictamente jurídica, de que la legitimación del Derecho es Independiente de su orientación concreta y procede de sí mismo".

delitos, sendo que a utilização das ferramentas penais, de modo proporcional à ofensa praticada e à culpabilidade do agente e tolerada apenas em relação aos ataques mais graves, se deve inspirar à luz do princípio da *ultima ratio* e de limites (derivados desse modelo estatal) relacionados ao exercício do *ius puniendi*, de cuja noção defluem os princípios da subsidiariedade, proteção exclusiva de bens jurídicos, fragmentariedade e legalidade, todos, em bloco, cimentados pelo princípio da racionalidade; e, finalmente, de princípios político-criminais que, por meio da formalização do controle social penal, visam a garantir as liberdades dos cidadãos frente ao Estado, de acordo com o princípio de mínima intervenção e os demais princípios garantistas.

Na perspectiva da segunda dimensão, o núcleo básico em relação ao qual o sistema todo deve ser construído é o da evitabilidade dos delitos, mediante a prevenção geral, desde que haja limites necessários ao poder punitivo do Estado, para preservar, nessa função preventiva, aquilo que ela deve ter (no máximo possível) de justa e racional, e que esteja a serviço de preservação da ordem democrática, com um mínimo custo à liberdade individual. Agregamos que prevenir é, porém, mais que dissuadir, na medida em que se deve entender por *prevenir* intervir nas causas do problema criminal. Os programas de prevenção primária são, obviamente, mais úteis que os de prevenção secundária; e estes mais que os de prevenção terciária. Considerados esses aspectos, a função da pena, na dimensão do Estado social e democrático de Direito, é prevenir os delitos, entendendo-se por tal prevenção uma política racional e proporcional, ancorada em vários princípios que visam a dar proteção ao indivíduo, notadamente aquele traduzido pela teoria do Direito Penal mínimo – que objetiva a redução substancial do poder punitivo.

Estamos de acordo com o fato de que a função da pena depende da função que se atribui ao Estado; e, nesse sentido, parece não haver dificuldades em se dizer, de forma clara e direta, que, na perspectiva de um Estado social e democrático de Direito, a pena, essencial e fundamentalmente, deve assumir uma função preventiva.

Em remate, e voltando ao eixo do texto, esses argumentos – sumariamente recenseados – autorizam a compreensão da prescindibilidade da punição jurídico-penal (e, aqui, por óbvio, tem incidência a prescrição) nas situações concretas em que, por um ou outro motivo, à pena não se possa atribuir qualquer sentido preventivo, pois o conflito social – que se encontrava à base da conduta criminosa – já se encontra, largamente, suplantado.

3. A imunidade parlamentar e a prescrição

Neste tópico, vamos estabelecer o (possível) enfeixamento dos temas, de cujo procedimento extrairemos as principais consequências e, especialmente, a sua recepção doutrinária e jurisprudencial.

Quando, em face das diferentes hipóteses de imunidade como figuradas, se questionou a repercussão do instituto prescricional, tínhamos, em mente, a necessidade de exame separado, a fim de se clarificar adequadamente os temas.

3.1. DA NÃO RELEVÂNCIA EM FACE DA IMUNIDADE MATERIAL

No que concerne à imunidade material, não há falar-se em curso de prazo prescricional, nem mesmo após o término do mandado parlamentar, na medida em que, conforme tivemos oportunidade de destacar, se trata de uma espécie absoluta de imunidade, que impossibilita a persecução delitiva dos atos praticados pelos congressistas que por ela estejam abarcados até mesmo depois de encerrada a atividade parlamentar.

Considerações idênticas se poderiam adiantar no sentido de que o fato realizado sob o império da imunidade material não permite a instauração de inquérito policial, nem de ação penal ou mesma da prisão, ou, ainda, sequer da interpelação judicial (em cuja peça seria articulado eventual pedido de explicações). A mais disso, em reforço, a imunidade material parlamentar mantém-se inclusive depois de encerrado o mandato, para os atos que tiverem sido praticados em seu curso.

3.2. DA RELEVÂNCIA EM FACE DA IMUNIDADE FORMAL

A temática do estudo do prazo prescricional, quanto às imunidades, portanto, apenas adquire importância quando se está diante de uma imunidade formal, ou relativa, porquanto a duração de seus efeitos se encerra com o término da legislatura. Por conseguinte, no momento em que finda o mandato (por qualquer motivo, inclusive o da não reeleição), também se extingue a imunidade processual.

Dessa forma, a prescrição somente ficaria suspensa se a respectiva Casa Legislativa sustasse o andamento do processo, enquanto durasse o mandato eletivo.[93]

3.2.1. O advento da EC 35/2001

Nesse aspecto, conforme indicado, relevante inovação foi introduzida por meio da EC 35/2001, ao conferir a possibilidade, aos ministros do STF, de que recebam, de plano, a denúncia oferecida em desfavor do parlamentar, ou seja, sem que haja a necessidade de prévia licença da Casa Legislativa respectiva (como anteriormente exigido). Tal alteração, como se pode perceber, mitigou, de modo significativo, a imunidade parlamentar processual.

Destarte, posteriormente ao recebimento da inicial acusatória, o STF dará ciência à Casa parlamentar pertinente, o que possibilitará – caso exista a iniciativa

---
[93] COSTA, Álvaro Mayrink da, p. 536.

de partido político nela representado e o voto da maioria absoluta de seus membros (*quorum* qualificado) – a sustação do andamento da ação criminal. Dessa forma, o pedido de sustação há de ser apreciado pela Casa em que o parlamentar atua no prazo improrrogável de 45 dias contados do seu recebimento pela Mesa Diretora. Percebe-se, portanto, que o único prazo fixado – e improrrogável – é o de 45 dias, contados do recebimento do pedido de sustação, efetuado pelo partido político, pela Mesa Diretora.

Com a edição da Emenda 35/01, o novo regramento, por ter natureza processual, passou a ser imediatamente aplicado, nos termos da determinação do STF, pelo que o curso prescricional – dos processos que aguardavam a licença prévia – foi retomado.[94]

Até então, vigorava o entendimento no STF, quando da vigência da redação originária do art. 53 da CF, de que a data inicial – para a fixação do início da suspensão do prazo prescricional nas ações penais em que um parlamentar figurasse como réu – se contava a partir do dia em que o Poder Judiciário efetuasse despacho solicitando a autorização (licença) da Casa Legislativa respectiva para a instauração da ação penal.[95] Essa regra, no entanto, deixou de ser aplicável com o advento da EC 35/01, que aboliu a necessidade da licença prévia.

Por essa razão, os processos que estavam no aguardo da licença, antes da edição da EC 35, voltaram a tramitar, o que ocasionou a retomada do curso prescricional, como descreve Gilmar Mendes: "Nos casos em que o processo estava suspenso antes da EC 35, o prazo prescricional torna a correr da data da promulgação da Emenda".[96]

Quanto aos delitos perseguidos sob a égide da EC 35/01, a prescrição somente será suspensa caso ocorra a sustação do feito pela Casa Legislativa de que o parlamentar faz parte. Nessa hipótese, a sustação processual ocasionaria dois efeitos: "um *formal* (suspensão do processo) e outro *material* (penal), que é a

---

[94] GUIMARÃES, Pedro Sérgio Rebés, p. 26. Nesse sentido, a seguinte decisão do STF: "Imunidade parlamentar: abolição da licença prévia pela EC 35/01: aplicabilidade imediata e consequente retomada do curso da prescrição. 1. A licença prévia da sua Casa para a instauração ou a sequência de processo penal contra os membros do Congresso Nacional, como exigida pelo texto originário do art. 53, § 1º, da Constituição, configurava condição de procedibilidade, instituto de natureza processual, a qual, enquanto não implementada, representava empecilho ao exercício da jurisdição sobre o fato e acarretava, por conseguinte, a suspensão do curso da prescrição, conforme o primitivo art. 53, § 2º, da Lei Fundamental. 2. Da natureza meramente processual do instituto, resulta que a abolição pela EC 35/01 de tal condicionamento da instauração ou do curso do processo é de aplicabilidade imediata, independentemente da indagação sobre a eficácia temporal das emendas à Constituição: em consequência, desde a publicação da EC 35/01, tornou-se prejudicado o pedido de licença pendente de apreciação pela Câmara competente ou sem efeito a sua denegação, se já deliberada, devendo prosseguir o feito do ponto em que paralisado. 3. Da remoção do empecilho à instauração ou à sequência do processo contra o membro do Congresso nacional, decorre retomar o seu curso, desde a publicação da EC 35/01, a prescrição anteriormente suspensa" (STF, Inq 1566 QO/AC, Rel. Min. Sepúlveda Pertence, TP, DJu 18/02/02).

[95] GUIMARÃES, Pedro Sérgio Rebés, p. 48.

[96] MENDES, Gilmar Ferreira, p. 944.

suspensão da contagem do prazo prescricional, enquanto durar o mandato parlamentar".[97]

Por conseguinte, desde a data em que ocorre a sustação do processo – e não do dia de comunicação do ato ao STF –, suspende-se a contagem do prazo prescricional. Mesmo porque, "a partir daí, já há impedimento para o exercício da jurisdição penal".[98] Cuida-se, cabe advertir, de mera suspensão do prazo, e não de hipótese de interrupção "(que significaria desconsiderar todo o lapso temporal já transcorrido anteriormente)".[99]

Além disso, a suspensão da prescrição e a do curso processual findam quando cessa o mandato parlamentar. Isso porque, *in casu*, trata-se de imunidade meramente relativa, ou seja, a que não perdura após o encerramento da função parlamentar. Aliás, com essa cessação, "altera-se inclusive a competência (porque já cancelada a Súmula 394)".[100] Portanto, ao término do mandato, o processo terá normal prosseguimento, pelo que é incabível "qualquer pretensão de nova sustação do feito em virtude da reeleição".[101]

3.2.2. Imunidade formal e codelinquência

Cumpre, ainda, destacar a hipótese em que se estabelece a codelinquência entre um parlamentar e outro agente que não ostente essa condição político-jurídica.

Nessa situação, caso ocorra a sustação da persecução no que concerne ao membro do Poder Legislativo, o desmembramento do processo – com o processamento do feito do codelinquente não parlamentar prosseguindo na Justiça comum – deverá ser a solução implementada, em vista do diferente regime prescricional aplicado a ambos os acusados. (Nessa linha é a orientação da Súmula 245 do STF: "a imunidade parlamentar não se estende ao corréu sem essa prerrogativa".)

No que concerne aos corréus não parlamentares, o STF entende que poderá haver a cisão processual, porquanto as regras de atração, mediante conexão e continência, não são absolutas.

Na medida em que o curso prescricional é suspenso unicamente em relação ao parlamentar, em face de sua natureza personalíssima, admite-se a separação dos processos com o intuito de obstar a extinção da punibilidade quanto aos acusados que não desempenhem funções parlamentares.[102]

---

[97] GOMES, Luiz Flávio, p. 104.
[98] GOMES, Luiz Flávio, p. 104.
[99] GOMES, Luiz Flávio, p. 104.
[100] GOMES, Luiz Flávio, p. 104.
[101] FREIRE JÚNIOR, Américo Bedê, 2002, p. 23.
[102] "Competência penal originária por prerrogativa de função: atração, por conexão ou continência, do processo contra corréus do dignitário, que, entretanto, não é absoluta, admitindo-se a separação, entre outras razões, se necessária para obviar o risco de extinção da punibilidade pela prescrição, cujo curso só se suspende em relação ao

3.2.3. A imunidade formal quanto a crimes anteriores ao mandato

Por fim, cabe a ressalva de que a imunidade processual dos membros do Congresso Nacional somente incide quanto a crimes ocorridos após a diplomação.[103]

Dessa forma, não há cogitar-se em suspensão do prazo prescricional ou em sustação do processo com relação a crimes ocorridos antes da investidura pública. Isso decorre do caráter institucional da prerrogativa, que não pode ser estendida ao sujeito que não era parlamentar quando do cometimento do fato criminoso, porquanto estar-se-ia a lhe conferir nessa hipótese um privilégio de caráter pessoal.

É por essa mesma razão que o parlamentar poderá ser condenado (e, em sendo o caso, cumprirá pena) pelos crimes praticados anteriormente a sua diplomação.

Os congressistas não usufruem, fora de toda dúvida, da imunidade quanto à prisão para essa hipótese, na linha do entendimento esposado pelo STF, conforme já se teve oportunidade de mencionar neste estudo.

Conclusão

Como deixamos antecipado, vários são os pontos de conexão que se apresentam entre os institutos; mas não só isso. Começamos por perspectivar que não há vínculo entre a imunidade material parlamentar e a prescrição, na medida em que a indenidade se trata de uma espécie absoluta de imunidade, que impossibilita

---

titular da imunidade parlamentar, desde a data do pedido de licença prévia: jurisprudência do Supremo Tribunal" (STF, Inq. 1720 QO/RJ, Rel. Min. Sepúlveda Pertence, TP, DJu 21/6/01). No mesmo sentido: "Inquérito – Denúncia oferecida contra deputado federal e coacusados que não são parlamentares – Ausência de deliberação da Câmara dos Deputados sobre o pedido de licença que lhe foi dirigido pelo STF – Suspensão da prescrição penal – Termo inicial – Inaplicabilidade dessa causa suspensiva aos codenunciados que não dispõem de imunidade parlamentar – Separação do procedimento penal (CPP, art. 80) – Consequências – Precedentes do STF. A ausência de deliberação da Câmara dos Deputados ou do Senado da República sobre o pedido de licença formulado pelo STF, nos termos do art. 53, § 1°, da Constituição, gera a suspensão da prescrição penal, a partir da data em que o Ministro-Relator exarou despacho solicitando a autorização exigida pelo texto constitucional. Essa suspensão do lapso prescricional subsistirá enquanto perdurar o mandato do congressista denunciado. Precedente. A causa suspensiva da prescrição penal, a que se refere o art. 53, § 2°, da Constituição, reveste-se de natureza personalíssima, eis que e somente aplicável ao membro do Congresso Nacional que figure como réu nas ações penais originárias ajuizadas perante o STF. Os litisconsortes penais passivos, que não ostentem a condição político-jurídica de parlamentar, submetem-se ao regime ordinário de prescrição, de tal modo que não se lhes estende a causa de suspensão prevista no art. 53, § 2°, da lei fundamental. Precedentes. A ausência da deliberação sobre o pedido de licença e a sujeição dos codenunciados, que não possuem mandato legislativo, ao regime ordinário de prescrição penal justificam, com fundamento no art. 80 do CPP, a separação da *persecutio criminis*, a fim de que a ação penal venha a prosseguir, perante órgão judiciário competente de primeira instância, contra aqueles que não dispõem do benefício da imunidade parlamentar nem gozam da prerrogativa de foro perante qualquer tribunal. Precedente" (STF, Inq. 242 QO/DF, Rel. Min. Celso de Mello, TP, DJu 26/08/93).

[103] FREIRE JÚNIOR, Américo Bedê, 2002, p. 23.

a persecução delitiva dos atos praticados pelos congressistas que por ela estejam abarcados até mesmo após finda a atividade parlamentar.

Por outro lado, destacamos que a interseção se apresenta, com efeito, no que diz respeito à imunidade formal parlamentar e a prescrição, pois – e, aqui, apenas retomados os principais achados: (i.) a prescrição somente fica suspensa (não é interrompida), após do advento da EC 35/2001, caso a Casa Legislativa a qual o parlamentar integra opte pela sustação do feito enquanto durar o mandato do parlamentar; (ii.) findo o mandato, o curso prescricional, bem como o processo, é retomado; (iii.) os processos que aguardavam licença, com a alteração constitucional, voltaram a tramitar, o que ocasionou a continuidade da contagem do prazo prescricional; e (iv.) em caso de corréu não parlamentar, haverá cisão processual, porquanto a prescrição apenas fica suspensa em relação a este.

Tudo, em síntese, parece reforçar a conclusão segundo a qual havia aspectos ainda pouco organizados em face dos institutos em causa, e que, na forma republicana de governo, as imunidades parlamentares (tanto as materiais como as formais) encontram razão de ser especialmente se, de um lado, blindarem os congressistas em momentos de ataques à democracia, e, de outro, se lhes garantirem a plena liberdade de atuação parlamentar.

Bibliografia

ALEIXO, Pedro. *Imunidades parlamentares*. Rio de Janeiro: Rev. Forense, 1961.

BARBOSA, Elizabeth Christina da C. L. Prerrogativas parlamentares: limitações e imunidades. In: *Revista Jurídica Consulex*, ano VI, n. 126, 2002.

BARROS, Flávio Augusto Monteiro de. *Direito penal*: parte geral, v. 1 São Paulo: Saraiva, 2011.

BITENCOURT, Cezar Roberto. *Tratado de direito penal*, volume 1: parte geral. São Paulo: Saraiva, 2012.

BRUNO, Aníbal. *Direito penal*: parte geral. Rio de Janeiro: Forense, 1959.

COSTA, José de Faria. Imunidades parlamentares e direito penal (ou o jogo e as regras para um outro olhar). In: *Boletim da Faculdade de Direito*, vol. LXXVL. Coimbra: 2000.

DELPINO, Luigi. *Diritto penale*: parte generale. Napoli: Edizioni Giuridiche Simone, 2009.

DESPORTES, Frédéric; LE GUNEHEC, Francis. *Droit pénal general*. Seizième édition. Paris: Economica, 2009.

DOTTI, René Ariel. *Curso de direito penal*: parte geral. 4ª ed. São Paulo: RT, 2012.

——. Imunidade parlamentar. In: *Revista Brasileira de Ciências Criminais*, ano: 1998, vol.: 6, núm.: 22.

DUARTE, Fernanda; LORIO FILHO, Rafael Mario. Imunidade parlamentar e a análise do discurso jurisprudencial do Supremo Tribunal Federal. In: *Revista da Seção Judiciária do Rio de Janeiro*, ano: 2009, núm.: 25.

FAYET JÚNIOR, Ney. *Prescrição penal*: temas atuais e controvertidos: doutrina e jurisprudência. Porto Alegre: Livraria do Advogado, 2007.

FIANDACA, Giovanni; MUSCO, Enzo. *Diritto penale*: parte generale. 5ª ed. Bologna: Zanichelli, 2011.

FRAGOSO, Heleno Cláudio. *Lições de direito penal*: parte geral. 15ª ed. Rio de Janeiro: Forense, 1995.

FREIRE JÚNIOR, Américo Bedê. Imunidade parlamentar: uma particular consequência da emenda constitucional 35. In: *Revista Síntese de Direito Penal e Processo Penal*, ano 2002, vol. 3, núm. 14, p. 22-23.

GALVÃO, Fernando. *Direito penal*: parte geral. São Paulo: Saraiva, 2013.

GOMES, Luiz Flávio; GARCÍA-PABLOS DE MOLINA, Antonio. *Direito penal*: parte geral, volume 2. São Paulo: RT, 2007.

——. Imunidades parlamentares: nova disciplina jurídica da inviolabilidade penal, das imunidades e das prerrogativas parlamentares (EC 35/01). In: *Juizados criminais federais, seus reflexos nos juizados estaduais e outros estudos*. São Paulo: RT, 2002.

GRAU, Eros Roberto. *Sobre a prestação jurisdicional – direito penal*. São Paulo: Malheiros Editores, 2010.

GRISPIGNI, Filippo. *Derecho penal italiano*. Vol. 1°. Traducido por Isidoro de Benedetti. Buenos Aires: Depalma, 1949.
GUIMARÃES, Pedro Sérgio Rebés. *Imunidade parlamentar e outras questões relativas ao mandato*. [Porto Alegre]: Mesa Diretora da Assembleia Legislativa do Estado do Rio Grande do Sul, 2004.
HORTA, Raul Machado. *Estudos de direito constitucional*. Belo Horizonte: 1995.
HUNGRIA, Nélson. *Comentários ao Código Penal*. v. I, t. I, 5ª ed. Rio de Janeiro: Forense, 1977.
JESUS, Damásio Evangelista de. *Código Penal anotado*. São Paulo: Saraiva, 2012.
——. *Direito penal*, parte geral, v. 1. São Paulo: Saraiva, 2010.
——. Sustação de processo criminal contra parlamentar. In: *Revista Síntese de Direito Penal e Processual Penal*, ano: 2002, vol.: 3, núm.: 15, p. 5-7.
LOPES, Ana Maria D'Avila; TIRADO, José Antonio. A imunidade dos parlamentares na Espanha. In: *Revista de Direito Constitucional e Internacional*, vol. 40, ano 10, jul.-set. 2002, p. 7-20.
LOPES, Jair Leonardo. *Curso de direito penal: parte geral*. 4ª ed. São Paulo: RT, 2005.
LYRA FILHO, Roberto; CERNICCHIARO, Luiz Vicente. *Compêndio de direito penal: parte geral*. São Paulo: José Bushatsky, 1973.
MAGGIORE, Giuseppe. *Derecho penal*. vol. I. Traducción José J. Ortega Torres. Bogotá: Temis, 1954.
MARTINS, Ives Gandra da Silva; MENDES, Gilmar Ferreira; NASCIMENTO, Carlos Valder do. (coord.). *Tratado de direito constitucional*, volume 1. São Paulo: Saraiva, 2010.
MAURACH, Reinhart; ZIPF, Heinz. *Derecho penal: parte general*. Buenos Aires: Astrea, 1994.
MAYRINK DA COSTA, Álvaro. *Direito penal: parte geral*. Volume 1. 7ª ed. Rio de Janeiro: Forense, 2005.
MENDES, Gilmar Ferreira; COELHO, Inocêncio Mártires; BRANCO, Paulo Gustavo Gonet. *Curso de direito constitucional*. São Paulo: Saraiva, 2009.
MESTIERI, João. *Manual de direito penal*, volume I. Rio de Janeiro: Forense, 1999.
MIR PUIG, Santiago. *Estado, pena y delito*. Montevideo–Buenos Aires: BdeF, 2006.
MIRABETE, Julio Fabbrini; MIRABETE, Renato N. Fabbrini. *Manual de direito penal: parte geral*, arts. 1º a 120 do CP, v. 1. São Paulo: Atlas, 2013.
MORAES, Alexandre de. *Direito constitucional*. São Paulo: Atlas, 2008.
NORONHA, E. Magalhães. *Direito penal*. São Paulo: Saraiva, 1999.
PERES, Onir de Carvalho. Imunidade parlamentar: alcance. In: *Revista Brasileira de Ciências Criminais*, ano: 1996, vol.: 4, núm.: 13, p. 144-147.
PAGLIARO, Antonio. *Principi di diritto penale*: parte generale. 2ª ed. Milano: Dott. A. Giuffrè Editore, 1980.
PIERANGELI, José Henrique. *Escritos jurídico-penais*. São Paulo: RT, 1999.
PIOLA, Décio Antônio. Imunidade parlamentar material e responsabilidade civil. In: *Revista Jurídica da Universidade de Franca*, ano: 1999, vol.: 2, núm.: 2, p. 62-65.
PRADO, Luiz Regis. *Curso de direito penal brasileiro*. v. 1. Parte Geral - arts. 1º a 120. 12ª ed. São Paulo: RT, 2013.
QUEIROZ, Paulo. *Curso de direito penal 1 - Parte geral*. 9ª ed. Jus Podivm, 2013.
RASSAT, Michèle-Laure. *Droit pénal général*. 2ª ed. Paris: Ellipses, 2006.
ROCHA, Fernando A. N. Galvão da. *Direito penal*. Curso completo. Parte Geral. Belo Horizonte: Del Rey, 2007.
RÖHNELT, Ladislau Fernando. *Apontamentos de direito penal*. Porto Alegre: Tribunal de Justiça do Estado do Rio Grande do Sul, 2011.
SILVA, José Afonso da. *Curso de direito constitucional positivo*. São Paulo: Malheiros, 2011.
TORON, Alberto Zacharias. *Inviolabilidade penal dos vereadores*. São Paulo: Saraiva, 2004.
VARGAS, José Cirilo de. *Instituições de direito penal*. Belo Horizonte: Del Rey, 1997.
VELÁSQUEZ VELÁSQUEZ, Fernando. *Derecho penal: parte general*. Santa Fe de Bogotá: Temis, 1997.
VERONESE, Osmar. Im(p?)unidade parlamentar. In: *Revista dos Tribunais*, ano 91, vol. 797, março de 2002.
VIDAL, Georges. *Cours de droit criminel et de science pénitentiaire*. Sixième edition. Revue et mise au courant de législation et de la jurisprudence par Joseph Magnol. Paris: Librairie Arthur Rousseau, 1921.
ZAFFARONI, Eugenio Raúl. A lei penal em relação ao tempo e a pessoas que desempenham determinadas funções. In: *Revista Síntese de Direito Penal e Processual Penal*, ano: 2002, vol.: 3, núm.: 15, p. 43-49.

Tema VII

Sobre a ilegal vedação judicial de acesso ao duplo grau de jurisdição em face da extinção da punibilidade pelo advento da prescrição penal em suas subespécies retroativa e intercorrente

Ney Fayet Júnior

Diego Viola Marty

Introdução

O presente artigo tem por mote debater a extensão dos efeitos da extinção de punibilidade – em virtude da prescrição penal (retroativa ou intercorrente) – sobre o novo dispositivo processual que determina, em caso de sentença penal condenatória, a fixação de valor mínimo para a reparação dos danos causados pela infração (inc. IV do art. 387 do CPP).

Trata-se de avaliar o alcance da extinção da punibilidade pelo advento da prescrição, seja a retroativa ou a intercorrente, em relação aos (assim denominados) efeitos extrapenais, ou adjacentes, da sentença penal condenatória.

A matéria, aparentemente, escaparia aos limites do processo penal, na medida em que a extinção da punibilidade – pelo advento da prescrição – implicaria o absoluto e imediato encerramento do caso penal, sem que se projetassem quaisquer efeitos penais (tais como: o cumprimento de pena criminal, a afirmação de maus antecedentes, o estado de reincidência, a inscrição do nome do condenado no rol dos culpados ou nas estatísticas de que trata o art. 809 do CPP). Contudo, como a extinção da punibilidade, pelo reconhecimento da prescrição nas modalidades retroativa e intercorrente, é regulada pela pena imposta na sentença condenatória; produziu-se, pois, uma avaliação quanto ao *meritum causae*, ou seja, houve uma apreciação judicial sobre a formação da culpa do réu.

Diante dessas hipóteses, têm entendido certos setores jurisprudenciais que se formou, verdadeiramente, um título executivo, que serviria de base à execução judicial no âmbito civil.[1]

A questão, sob uma série de aspectos, transforma-se em um intricado problema jurídico-processual, à medida que a imprestabilidade penal do ato judicial

---

[1] Recursos Especiais 789.251722.429/RS, 163.786/SP e 166.107/MG.

atingido pela extinção da punibilidade, operada pela prescrição da pretensão punitiva penal retroativa ou intercorrente, e o consequente impedimento de debate na instância superior recebam, no âmbito civil, o estado de título executivo judicial, vale dizer: o reconhecimento da prescrição penal não atingiria os efeitos extrapenais da sentença condenatória, nos quais se inscreve o dever de indenizar.

Nessa perspectiva, como se intentará demonstrar, a *interface* penal e civil da questão se mostra prejudicial ao acusado, que ocupará posição impotente frente à consolidação da coisa julgada, impedido de debater, nos âmbitos penal e civil, o mérito da causa – situação que importa violação ao art. 5º, LV, da CF.

1. A "armadilha" processual entre os juízos civil e criminal

O problema proposto engendra uma situação jurídica peculiar, que deságua na vedação de acesso ao duplo grau de jurisdição por parte de acusado que – no âmbito do processo criminal – tem a sua punibilidade extinta por força do implemento dos lapsos prescricionais, nas modalidades (de prescrição penal) retroativa e intercorrente.

Com efeito, o advento dessas duas espécies de prescrição apenas se mostra possível em consequência da prolação de uma sentença penal condenatória, ou seja, após o magistrado exarar um juízo de censura penal, cuja materialização se estabelece em uma pena, a qual servirá de parâmetro ao cálculo prescricional.

O assentimento judicial da extinção de punibilidade pela prescrição impedirá, por conseguinte, na esfera penal, o julgamento de recurso dessa sentença.

Não obstante, essa decisão poderá, na esfera civil, servir de título executivo judicial (podendo, inclusive, ser objeto de execução forçada), dispensando-se *in casu* o processo de conhecimento.

Em suma, a matéria processual em causa obstaculiza, tanto na esfera penal como na civil, o acesso ao duplo grau de jurisdição, arranhando, nessa esteira, o devido processo legal.

1.1. A EXTINÇÃO DE PUNIBILIDADE PELA PRESCRIÇÃO (RETROATIVA OU INTERCORRENTE) PENAL: A ESTIPULAÇÃO DE CLÁUSULA PROCEDIMENTAL DE BARREIRA AO DEBATE DO MÉRITO DA CAUSA

O reconhecimento da extinção da punibilidade penal, por força da prescrição da pretensão punitiva, é matéria de ordem pública, razão pela qual antecede a qualquer apreciação judicial acerca do mérito da causa, podendo ser percebida em qualquer fase de processo judicial ou expediente investigativo, até mesmo admitindo assentimento *ex officio* pelo julgador (art. 61 do CPP), independentemente de sua modalidade.

Assim, seja em quaisquer de suas categorias, a extinção da punibilidade pela prescrição da pretensão punitiva impede ou estanca a persecução criminal, porquanto o Estado, pelo decurso de certo tempo, não mais tem o poder de perseguir o imputado;[2] o que faz desaparecer a punibilidade do fato.[3]

Isso quer dizer, em simples palavras, e independentemente da natureza jurídica que se queira atribuir ao instituto,[4] que a verificação, em um caso judicial concreto, da extinção de punibilidade pela prescrição penal retroativa, ou intercorrente, recebe o manto de questão preliminar ao mérito, constituindo-se, assim, em verdadeira "cláusula de barreira" ao debate acerca do *meritum causae*. (A origem desse raciocínio jurídico provavelmente remonta ao enunciado 241 do [extinto] TFR, redigido nos seguintes termos: *a extinção da punibilidade pela prescrição da pretensão punitiva prejudica o exame de mérito da apelação criminal*).

E o enunciado tem sentido jurídico, especialmente porque, no plano lógico, a atividade cognitiva do juiz estancaria antes de valorar a existência do fato ou da respectiva autoria.[5] Consequentemente, o tribunal, como apontou Nucci, "percebendo a ocorrência da prescrição da pretensão punitiva, não julga o mérito, vale dizer, não acolhe ou rejeita a imputação, ainda que a defesa assim o requeira".[6]

Essa antiga orientação, importantíssima sob o prisma da resolução célere de casos penais, vem sendo seguida, de forma acrítica, pelos tribunais nacionais,[7] sem atentar para os efeitos extrapenais quando se tratar de extinção de punibilidade por força da prescrição da pretensão punitiva retroativa e intercorrente.

Nesses casos, a extinção da punibilidade pela prescrição será decorrente, entre as outras causas (fundamentais para a averiguação da ocorrência da prescrição; mas de somenos importância para este estudo), de uma pena aplicada, concretamente, em uma sentença penal condenatória, motivo pelo qual a extinção de punibilidade ocorrerá somente após a apreciação judicial do fato e de sua autoria, isto é, depois de desenvolvida a atividade cognitiva do magistrado.

---

[2] Para Eduardo Espínola Filho (1954, p. 488): "na realidade, o que se observa é que, encontrando-se o autor de uma infração da lei penal num estado de fato de não punição efetiva, até quando sobre ele incida a força coativa do poder punitivo do Estado, e o submeta a uma pena concreta, esse estado de fato se transforma no estado de direito de não ser mais punido, se essa força não se manifestou, executando a sua sujeição a tal pena, dentro de um certo lapso de tempo, no qual se consuma a prescrição".

[3] DELMANTO, Celso, e outros, 2010, p. 403.

[4] No que pertine à natureza jurídica da prescrição, é vetusto o debate se se trata de matéria de ordem material, processual ou mista (sobre o tema, FAYET JÚNIOR, Ney, 2007, p. 44-5). Não obstante, e de certa maneira, no direito brasileiro assentou-se que a prescrição penal é de natureza material, embora, como bem destacou Luiz Régis Prado (2010, p. 385), *algumas de suas consequências influam sobre a ação penal e a condenação*, mormente porque direito penal e direito processual penal estejam interligados pela instrumentalidade do último em relação ao primeiro. Assim, inexistindo razão penal, não há motivos que possam sustentar a existência de um processo. Contudo, reconhecida como de natureza material, a contagem da prescrição obedece ao art. 10 do CP.

[5] ASSIS, Araken de, 2000, p. 194.

[6] NUCCI, Guilherme de Souza, 2012, p. 614.

[7] RIBEIRO, Marcelo Roberto, 2009, p. 84.

Em seguimento, e na mesma linha desenvolvida, chega-se à seguinte situação processual: o julgador, em primeiro grau, aprecia o fato e a autoria, emitindo um juízo valorativo, expressado na condenação criminal; em um segundo momento, considerada a pena concretamente aplicada e, em face da inércia acusatória, reconhece a extinção da punibilidade pela prescrição retroativa; ou, mais adiante, pela intercorrente. Ainda que o acusado recorra do mérito da sentença, buscando reformar a decisão para declará-lo inocente, o tribunal não conhece do apelo por força da prescrição, ou seja, interrompe, em segundo grau de jurisdição, a atividade cognitiva judicial antes da análise da responsabilidade penal.[8]

Veda-se, em tal medida, a partir do raciocínio judicial demonstrado, o acesso ao duplo grau de jurisdição em face da extinção da punibilidade pelo advento da prescrição (retroativa ou intercorrente), apesar de existir, no mundo jurídico, um decreto condenatório penalmente inexequível. (Em outro tópico, o debate encerrar-se-á em torno do não conhecimento do recurso de apelação, o qual, comumente, torna-se imutável pela *res judicata*).

1.2. A EXTINÇÃO DE PUNIBILIDADE PENAL PELA PRESCRIÇÃO DA PRETENSÃO PUNITIVA E A POSSIBILIDADE DE REMANESCER TÍTULO EXECUTIVO JUDICIAL EXTRAPENAL

A definição da eliminação da punibilidade pela ocorrência da prescrição da pretensão punitiva retroativa (ou intercorrente) impede a projeção de quaisquer efeitos penais, principais ou acessórios, notadamente o da execução penal da sentença criminal condenatória, como indicam a doutrina[9] e a jurisprudência[10] penais.

Entretanto, vai-se mais longe: a doutrina também indica que a extinção da punibilidade pela prescrição da pretensão punitiva, independentemente de sua modalidade, não permite que remanesçam quaisquer efeitos da sentença penal condenatória, sejam primários ou secundários.[11] A decisão que extingue a punibilidade pelo assentimento da prescrição constituiria coisa julgada material.

---

[8] Veja-se, por exemplo, as seguintes apelações, que seguem o entendimento de tantas outras exaradas pelo TJRS: 70033682808, da 3ª CC; 70031707169, da 2ª CC; 70028957447, da 7ª CC; 70037332616, 4ª CC; 70038511903, 8ª CC.

[9] JESUS, Damásio de, 2011, p. 45.

[10] Exemplificativamente: Apelação-Crime. Recurso da defesa. Receptação dolosa. Extinção da punibilidade. Prescrição declarada. A prescrição é instituto reconhecido como de ordem pública, cuja incidência, quando se trata da pretensão punitiva, faz desaparecer todos os efeitos jurídico-penais do fato, como se não tivesse ocorrido, de sorte que se impõe sua declaração em qualquer fase do processo, como determina o art. 61 do CPP. Tendo transcorrido prazo superior ao previsto no art. 109 do CP entre dois marcos interruptivos, considerada a pena cominada ao réu e a menoridade do acusado ao tempo do fato, deve ser declarada a extinção da punibilidade do delito, pela prescrição retroativa, com fulcro nos arts. 107, IV, 109, 110, § 1º, e 115, todos do CP. Declaração da extinção da punibilidade pela prescrição da pretensão punitiva retroativa (TJRS, Ap. crime 70038511903, 8ª CC, Rel.: Danúbio Edon Franco, j. em 15.12.10).

[11] MOSSIN, Heráclito; MOSSIN, Júlio César, 2012, p. 65. CRIVELARO, Paulo César, 2012, p. 127.

Não obstante, no âmbito civil, a decisão de extinção de punibilidade é considerada irrelevante para o ajuizamento da demanda civil *ex delicto*, à luz do art. 67, II, do CPP, na medida em que "a ausência de interesse na punição é matéria de política criminal, fundada em considerações que não podem atingir o direito subjetivo daquele que teve que suportar a ação delituosa".[12]

Para além disso, no âmbito extrapenal, reconhece-se a possibilidade de execução da sentença penal condenatória – atingida pela extinção da punibilidade pela prescrição intercorrente (ou retroativa) – após seu trânsito em julgado, mormente porque a reparação do dano consistiria efeito anexo da sentença (art. 91, I, do CP), apto, portanto, a criar, *per se*, direito,[13] tornando-se título executivo judicial pendente de liquidação, na forma dos arts. 63 do CPP e 475-N, II, do CPC.[14]

Nesses casos, o argumento central reside no fato de que o Estado, por meio do Poder Judiciário, apesar de não mais poder, em face da prescrição, punir criminalmente o acusado, já realizou uma apreciação de mérito de sua conduta, reconhecendo sua responsabilidade penal, cuja projeção, no âmbito civil, é linear, especialmente porque, como indicou o Ministro Sidnei Beneti, o "ilícito civil é o menos, com relação ao ilícito penal".[15] Nessa mesma direção, apontou a Ministra Nancy Andrigui que "não se pode ignorar que o Poder Judiciário reconheceu a existência de fato típico, antijurídico e culpável e isso é o quanto basta para que, na esfera cível, imponha-se o dever de indenizar".[16]

O resultado, no âmbito do direito processual civil, implica que, por ser tratada como título executivo judicial, na forma dos arts. 63 do CPP e 475-N, II, do CPC, referida sentença criminal dispensaria o processo de conhecimento civil.[17] O art. 91, I, do CP, tratando a reparação do dano decorrente do crime como efeito anexo da sentença penal condenatória, fundamentaria a formação desse título executivo, notadamente porque possui, como destacou Assis, carga eficacial condenatória, "que reponta, de modo claro e indiscutível, na formação do título executivo".[18] Afinal, nela ter-se-ia a declaração de um ilícito e a indicação de sua

---

[12] PACELLI, Eugênio; FISCHER, Douglas, 2012, p. 132.

[13] Para Araken de Assis (p. 91), "excluída a extravagante possibilidade de se cuidar de eficácia declaratória 'natural', o art. 91, I, do CP, representa eficácia anexa. E isso porque o efeito aí contemplado dimana, em linha direta, da proposição legislativa. Entretanto, qual a natureza do efeito anexo? 'nada obsta', observou Pontes de Miranda, ante a derivação legal dos efeitos anexos, 'que deles resulte direito, pretensão ou ação, ou simples poder (pode dar-se o caso de existir pretensão à tutela jurídica de tal situação)'. Daí por que o efeito anexo da constituição de hipoteca judiciária, utilizando o exemplo acima ministrado, 'uma vez que tem por fito a sequela', assume natureza constitutiva".

[14] Segundo José Paulo Baltazar Júnior (2009, p. 288), "é de notar, porém, que o reconhecimento da extinção de punibilidade em momento posterior ao da sentença não inibirá a execução da sentença criminal". No mesmo sentido, apontam, em suas anotações ao CPC, Theotônio Negrão e outros (2012, p. 574).

[15] Voto proferido no corpo dos REsp 789.251/RS, da 3ª Turma do STJ.

[16] Idem.

[17] De acordo com Luiz Guilherme Marinoni e Daniel Mitidiero (2012, p. 491), em nada atingiria a pretensão à execução civil posterior o reconhecimento da prescrição retroativa da pretensão penal.

[18] ASSIS, Araken de, p. 92.

autoria, o que autorizaria a execução processual civil forçada (arts. 935 do CC e 475-N, II, do CPC).

E a jurisprudência cível reconhece, cada vez com mais vigor, esse caminho, fundamentalmente por meio do STJ, como se pode perceber no paradigmático julgado a seguir indicado, no mesmo sentido do REsp 163.786/SP:

> PROCESSUAL CIVIL. POSSIBILIDADE DE LIQUIDAÇÃO E EXECUÇÃO CIVIL DE SENTENÇA PENAL CONDENATÓRIA, AINDA QUE POSTERIORMENTE SE RECONHEÇA A PRESCRIÇÃO RETROATIVA DA PRETENSÃO PUNITIVA COM BASE NA PENA EM CONCRETO. (...). – A sentença penal condenatória produz efeitos cíveis, ainda que, posteriormente, se reconheça a prescrição da pretensão punitiva, retroativamente, com base na pena fixada em concreto. – Ao art. 67, II, CPP, deve--se dar interpretação que prestigie o princípio constitucional da razoável duração do processo. Havendo certeza sobre o ilícito, "a decisão que julgar extinga a punibilidade" não impedirá, em sentido amplo, a propositura de "ação civil", ou seja, ação de conhecimento, execução ou cautelar. Entendimento diverso imporia ao jurisdicionado o ônus de suportar a duração de dois processos de conhecimento, um na esfera cível e outro na criminal, para que se julguem rigorosamente os mesmos fatos. – (...). Recurso Especial não conhecido (REsp 789.251/RS, Relª Min. Nancy Andrighi, 3ª T, j. em 11.11.08, DJe 04.8.09).[19]

Com isso, o poder judiciário tem entendido[20] que, respeitadas as esferas civil e penal, a sentença penal condenatória transitada em julgado, e que se viu atingida

---

[19] Disponível em <www.stj.jus.br> acesso em 22 de maio de 2012.

[20] São exemplos, ainda, os seguintes julgados do TJRS: Responsabilidade civil. Agressões físicas por intermédio de arma de fogo e arma branca. Tentativa de homicídio. Danos moral e material. 1. Prescrição. Não ocorrência. Fato a ser apurado no juízo criminal. Incidência do art. 200 do CCB. Ação indenizatória ajuizada antes da sentença penal. 2. Culpabilidade. Condenação do demandado na esfera crime. Extinção da punibilidade que não impede a propositura da ação civil. Inteligência do art. 67, II, do CPC. Responsabilidade reconhecida. 3. Redução da capacidade de trabalho. Pensão. Cabimento. Base de cálculo. Termo final. Autor que apresenta redução da capacidade para o trabalho em consequência das agressões sofridas de parte do réu. Cabimento da condenação em pagar pensionamento vitalício. 4. Dano estético. Ausência de prova de as marcas resultantes das lesões determinarem instabilidade emocional ao ofendido ou agravo estético passível de indenização. 5. Dano moral. Tentativa de homicídio. Vítima que correu risco de morte. Prejuízo ipso facto. Ausente sistema de tarifamento, a fixação do montante indenizatório ao dano extrapatrimonial está adstrita ao prudente arbítrio do juiz. Valor fixado na sentença mantido. Deram provimento em parte à apelação. Unânime (TJRS, Ap. Cível 70040505364, 10ª C. Cível, Rel.: Jorge Alberto Schreiner Pestana, j. em 31.5.12). Responsabilidade civil. Ação civil *ex delicto*. Alteração do polo ativo antes da citação. Possibilidade. Prescrição e coisa julgada. Inocorrência. Efeitos civis da sentença penal. Dano moral. Configuração in re ipsa. Quantum indenizatório. Pensionamento mensal. I – É possível a alteração do polo ativo da demanda antes da citação do réu, pois ainda não ocorrida a estabilização subjetiva da demanda. Exegese do art. 264, do CPC. II – A prescrição da ação civil ex delicto somente tem início com o trânsito em julgado da sentença penal condenatória, consoante o art. 200 do CC. III – Inexistência de coisa julgada em relação ao autor, pois este não foi parte na ação indenizatória anteriormente ajuizada por suas filhas e ex-esposa. IV – Em se tratando de liquidação de sentença penal condenatória, não se discute a existência do ilícito penal e sua autoria, nos termos do art. 935, do CC e art. 91, I, do CP. O reconhecimento da prescrição da pretensão punitiva não altera os efeitos civis da condenação penal. V – É evidente o dano moral sofrido pelo autor em decorrência da morte de sua filha, decorrente de homicídio culposo, com apenas 20 anos à época. Desnecessária a produção de prova a respeito do dano moral, por representar modalidade de dano *in re ipsa*, que decorre do próprio fato. VI – O valor fixado para fins de indenização deve observar o princípio da razoabilidade, de forma que a soma não seja tão grande que se converta em fonte de enriquecimento, nem tão pequena que se torne inexpressiva, além de levar em conta a intensidade da ofensa. Impossibilidade de vinculação ao salário mínimo, explicitando-se o decisum no particular. VII – É devida indenização por dano material ao pai de família de baixa renda, em decorrência da morte de filho menor, independentemente do exercício de trabalho remunerado pela vítima. Correta a sentença que determinou o pagamento de pensão mensal, em favor do autor, no valor de 2/3 do salário mínimo nacional, a contar do fato danoso até a data em que a vítima completaria 25 anos de idade, quando então a pensão passa a ser de 1/3 do salário mínimo nacional, devida até a data em que a vítima

pela extinção da punibilidade via prescrição da pretensão punitiva retroativa (ou intercorrente) é, *de facto*, título executivo judicial para fins reparatórios.

1.3. O PROBLEMA PROCESSUAL DECORRENTE E A VIOLAÇÃO AOS DIREITOS CONSTITUCIONAIS DO DEVIDO PROCESSO LEGAL E DA AMPLA DEFESA

Dessa distinção de tratamento, nos âmbitos penal e civil, dispensado à sentença penal condenatória atingida pela prescrição retroativa (ou intercorrente), decorre um importante aspecto, qual seja, o da negativa de acesso, ao réu, ao devido processo legal e à ampla defesa.

De maneira pontual, caso o acusado tenha sido condenado, em primeiro grau de jurisdição, por um delito cuja pena, concretamente aplicada, tenha sido atingida pela prescrição da pretensão punitiva, seria impedido de discutir, por meio do recurso próprio e perante o grau jurisdicional revisor, a sentença penal condenatória, visto que a extinção de punibilidade, em segundo grau, funciona como preliminar de mérito, ou seja, como verdadeira "cláusula de barreira" ao debate de sua responsabilidade penal.

---

completaria 70 anos, se antes não ocorrer o falecimento do beneficiário. Precedentes do STJ e desta Corte. VIII – A verba honorária deve ser fixada de modo que não avilte a profissão de advogado. Logo, considerando-se as características complexas da demanda e o seu tempo de tramitação, é de ser mantido o percentual de 20% sobre o valor da condenação (art. 20, § 3º, do CPC). Agravo retido, apelação do autor e apelação do réu desprovidas (TJRS, Ap. Cível 70040721466, 10ª C. Cível, Rel.: Túlio de Oliveira Martins, j. em 28.7.11). Apelação cível. Responsabilidade civil. Liquidação de sentença penal condenatória. Lesão corporal leve. Dano material e moral. *Quantum*. 1. Caso de liquidação de sentença penal condenatória. A teor do art. 91, I, do CP, é efeito da condenação criminal tornar certa a obrigação de indenizar o dano causado pelo crime. Com base em sentença criminal transitada em julgado, pode a vítima, para o fim de ser indenizada, simplesmente, depois de liquidado o *decisum*, executá-lo no juízo cível art. 63 do CPP, ou então propor ação de indenização art. 64 do mesmo Diploma. Não bastasse isso, o CC é expresso, em seu art. 935 (correspondente ao art. 1.525 do CC de 1916), no sentido de que a responsabilidade civil é independente da criminal, não se podendo questionar mais sobre a existência do fato, ou sobre quem seja o seu autor, quando estas questões se acharem decididas no juízo criminal. 2. *In casu*, o requerido foi denunciado pelo MP pela prática de homicídio tentado, tendo o Tribunal do Júri, em desclassificação própria, reconhecido que o delito cometido foi lesão corporal leve. Em sentença, o juiz singular proferiu decisão condenatória com fundamento no art. 129, *caput*, do CP (lesão corporal leve). A sentença criminal transitou em julgado, mas a pena privativa de liberdade não foi cumprida porque prescrita a pretensão punitiva. A prescrição da pretensão punitiva influencia apenas nos efeitos penais da decisão criminal, não operando qualquer alteração no que diz com os efeitos civis da condenação. O autor possui, pois, título executivo judicial em seu favor, cabendo sua liquidação. (...) Apelo parcialmente provido. Unânime (TJRS, Ap. Cível 70026493833, 9ª C. Cível, Rel.: Iris Helena Medeiros Nogueira, j. em 22.10.08). Responsabilidade civil em acidente de trânsito. Ação de indenização. 1. Impossibilidade de insurgência quanto ao pagamento de lucros cessantes. Princípio da eventualidade. Defesa não suscitada na contestação não merece ser conhecida em obediência ao princípio da eventualidade (art. 300 do CPC). 2. A extinção da punibilidade em razão da prescrição da pretensão punitiva não enseja o afastamento da culpa do réu quanto à ocorrência do evento danoso, mas sim o cumprimento da pena a ele imposta. 3. Danos morais devidos, merecendo ser mantido o *quantum* indenizatório fixado a este título, por se mostrar razoável e adequado à espécie. Apelação do réu conhecida em parte e, nesta improvida e recurso adesivo desprovido (TRJS, Ap. Cível 70024735730, 11ª C. Cível, Rel.: Voltaire de Lima Moraes, j. em 15.10.08). Apelação cível. Responsabilidade civil. Execução decorrente de sentença penal condenatória. Extinção da punibilidade pela prescrição. Irrelevância. A extinção da punibilidade pelo reconhecimento da prescrição na esfera penal não afasta a responsabilidade civil decorrente do crime, cuja quantificação se obtém através de liquidação de sentença. Apelo provido. Sentença desconstituída (TJRS, Ap. Cível 70006249478, 5ª C. Cível, Rel.: Antônio Vinícius Amaro da Silveira, j. em 5.8.04).

125

Em outras palavras: não mais se podem questionar decisões penais condenatórias, de primeiro grau, atingidas pela prescrição retroativa ou intercorrente, mesmo considerando-se que tal situação "não deixa de representar certa injustiça, pois o réu, condenado em primeira instância, crendo-se inocente e pleiteando ao tribunal que assim o reconheça, havendo prescrição, não terá seu pedido analisado".[21]

Se, sob a angulação penal, o processo se encontra resolvido (por causa do arquivamento sem a imposição de qualquer sanção de natureza penal), sob o plano civil essa sentença condenatória se cristaliza como título executivo judicial (que pode, portanto, ser objeto de execução no âmbito civil), fixando uma responsabilidade civil não mais passível de discussão, na forma do ar. 475-G, do CPC (salvo mediante os limites estreitos dos denominados embargos à execução).

O emaranhado processual, entre as esferas civil e criminal, pôs o réu diante de um (aparente) insolúvel problema: de um lado, não mais pode discutir, em segundo grau de jurisdição, a materialidade penal do fato e a sua respectiva autoria, por força da decretação da extinção da punibilidade pela prescrição retroativa (ou intercorrente), isto é, não poderá mais perseguir a sua absolvição penal; de outro, essa decisão penal, exatamente por força do advento da extinção de punibilidade pela prescrição, tornou-se coisa julgada civil, formando um título executivo judicial.

Existe, assim, em face desse paradoxo, uma flagrante violação ao devido processo legal, mediante uma espécie de negativa velada ao direito de acesso e debate, em outros graus de jurisdição, da responsabilidade penal, que também se projeta ao próprio direito de defesa, cujo tolhimento não se dará apenas no seio do processo criminal, mas também no da execução civil para reparação dos danos decorrentes do delito.

1.4. O RECRUDESCIMENTO DO PROBLEMA EM FACE DO ART. 387, IV, DO CPP

A discussão processual narrada no item anterior foi, em grande medida, potencializada com a modificação do art. 387, IV, do CPP, ocorrida em virtude da Lei 11.719/08. Conforme esse dispositivo legal, o julgador, ao condenar criminalmente o acusado, deverá fixar um *valor mínimo para reparação dos danos causados pela infração, considerando os prejuízos sofridos pelo ofendido.*

Desse modo, apesar de o direito processual brasileiro ter consagrado o princípio da separação das ações (consequentemente das instâncias penal e civil), essa reforma processual penal passou a contemplar uma forma de adesão obrigatória mitigada, ou parcial, do juízo civil ao penal,[22] provocando uma deformação no processo penal, que passou a ter natureza híbrida.[23]

---

[21] NUCCI, Guilherme de Souza, p. 614.
[22] LIMA, Marcellus Polastri, 2012, p. 267 e ss.
[23] LOPES JÚNIOR, Aury, 2012, p. 162. Ainda que se concorde com referido autor quanto à inviabilidade de cumulação, na esfera judicial penal, de responsabilização penal e civil, a Lei 11.719/2008 não inovou nesse cam-

Independentemente dos importantes debates acerca da possibilidade de haver a fixação desse valor reparatório,[24] cujo caráter é nitidamente extrapenal,[25] veio a ser legalmente determinado, de forma expressa, ao juiz criminal, que deve, *ex nunc*, em face de uma sentença penal condenatória, estipular um valor mínimo para a reparação do dano decorrente do delito; tratando-se, por conseguinte, de um dado intrínseco da sentença.[26]

Consequentemente, a partir da estipulação desse montante mínimo (cujos critérios, por enquanto, desinteressam a esse debate) é que partirá eventual execução de índole civil, com a liquidação do título executivo originário do processo criminal.[27] Diz-se mínimo porque, segundo Choukr, o valor completo "deverá vir na forma apropriada regulada pela lei processual civil (liquidação por artigos)",[28] ou seja, a vítima poderá liquidar a sentença criminal, no âmbito civil, para apuração do dano efetivamente sofrido, além daquele indicado pelo magistrado.[29]

Nesse rumo, o valor estabelecido, na sentença penal condenatória atingida pela extinção da punibilidade em virtude da prescrição retroativa ou intercorrente, constituiria verdadeiro marco inicial à ação de execução civil de cumprimento de sentença, dispensando-se, se assim o desejar o demandante, a sua liquidação. Se optar por liquidá-la, hipótese em que discordaria do valor inicial fixado na sentença criminal, deverá fazê-lo por artigos[30] – tal qual estatui o art. 63 do CPP.

Note-se que, embora fixada pelo juiz criminal, como se trata de efeito adjacente (ou secundário) da condenação criminal imposta, o valor arbitrado pelo julgador a título reparatório, seguindo a linha decisória apontada pelo STJ nos julgados consignados no tópico anterior, projetar-se-ia ao âmbito civil, mesmo diante do advento da prescrição penal retroativa (ou intercorrente), em razão de possuir caráter nitidamente civil.

---

po. A bem da verdade, o art. 20 da Lei 9.605/98 já previa a possibilidade de, no âmbito dos delitos ambientais, fixar-se um valor, a título de reparação do dano ambiental causado, quando da prolação da sentença condenatória. Para além disso, há certa tendência a essa cumulação, conforme se pode observar do art. 76 do Anteprojeto do CP, que prevê a fixação, na sentença condenatória, de alimentos aos dependentes da vítima de crimes de homicídio doloso ou culposo, ou de outro crime que afete a vida.

[24] Para Aury Lopes Júnior (p. 437), "essa cumulação é uma deformação do processo penal, que passa a ser também um instrumento de tutela de interesses privados. Não está justificada pela economia processual e causa uma confusão lógica grave, tendo em vista a natureza completamente distinta das pretensões (indenizatória e acusatória). Representa uma completa violação dos princípios básicos do processo penal e, por consequência, de toda e qualquer lógica jurídica que pretenda orientar o raciocínio e a atividade judiciária nessa matéria. Desvirtua o processo penal para buscar a satisfação de uma pretensão que é completamente alheia a sua função, estrutura e princípios informadores".

[25] Conforme Nereu José Giacomolli (2008, p. 110), "no momento em que o legislador determinou a estipulação de uma indenização de danos de natureza civil no âmbito de um processo criminal, incrementou o polo acusador e fragilizou, ainda mais, o polo defensivo".

[26] BALTAZAR JÚNIOR, José Paulo, p. 284.

[27] CHOUKR, Fauzi Hassan, 2009, p. 619.

[28] Idem, p. 619.

[29] BALTAZAR JÚNIOR, José Paulo, p. 286.

[30] NERY JÚNIOR, Nelson; ANDRADE NERY, Rosa Maria de, 2010, p. 785.

A situação, dessa maneira, assim poderia ser resumida: o réu, no âmbito penal, defendeu-se de fatos, debatendo a tipicidade, antijuridicidade, culpabilidade e autoria do delito que lhe foi imputado; foi condenado criminalmente e, por força do dispositivo processual penal em debate, também o foi a uma indenização mínima; foi impedido de revisar a decisão em segundo grau de jurisdição, uma vez que a prescrição é matéria preliminar de mérito; e, em seu desfavor, essa decisão penal tornou-se título executivo judicial para fins de indenização, podendo, como tal, ser executada sem mais se debruçar sobre a veracidade dos fatos que a originaram.

O beneficiado pela extinção da punibilidade pela prescrição retroativa – e que, por isso, não mais pode ter acesso ao duplo grau de jurisdição para debater sua inocência – não mais poderá, no juízo civil, debater o *an debeatur*, restando-se-lhe, apenas, em vista da constituição do título, discutir tão só o *quantum debeatur*,[31] que arrancará, desde logo, forte no art. 387, IV, do CPP, de um valor mínimo.

1.5. OUTROS EFEITOS

O tema encerra um fenômeno bastante interessante, defluente da assentada (e relativa) independência dos juízos penal e civil; e circunscrito ao isolamento desses juízos, o que termina refletindo-se, inclusive, nas respectivas doutrinas.

Poder-se-ia estabelecer, de forma assistemática, que, para o juízo penal, é bastante conveniente o não julgamento de recursos de apelação quando se percebe, *prima facie*, a superveniência da prescrição penal, uma vez que implica a eliminação de uma série de processos que não gerará qualquer consequência criminal, apesar de haver sentenças condenatórias de primeiro grau de jurisdição.

Essa linha argumentativa importa, ademais, que, sob o ângulo penal, a extinção de punibilidade não produz quaisquer efeitos nocivos ao então apelante, de modo que não existiria justificativa para continuar o debate acerca da existência do fato delitivo e de sua respectiva autoria. Poder-se-ia agregar uma roupagem técnica a esse argumento, consubstanciada em uma espécie de perda do interesse de recorrer (perda de objeto) em obediência à extinção de punibilidade (pela prescrição).

Nessa esfera judicial, portanto, não haverá acesso material ao duplo grau de jurisdição, vale dizer, o apelante não poderá ver revisada a sua sentença condenatória de primeiro grau.

Contudo, a doutrina e a jurisprudência processual civil vêm reconhecendo que a extinção da punibilidade, no campo criminal, após a prolação de sentença

---

[31] De acordo com José Frederico Marques (2000, p. 100), "condenado o réu, e tornando-se imutável, pela *res judicata*, essa condenação, não mais se discute o *an debeatur*: a obrigação de reparar e ressarcir os danos advindos da infração penal se torna certa só pela condenação criminal".

penal condenatória (nas hipóteses de prescrição retroativa ou intercorrente), não impede que seja considerada, essa sentença, um título executivo judicial para a execução civil forçada.

Com isso, também nessa esfera o acusado não mais poderá contestar a ocorrência do crime e de sua autoria, uma vez que se partirá de um processo de execução civil, e não de um processo de conhecimento.

De uma ou outra forma, transparece nítido que, nas duas instâncias judiciais (penal e civil), se obstaculiza o acesso, para o réu, ao duplo grau de jurisdição.

2. A (re)afirmação dos direitos constitucionais ao duplo grau de jurisdição e de ampla defesa: as soluções possíveis a partir do reconhecimento da extinção da punibilidade pela prescrição da pretensão punitiva retroativa ou intercorrente

Não mais se discute, passados mais de vinte anos de vigência da CF, a sua eficácia como Lei maior, afirmando-se mesmo, com evidente acerto, que tal carta de direitos é a condição de existência de todo o ordenamento jurídico, ou seja, até o processual-penal encontra-se submetido às regras gerais constitucionalmente estipuladas, as quais devem ser afirmadas pelos tribunais.[32]

Entre as diretrizes processuais,[33] estabelecidas na CF, interessam, a esse ensaio, o devido processo legal, do qual decorrem os princípios do duplo grau de jurisdição e o da ampla defesa, cuja rigorosa observação condiciona a imposição da perda da liberdade e/ou de bens.

O direito de acesso ao grau de revisão das decisões judiciais reside "na falibilidade humana e na inconformidade do prejudicado (até porque consciente da falibilidade do julgador)".[34] A estipulação da revisão das decisões judiciais permite, nesse rumo, a correção de eventual falta praticada pelo julgador de grau inferior, com o que se atingiria um maior grau de certeza sobre a decisão judicial.

Tendo por norte essas premissas, evidentemente que o acesso ao sistema de recursos obedece à orientação constitucional, "na medida em que representa desdobramento do devido processo e do direito de defesa".[35]

---

[32] Para Lenio Luiz Streck e Rafael Tomaz de Oliveira (2012, p. 104), "um Estado Democrático de Direito apenas sobrevive, em todo o seu esplendor, na medida em que as garantias processuais penais consagrada no texto das Constituições e das leis processuais, têm sua concretização devidamente realizada pelos Tribunais".

[33] Ainda para Lenio Luiz Streck e Rafael Tomaz de Oliveira (p. 113-4), "é possível afirmar que as garantias processuais compõem o pano de fundo da moralidade que perpassa toda a comunidade política. Assim, discutir garantias é discutir sobre a legitimação sob as quais está assentado o uso da força por parte do Estado".

[34] LOPES JÚNIOR, Aury, p. 1151.

[35] Idem, p. 1152.

Por conta disso, ao acusado, em um processo criminal, a revisio da decisão judicial que reconheceu em apenas um grau de jurisdição a sua responsabilidade penal não pode, de forma alguma, ser vedada por qualquer meio ou modo, sob pena de inviabilizar-se a própria principiologia constitucional.

Na situação processual que se debate, a inviabilização de acesso à revisão da sentença judicial condenatória termina ocorrendo de forma indireta, ou cruzada, entre as instâncias civil e penal. De um lado, em face da extinção da punibilidade pela prescrição, intercorrente ou retroativa, o segundo grau de jurisdição penal julga prejudicado o recurso de revisão manejado, voluntariamente, pelo recorrente sucumbente; de outro, a esfera civil cristaliza, como título executivo, essa mesma sentença criminal condenatória (cuja revisão restou vedada pelo tribunal penal), permitindo, à vítima, transformá-la em indenização sem debate sobre a responsabilidade civil. Eis o núcleo em relação ao qual o tema se nos transparece como possuidor de significativo interesse.

2.1. O AFASTAMENTO DO PROBLEMA PROCESSUAL ENTRE AS INSTÂNCIAS PENAL E CIVIL: A REAFIRMAÇÃO DO DIREITO DE REVISÃO DA SENTENÇA CRIMINAL QUE RECONHECEU O FATO E SUA AUTORIA

A questão processual anteriormente traçada não pode, evidentemente, obstaculizar o acesso, ao acusado, seja em uma demanda de índole penal ou, adiante, na condição de demandado em um processo civil, do debate sobre a inexistência do fato e de sua respectiva autoria.

Do contrário, estar-se-á vedando, diretamente, o próprio exercício do direito ao devido processo legal, cuja afirmação é, sob todos os títulos, imperativa.

2.2. OS CAMINHOS POSSÍVEIS PARA A MANUTENÇÃO DOS DIREITOS CONSTITUCIONAIS AO DUPLO GRAU DE JURISDIÇÃO E DE AMPLA DEFESA

Por conta disso, vislumbram-se duas possibilidades: (i.) a superveniência da extinção da punibilidade pelo advento da prescrição da pretensão punitiva retroativa, ou intercorrente, invalidaria que pudesse a sentença penal condenatória, regularmente prolatada, transmudar-se em título executivo judicial, ou seja, a prescrição, nessas modalidades, alcançaria, além dos efeitos penais, os anexos de natureza civil; ou (ii.) o advento da prescrição da pretensão punitiva, retroativa ou intercorrente, não obstaculizaria, na esfera judicial penal, o conhecimento do recurso de apelação defensivo, e sua consequente revisão, podendo ser declarada somente depois da apreciação, em segundo grau de jurisdição, do fato delitivo e de sua respectiva autoria.

2.2.1. Extinção dos efeitos penais e extrapenais da sentença penal condenatória a partir da superveniência das prescrições da pretensão punitiva retroativa e intercorrente: fundamentos para a transferência do debate sobre a existência do fato e da autoria delitivos para o juízo cível

A primeira hipótese obstaculizaria que a sentença penal condenatória – atingida pela prescrição punitiva, nas modalidades retroativa ou intercorrente – se transformasse em um título executivo judicial, em virtude de não estarem consolidadas as dimensões da materialidade e da autoria, impedindo, assim, que os efeitos penais se transferissem à esfera extrapenal.

Deve, em consequência, sublinhar-se que, desse modo, se estaria diante de extinção da punibilidade pela prescrição da pretensão punitiva, vale dizer, da própria pretensão de se obter uma decisão sobre o crime. Diferente seria a hipótese se se tratasse de extinção de punibilidade pelo advento da prescrição executória, quando já haveria o trânsito em julgado da decisão condenatória. Logo, considerando, na esteira de Delmanto e outros, que os efeitos da extinção da punibilidade correspondem ao momento em que elas ocorrem,[36] obviamente que todos os efeitos da condenação, pelo advento da prescrição retroativa ou intercorrente, seriam eliminados. Os danos, assim, somente poderiam ser cobrados no juízo civil; e pela via ordinária,[37] uma vez que obstada a formação do título executivo judicial civil a partir da sentença penal condenatória, visto que a sentença de extinção de punibilidade é declaratória, carecendo, portanto, de força executiva.[38]

Com isso, o debate acerca da existência do fato delitivo e de sua respectiva autoria se transferiria, *in integrum*, ao juízo cível, por meio de uma demanda indenizatória de conhecimento – na forma do art. 64 do CPP.[39]

Pelo prisma penal, outro fundamento residiria no fato de que a sentença penal condenatória – atingida pela prescrição retroativa (ou intercorrente) – não poderia produzir quaisquer efeitos adjacentes, concretizando, apenas, o de regu-

---

[36] DELMANTO, Celso, e outros, p. 390.

[37] Idem, p. 416.

[38] Essa a linha defendida por Aury Lopes Júnior (p. 440), para quem "se a sentença é declaratória da extinção de punibilidade, nenhum efeito produz na esfera cível (ou seja, não constitui um título que lá possa ser executado)".

[39] Para Marcellus Polastri Lima (2012, p. 264), "na forma do art. 67, II, do CPP, a decisão de extinção de punibilidade, após ter transitado em julgado a ação penal condenatória, não elide a obrigação de reparar o dano, uma vez que só gera efeitos penais. Mas, frise-se, tal se dá somente se houve sentença condenatória transitada em julgado, pois, se a extinção da punibilidade ocorreu antes do trânsito em julgado, faltará o título judicial, condição para a execução, só podendo a vítima se utilizar da ação ordinária prevista no art. 64 do CPP. (...) Assim, é preciso diferenciar, *v. g.*, se ocorreu a prescrição da pretensão punitiva antes da sentença, não surgirá o necessário título para a execução, e, da mesma forma, incidindo a chamada prescrição retroativa, pois esta 'apaga' a sentença prolatada, que, assim, não transita em julgado, mas, caso contrário, ocorrendo a prescrição da pretensão executória, persiste o título da sentença penal condenatória".

lamentar, pela pena aplicada, o prazo prescricional. Paulo José da Costa Júnior esclarece:

> Igualmente inquestionável que a prescrição retroativa cancela a sentença condenatória, que já não pode fazer coisa julgada material, produzindo apenas o efeito de regulamentar, pela pena aplicada, o prazo prescricional. Diante dessas premissas, é forçoso concluir que a prescrição retroativa da pretensão punitiva, após decorrido o prazo recursal para acusação e defesa, possa ser declarada pelo juiz de Primeira Instância. Ao reconhecer a prescrição retroativa, o juiz atende a um imperativo normativo, pois foi a norma legal quem atribuiu à declaração o efeito de invalidar a sentença condenatória, impedindo a coisa julgada e o consequente título penal executório.[40]

O argumento, no que respeita à ocorrência da prescrição retroativa, guarda inegável lógica, pois, posto que declarada após a prolação da sentença penal condenatória (e depois do trânsito em julgado à acusação), diria respeito a lapso adquirido antes da data em que exarada. O mesmo argumento, com menos força, poderia ser estendido à prescrição intercorrente, porquanto, em que pese não diga respeito ao período anterior ao da prolação da sentença penal condenatória, antecede ao do trânsito em julgado da condenação.

2.2.1.2. A independência dos juízos cível e penal e a desordem operada com o sistema híbrido adotado: a natureza da fixação de valor mínimo para a reparação dos danos e a ineficácia erga omnes da sentença penal condenatória

Embora a Lei 11.719/08 não tenha, propriamente, inovado com a introdução do art. 387, IV, do CPP, na medida em que a Lei 9.605/98 já havia previsto situação assemelhada, especificamente em seu art. 20, e parágrafo único, o convívio com o sistema da união parcial das instâncias (cível e penal) tornou-se, com o advento dessa nova legislação, mais intenso; e, com isso, uma plêiade de questões passou a ser suscitada, cuja relevância decorre da natureza que se empresta a esse *valor* a ser estabelecido na sentença.

Se considerar-se referido valor como de natureza civil, há uma série de impedimentos a se lhe reconhecer eficácia no âmbito do processo criminal, pois seu reconhecimento dependeria de um procedimento judicial que, evidentemente, não foi previsto pelo legislador. Em rigor técnico, se se quiser outorgar roupagem estritamente civil à reparação dos danos no âmbito do processo penal, ter-se-ia de, no âmbito desse processo criminal, instaurar uma lide a partir da proposição reparatória do lesado contra os supostos responsáveis civis pelo fato ilícito. O MP, nesse quadro, figuraria como parte ilegítima para propor demanda dessa natureza, dado que o pedido judicial formal deveria ser formulado pelo titular do direito lesado.[41] No próprio feito criminal, assim, haveria dois autores, a saber: o MP,

---

[40] COSTA JÚNIOR, Paulo José, 2008, p. 282.
[41] Conforme Eugênio Pacelli e Douglas Fischer (p. 770), "o Ministério Público não detém legitimidade para o ingresso de reparações civis (art. 68 do CPP), diante da criação das defensorias públicas da União e dos Estados. A se seguir orientação da Suprema Corte, no sentido de que a inconstitucionalidade (*rectius*: a revogação) do

em relação à persecução estritamente penal, e o lesado, em relação à persecução civil.

Alternativamente, poder-se-ia emprestar natureza de *pena criminal pecuniária* a essa reparação civil, tratando-a como *pena pública*,[42] o que esbarraria na ausência de previsão típica, vale dizer: na inexistência de legalidade penal, sem contar que se confundiria com a própria *pena de multa*, prevista em uma infinidade de tipos penais.

E, sobretudo, referida fixação de valor, a título de reparação civil, permitiria ser vista como a própria materialização do art. 91, I, do CP; e, com isso, não desbordaria de um efeito extrapenal genérico da condenação. Assim, o valor estipulado na sentença penal apenas representaria, à luz do art. 91, I, do CP, e do art. 63, parágrafo único, do CPP, a liquidez parcial do crédito a ser apurado na instância civil,[43] se assim o desejar a vítima criminal.

Por sob tudo isso, parece bastante óbvio que os limites do juiz criminal, tendo por norte o próprio art. 91, I, do CP, e diante da imposição do art. 387, IV, do CPP, são, unicamente, o da fixação de valor a título de dano patrimonial – desde que devidamente demonstrada a ocorrência do dano.

Quaisquer debates que destoem do dano patrimonial, bem como no alcance, em relação ao responsável civil, da indenização pelo ilícito causado, não terão espaço nos limites do processo criminal,[44] visto que desbordam da coisa julgada penal, que não possui, na hipótese de ser condenatória, eficácia *erga omnes*, permitindo-se aos terceiros (responsáveis civis) contestarem o próprio fato plasmado na decisão condenatória penal.[45]

2.2.1.3. *A questão da natureza jurídica da decisão que reconhece a prescrição superveniente à sentença penal condenatória*

A força das ideias desenhadas nos pontos anteriores começa a ceder quando se passa a analisar os diferentes planos decisórios que engendram as distintas conclusões judiciais de condenação e de declaração de extinção da punibilidade pela prescrição.

O assentimento da prescrição intercorrente e retroativa depende, objetivamente, de uma pena concretizada em uma sentença penal condenatória, ou seja, depende, antes, da condenação criminal, originária de uma sentença penal que sobrevém ao mundo jurídico de forma perfeita e acabada.

---

art. 68, CPP, seria progressiva, a depender do efetivo funcionamento das defensorias públicas dos Estados, poderia o Ministério Público pleitear a reparação civil do dano causado pela infração penal, desde que ingressasse com pedido nesse sentido, na peça acusatória e apenas nos locais onde não houvesse ainda tais instituições".

[42] PACELLI, Eugênio; FISCHER, Douglas, p. 769.

[43] Idem, p. 770.

[44] Idem, p. 127.

[45] GRINOVER, Ada P., 1978, p. 46 e ss.

Eventual decisão judicial acerca da extinção de punibilidade somente seria superveniente, e dependente do trânsito em julgado para a acusação, que não utilizaria seu direito de revisão, para elevar a pena, por meio do recurso de apelação. Em um plano lógico, portanto, a decisão judicial que extingue a punibilidade ocorre após a sentença penal condenatória.

Restaria o estudo a respeito do alcance dessa decisão de extinção de punibilidade, o que deságua em sua própria natureza jurídica.

Nesse ponto, não há dissenso em considerá-la uma decisão declaratória de extinção de punibilidade,[46] exatamente nos mesmos moldes daquela concessiva do perdão judicial (cujo norte advém da Súmula 18 do STJ).

E como decisão declaratória de extinção de punibilidade, catalogada como terminativa, não faz coisa julgada material, apenas formal; receberia uma imutabilidade relativa, na medida em que não diz respeito ao *meritum causae*.[47] Com isso, tal como a decisão concessiva do perdão judicial, admitiria fosse desafiada por meio de ação de revisão criminal ou de *habeas corpus*.[48] Nesse sentido, Rangel, para quem:

> Em se tratando de sentença declaratória de extinção de punibilidade, não há dúvida de que se esta tiver sido declarada e, posteriormente ao seu trânsito em julgado, surgirem provas de que o acusado era, efetivamente, inocente, isto é, não foi ele o autor do fato a revisão criminal deve ser admitida para a desconstituição da sentença de extinção de punibilidade.[49]

A questão, portanto, explica-se com relativa singeleza: ainda que parte da doutrina sustente que a decisão declaratória de extinção de punibilidade faça coisa julgada formal e material,[50] tomando-se em linha de conta que referida decisão não incursiona no mérito da causa, ou seja, em um juízo que conduza à absolvição ou à condenação, evidentemente que não pode receber o *status* de coisa julgada material.

Não foi por outra razão que o STF, por meio da Súmula 604, assentou tratar-se, a declaração de extinção de punibilidade, por conta da prescrição retroativa ou intercorrente, de decisão cujo efeito se reflete apenas na pretensão executória, vale dizer, na execução da pena imposta na sentença penal condenatória antecedente.[51]

---

[46] RANGEL, Paulo, 2012, p. 285.

[47] Para Eugênio Pacelli e Douglas Fischer (p. 232), "a coisa julgada, ao contrário da litispendência, exige o trânsito em julgado de uma decisão judicial sobre o mesmo fato, para o mesmo acusado. Se outro for o réu, não se estenderá a ele os efeitos da decisão anterior, cabendo ao juiz da causa apreciar a matéria em toda a sua inteireza. Qualquer que tenha sido o conteúdo da decisão no processo anterior, a coisa julgada se imporá, por fundamentos diferentes. Se tiver sido absolutória, por exemplo, o princípio da vedação de revisão *pro societate* (Pacto de San José – art. 8º, Decreto nº 678/92), por si só, impediria a sua modificação. Se condenatória, os efeitos decorreriam da coisa julgada".

[48] RANGEL, Paulo, p. 227.

[49] Idem, p. 227.

[50] LIMA, Marcellus Polastri, p. 988.

[51] Súmula 604 do STF: A prescrição pela pena em concreto é somente da pretensão executória da pena privativa de liberdade.

2.2.1.3. O problema da validade jurídica da sentença penal condenatória atingida pela prescrição: os efeitos que não são atingidos pela declaração de extinção da punibilidade pela prescrição intercorrente ou retroativa

Na espécie, e analisando-se o caminho processual percorrido no processo criminal, a declaração da superveniência prescricional, seja retroativa ou intercorrente, ocorre, conforme aventado, em momento posterior ao da prolação de uma sentença criminal condenatória juridicamente válida; e que já passou a integrar o plano da validade dos atos judiciais.

Portanto, a sentença, sob esse prisma, não estaria juridicamente invalidada pela posterior prescrição retroativa ou intercorrente, senão tornada sem efeito para fins da pretensão punitiva estatal. Não haveria mais como punir criminalmente; apenas isso.[52]

A questão, assim, cingir-se-ia ao debate de quais efeitos, dessa sentença penal condenatória, estariam atingidos pela extinção de punibilidade posterior; e, em última instância, se permaneceria vigente a (denominada) eficácia natural da sentença.[53]

Para tanto, é especialmente relevante estabelecer-se que, da sentença penal condenatória, exsurgem efeitos penais e extrapenais. Os primeiros dividem-se em principal (primário), consubstanciado nas penas criminais impostas, propriamente ditas; e secundários, nos quais se inscrevem a possibilidade de gerar antecedentes judiciais (constando no denominado "rol dos culpados"), de servir de marco à reincidência (art. 63 do CP), de revogar o livramento condicional (art. 86, I, do CP), de implicar regressão de regime carcerário (art. 111, parágrafo único, da Lei 7.210/84), de impedir o oferecimento de transação penal (art. 76, § 2º, I, da Lei 9.099/95) ou de suspensão condicional do processo (art. 89, *caput*, da Lei 9.099/95), de impor a revogação da reabilitação (art. 95 do CP), ou de vedar a substituição de penas carcerárias por penas restritivas de direitos (art. 44, II, do CP) etc.[54]

Não há dúvida, pois, que todos os efeitos penais, seja o principal ou os secundários, são atingidos pela decisão de declaração de extinção de punibilidade, ainda que seja posterior à sentença penal condenatória, inclusive por força do art. 118 do CP. Afinal, essa modalidade de prescrição penal se traduz, essencialmente,

---

[52] Conforme José Frederico Marques (p. 113), "a extinção da punibilidade, se posterior ao julgamento da ação penal, além de não impedir a propositura da ação civil, igualmente não elide o valor executório, no cível, da condenação penal anteriormente pronunciada. É preciso, porém, que haja sentença condenatória, a que sobrevenha sentença terminativa de mérito declarando extinta a punibilidade". No mesmo sentido Norberto Avena (2012, p. 297), para quem "a extinção de punibilidade, no caso, prejudicará tão somente a aplicação da pena, como efeito penal principal da sentença. Permanecerão intactos, assim, os efeitos penais secundários e os efeitos extrapenais da condenação, inclusive a obrigação de indenizar".

[53] GRINOVER, Ada P., p. 49.

[54] DELMANTO, Celso, e outros, p. 351.

na extinção da pena (a ser ou já ter sido aplicada), pelo transcurso do tempo,[55] solo no qual se edificou a Súmula 604 do STF.

Os efeitos extrapenais estão dispostos nos arts. 91 e 92 do CP e podem ser classificados como genéricos, os primeiros, e específicos, os segundos. O que os diferencia, aponta a doutrina, é o fato de que os específicos não são automáticos, dependendo de declaração na sentença condenatória (art. 92, parágrafo único, do CP).

São efeitos extrapenais genéricos, assim, tornar certa a obrigação de indenizar o dano causado pelo crime (art. 91, I, do CP) e a perda dos instrumentos e do produto do crime (art. 91, II e III, do CP). São efeitos extrapenais específicos a perda de cargo, função pública ou mandato eletivo, na forma do art. 92, I, do CP, observados os limites previstos nas alíneas *a* e *b* do mesmo artigo; a incapacidade para o exercício do pátrio poder, tutela ou curatela, nos crimes dolosos, apenados com reclusão, e praticados contra o filho, tutelado ou curatelado (art. 92, II, do CP); e a inabilitação para dirigir veículo, quando utilizado como meio para a prática para crime doloso (art. 92, III, do CP).

Em geral, a jurisprudência criminal reconhece, na esteira da doutrina, que os efeitos extrapenais também são atingidos pela extinção de punibilidade pelo advento da prescrição posterior à sentença penal condenatória não transitada em julgado,[56] avançando, com isso, contra o que dispôs, há muito, o STF, por meio da Súmula 604.

A jurisprudência extrapenal, entretanto, ignora o rumo apontado pela jurisprudência penal, reconhecendo, especificamente em relação ao efeito extrapenal genérico da *obrigatoriedade de reparação do dano*, a validade da sentença penal, na medida em que a extinção da punibilidade, por força da prescrição superveniente à sentença penal condenatória, atingiria somente a execução da pena privativa de liberdade, à luz da orientação do STF.[57]

---

[55] FAYET JÚNIOR, Ney, p. 30.

[56] Note-se o exemplo do seguinte aresto do STJ: Embargos de declaração em agravo regimental. Omissão. Inexistência. Matéria de natureza constitucional. Prequestionamento. Pena privativa de liberdade e efeitos da condenação. Prescrição intercorrente. Extinção da punibilidade. Rejeitam-se os embargos de declaração quando inexiste omissão, contradição ou erro material no acórdão embargado. O questionamento, em sede de embargos declaratórios, sobre matéria alheia à debatida no aresto embargado e irrelevante para o resolução da controvérsia, não preenche os requisitos do art. 619 do CPP. Declarada a prescrição da pena privativa de liberdade, imperioso o reconhecimento da extinção dos seus efeitos. Embargos de declaração que se rejeitam (EDcl no AgRg nos EDcl no AgRg no Ag. 630.600/SP, Rel. Min. Paulo Medina, 6ª T, j. em 15.9.05, DJ 12.12.05, p. 426). E do seguinte julgado, da TRC do RS: Mandado de segurança. Exploração de jogo do bicho e máquinas caça-níqueis. Sentença condenatória anulada. Reconhecimento da prescrição. Efeitos da condenação. Confisco de bens e valores. Impossibilidade. A prescrição da pretensão punitiva do Estado apaga todos os efeitos da condenação, sejam eles genéricos (obrigação de indenizar o dano causado, caracterização da reincidência, rol de culpados, perda dos instrumentos ou produto do crime, etc.) ou específicos (perda de cargo, função pública, mandato eletivo, aposentadoria, pátrio poder, etc.). Destarte, inviável a manutenção da decisão que indeferiu o pedido de restituição dos valores apreendidos. Segurança concedida (TRC/RS, Mand. de Seg. Crime 71003676459, TR, Rel. Cristina Pereira Gonzales, j. em 9.4.12).

[57] Veja-se o aresto ora indicado: Prescrição penal. Os §§ 1º e 2º do artigo 110 do CP, introduzidos pela Lei 6.416/77, dizem respeito à prescrição da pretensão executória, e não à prescrição da pretensão punitiva. Prece-

E, mais que isso, reconhece, inclusive, que essa mesma sentença penal condenatória, ainda que com a posterior punibilidade extinta, é um título executivo judicial, passível de ação de execução civil para arbitramento da indenização civil.[58]

Considerando essa trilha, e salvo uma mudança absoluta no rumo da jurisprudência civil, não haveria como impedir que, transitada em julgado a decisão que decreta a prescrição retroativa ou intercorrente, e existindo uma sentença criminal condenatória, formasse ela um título executivo judicial civil.

2.2.1.4. *A questão da unicidade da antijuridicidade entre os juízos penal e cível*

A matéria, em seguimento ao debate, resvala para o próprio sentido de ilicitude, a qual não surge do direito penal, mas "de toda a ordem jurídica, porque a antinormatividade pode ser neutralizada por uma permissão que pode provir de qualquer parte do direito".[59]

A antijuridicidade de uma determinada conduta penalmente típica se traduz, nesse andar, pela ausência de qualquer causa de justificação em qualquer área específica da ordem jurídica, e não apenas restrita ao direito penal.[60] Foi, em síntese, o que afirmou o STJ no Inq. 33/SP, como se colhe do voto proferido pelo então Ministro Luiz Vicente Cernicchiaro:

> O direito, como um sistema, é unitário. Não enseja contradição lógica. Um fato (compreendendo a conduta e o resultado) é lícito ou ilícito. *Tertium non datur*. A ilicitude é una. O que é lícito não pode ser, contemporaneamente, ilícito. A licitude é aferida no Direito e não em suas áreas dogmáticas. A asserção, entretanto, não impede a diversidade de consequências nos vários setores. Assim, o fato ilícito no Direito Civil, nem sempre é relevante no Direito Administrativo, ou, ainda por ilustração, no Direito Penal. Todo o dano, dolosa ou culposamente causado, é relevante para o Direito Civil. O art. 159 do CC contempla ilícito genérico decorrente da culpa *stricto sensu*. O Direito Penal apreende o fato, para esse fim, consoante critério casuístico, fazendo depender de prévia e expressa definição legal.[61]

Afinal, conforme destacou Marques, "o ato penalmente ilícito pode também causar prejuízo ou dano a outrem, na ordem civil, uma vez que a ilicitude penal pressupõe sempre uma ilicitude extrapenal".[62]

---

dentes do STF. Recurso extraordinário conhecido e provido (RE 100227, Relator(a): Min. Moreira Alves, 2ª T, j. em 24.6.83, DJ 12.8.83 PP-11767 EMENT VOL-01303-05 PP-01074).

[58] Trecho do voto do Des. Túlio de Oliveira Martins, nos autos da Ap. Cível nº 70040721466, da 10ª C. Cível do TJRS.

[59] ZAFFARONI, Eugenio Raúl; PIERANGELI, José Henrique, 2004, p. 540.

[60] Ibidem.

[61] Voto exarado nos autos do Inq. 33/SP, da Corte Especial do STJ, assim ementado: Inquérito. Direito. Unidade. Denúncia. Ação cível. Prejudicial. O direito, como sistema, é unitário. Inexiste contradição lógica. A ilicitude é una, não obstante, repercussão distinta nas várias áreas dogmáticas. A denúncia deve imputar fato ilícito, atribuível (ação, ou omissão) ao acusado. Se o narrado na denúncia foi declarado lícito, no juízo cível, enquanto não desconstituído o julgado, impede a imputação criminal. Aquela decisão configura prejudicial (CPP, art. 93). Denúncia rejeitada (Inq. 33/SP, Rel. Min. Luiz Vicente Cernicchiaro, CE, j. em 11.6.92, DJ 3.11.92, p. 19.693).

[62] MARQUES, José Frederico, p. 99.

Nessa senda, a existência fático-jurídica do delito pode projetar uma intersecção com a esfera civil (e até administrativa), visto as esferas de ilicitude são relativamente independentes, apesar de ungidas por um mesmo sentido jurídico.

Com isso, em que pese tratar-se, os juízos civil e penal, de instâncias distintas, que apuram contornos singulares de responsabilidade (um, civil, o outro, penal), a base fático-existencial é rigorosamente a mesma, isto é, a ocorrência do fato criminoso – motivo pelo qual a ilicitude *lato sensu* (e respeitando-se as particularidades de cada uma das esferas) – é também a mesma.

Não é por outra razão que o art. 935 do CC presume a ilicitude civil do ilícito criminal, dando azo à reparação prevista no art. 927 do mesmo Código.

2.2.1.5. *A desnecessidade da repetição da instrução judicial realizada no âmbito penal, perante o juízo civil*

Por fim, a transferência do debate relativamente à existência do fato criminoso ao juízo civil, em ação de conhecimento, esbarraria também na desnecessidade de repetição de atos judiciais, *lato sensu*, pelo Poder Judiciário, que se veria forçado a novamente instruir um processo sobre a mesma base fática, não mais na seara penal.

A lógica processual não toleraria essa situação, especialmente porque estar-se-ia diante de situação hipotética a impedir a prolação de decisões, cível e criminal, destoantes, de sorte que a execução civil se encontraria autorizada, ainda que lastreada em sentença penal condenatória atingida, posteriormente, pela prescrição. Foi, exemplificativamente, o que afirmou a 5ª C. Cível do TJRS, por meio da Apelação Cível nº 70006249478.[63] Na ocasião, o Desembargador-Relator, Dr. Antônio Vinícius Amaro da Silveira, assim arrematou o tema, no que foi seguido dos demais integrantes do órgão fracionário:

> (...) descabido o ajuizamento de nova demanda para reconhecer a responsabilidade do executado pelo delito, já que houve condenação com trânsito em julgado nesse sentido, sendo necessária apenas a apuração dos valores, o que restou decidido na sentença condenatória já referida.

Nesse quadro, evidentemente que o juízo civil vai conceder trânsito à ação de execução fundada na sentença penal condenatória atingida pela prescrição, com o que tornaria, inclusive, mais célere o efeito do art. 91, I, do CP, atalhando debate processual cível já decidido, no que respeita ao mérito, no juízo penal.

---

[63] Apelação cível. Responsabilidade civil. Execução decorrente de sentença penal condenatória. Extinção da punibilidade pela prescrição. Irrelevância. A extinção da punibilidade pelo reconhecimento da prescrição na esfera penal não afasta a responsabilidade civil decorrente do crime, cuja quantificação se obtém através de liquidação de sentença. Apelo provido. Sentença desconstituída (TJRS, Ap. Cível 70006249478, 5ª C. Cível, Rel.: Antônio Vinícius Amaro da Silveira, j. em 5.8.04.)

2.2.2. Possibilidade de prolongamento do debate acerca do mérito da causa em processos atingidos pela prescrição penal da pretensão punitiva retroativa ou intercorrente: existência de interesse recursal do acusado

Alternativamente, haveria a possibilidade de enfrentar-se o mérito da apelação criminal ajuizada pelo sucumbente, condenado em primeiro grau de jurisdição, pela sentença que, em face da prescrição superveniente, tem inexequíveis os efeitos penais.

Para tanto, não poderia servir de anteparo, ao julgamento de mérito do recurso de revisão, a extinção de punibilidade decorrente do advento da prescrição, nas modalidades intercorrente e retroativa, exatamente ao oposto de como vêm decidindo os tribunais brasileiros, especialmente o TJRS.[64]

Há muito, as mesas de processo penal da USP, por meio dos Verbetes 51 e 52, já apontavam para a necessidade de pronunciamento de mérito quando se tratar de caso de absolvição, pois seria decisão mais benéfica.[65]

A discussão, nesses termos, enveredada para o denominado interesse recursal do acusado, em vista da extinção de punibilidade por força da prescrição. E, nesse ponto, como aclarou Moraes, o acusado teria interesse recursal:[66]

> Portanto, o acusado sempre terá um lídimo interesse recursal se visar à reforma da sentença condenatória sobre a qual aquelas subespécies prescricionais se lastrearam. Há interesse impugnativo não para o condenado questionar a existência ou não da prescrição, mas para pretender a reforma daquela decisão condenatória que serviu de esteio e pressuposto ao reconhecimento da prescrição punitiva, em suas formas intercorrente ou retroativa.[67]

Aliás, não custa lembrar que a extinção da punibilidade, pela prescrição intercorrente ou retroativa, só foi viabilizada porque o magistrado *a quo* conheceu o mérito do processo sob seus auspícios, julgando-o em desfavor do réu; e impondo-lhe, via de consequência, uma pena. Dessa forma, o acusado possui interesse em modificar a decisão condenatória, ainda que ultrapassando a decisão de extinção de punibilidade.

Com isso, não restam maiores óbices ao enfrentamento do mérito, em grau de apelação, mesmo que extinta a punibilidade pelo advento da prescrição pós-sentença, particularmente porque não conhecer do recurso do réu "será o mesmo que lhe negar direito ao duplo grau de jurisdição, consolidando, sem direito

---

[64] Conforme aos exemplos arrolados, no presente estudo, na nota de rodapé 8.
[65] Extraídas de GRINOVER, Ada P., e outros, 2011, p. 357. Súmula 51 – O art. 61 do CPP, inspirado no princípio da economia processual, determina o encerramento do processo, antes mesmo do julgamento de mérito, sempre que ocorra causa extintiva de punibilidade do acusado. Súmula 52 – Melhor atenderia ao espírito da Constituição – art. 153, §§ 4º e 15 – a previsão legal de obrigatoriedade do pronunciamento de mérito, sempre que já existentes nos autos provas que autorizem a absolvição do acusado nas hipóteses previstas pelos itens I a V do art. 386 do CPP. Nesse sentido é, aliás, o dispositivo do art. 152, § 2º, do estatuto processual italiano.
[66] MORAES, Maurício Zanóide de, 2000, p. 366 e ss.
[67] MORAES, Maurício Zanóide de, p. 373.

impugnativo, aquela sentença condenatória que propiciou a própria ocorrência da extinção de punibilidade".[68]

Conclusão

Retomando o raciocínio desenvolvido neste estudo, e frente à absoluta necessidade de se conferir concretude ao direito ao duplo grau de jurisdição, abriram-se duas veredas, a saber: (i.) ultrapassar a decisão de extinção de punibilidade, pelo advento da prescrição da pretensão punitiva, nas subespécies retroativa e intercorrente, e conhecer do mérito do recurso de apelação do acusado, condenado em um primeiro grau de jurisdição; ou (ii.) julgar prejudicado o recurso de apelação manejado pelo acusado, em vista da extinção da punibilidade pela prescrição, seja intercorrente ou retroativa, remetendo o debate ao juízo extrapenal, quando houver dano a ser reparado.

Não repugna pensar-se que parece mais acertada a primeira hipótese, seja pela viabilidade técnica conferida pelos institutos processuais penais (da coisa julgada e do interesse recursal) e penais (efeitos extrapenais da sentença penal condenatória, antijuridicidade e limites da prescrição penal nas modalidades retroativa e intercorrente), seja pela força executiva que vem, o juízo cível, conferindo a essa mesma sentença penal condenatória atingida pela extinção de punibilidade.

A mais disso, é igualmente improdutivo pensar-se em repetição da instrução, no âmbito civil, da realizada na esfera penal, excetuando-se as hipóteses de demonstração da responsabilidade civil atribuível a terceiros.

Bibliografia

ASSIS, Araken de. *Eficácia civil da sentença penal*. 2ª ed. São Paulo: RT, 2000.
BALTAZAR JÚNIOR, José Paulo. "Sentença penal de acordo com as leis da reforma". *In* NUCCI, Guilherme de Souza (org.). *Reformas do processo penal*. 2ª ed. Porto Alegre: Verbo Jurídico, 2009.
CHOUKR, Fauzi Hassan. *Código de Processo Penal*: comentários consolidados e crítica jurisprudencial. 3ª ed. Rio de Janeiro: Lumen Juris, 2009.
COSTA JÚNIOR, Paulo José. *Curso de direito penal*. 9ª ed. São Paulo: Saraiva, 2008.
CRIVELARO, Paulo César. *Prescrição penal*: uma abordagem descomplicada. Leme: Habermann, 2012.
DELMANTO, Celso, e outros. *Código Penal comentado*. 8ª ed. São Paulo: Saraiva, 2010.
ESPÍNOLA FILHO, Eduardo. *Código de Processo Penal brasileiro anotado*. V. 1. 3ª ed. Rio de Janeiro: Borsoi, 1954.
FAYET JÚNIOR, Ney. *Prescrição penal*: temas atuais e controvertidos. Porto Alegre: Livraria do Advogado, 2007.
GIACOMOLLI, Nereu José. *Reformas (?) do processo penal: considerações críticas*: provas, ritos processuais, júri, sentenças. Rio de Janeiro: Lumen Juris, 2008.
GRINOVER, Ada P. *Eficácia e autoridade da sentença penal*. São Paulo: RT, 1978.
——; e outros. *Recursos no processo penal*. 7ª ed. São Paulo: RT, 2011.
JESUS, Damásio de. *Prescrição penal*. 20ª ed. São Paulo: Saraiva, 2011.
LIMA, Marcellus Polastri. *Manual de processo penal*. 6ª ed. Rio de Janeiro: Lumen Juris, 2012.

---

[68] MORAES, Maurício Zanóide de, p. 375.

LOPES JÚNIOR, Aury. *Direito processual penal*. 9ª ed. São Paulo: Saraiva, 2012.

MARINONI, Luiz Guilherme e MITIDIERO, Daniel. *Código de Processo Civil comentado artigo por artigo*. 4ª ed. rev. e atual. São Paulo: RT, 2012.

MARQUES, José Frederico. *Elementos de direito processual penal*. V. III, 2ª ed. Campinas: Millenniun, 2000.

MORAES, Maurício Zanóide de. *Interesse e legitimação para recorrer no processo penal brasileiro*: análise doutrinária e jurisprudencial de suas estruturas. São Paulo: RT, 2000.

MOSSIN, Heráclito; MOSSIN, Júlio César. *Prescrição em matéria criminal*: atualizada conforma a Lei nº 12.235/2010. Leme: J. H. Mizuno, 2012.

NEGRÃO, Theotônio, e outros. *Código de Processo Civil e legislação processual em vigor*. 44ª ed., rev. e at. São Paulo: Saraiva, 2012.

NERY JÚNIOR, Nelson, ANDRADE NERY, Rosa Maria de. *Código de Processo Civil comentado e legislação extravagante*. 11ª ed. São Paulo: RT, 2010.

NUCCI, Guilherme de Souza. *Manual de direito penal*. 8ª ed. São Paulo: RT, 2012.

PACELLI, Eugênio; FISCHER, Douglas. *Comentários ao Código de Processo Penal e sua jurisprudência*. 4ª ed. São Paulo: Atlas, 2012.

PRADO, Luiz Régis. *Comentário ao Código Penal*. 5ª ed. São Paulo: RT, 2010.

RANGEL, Paulo. *A coisa julgada no processo penal brasileiro como instrumento de garantia*. São Paulo: Atlas, 2012.

RIBEIRO, Marcelo Roberto. "Revisando alguns temas de prescrição". *In* FAYET JÚNIOR, Ney, e outros. *Prescrição penal*: temas atuais e controvertidos. V. 2. Porto Alegre: Livraria do Advogado, 2009.

STRECK, Lenio Luiz; OLIVEIRA, Rafael Tomaz de. *O que é isto – As garantias processuais penais?* Porto Alegre: Livraria do Advogado, 2012.

ZAFFARONI, Eugenio Raúl; PIERANGELI, José Henrique. *Manual de direito penal brasileiro*: parte geral. 5ª ed. São Paulo: RT, 2004.

Tema VIII

Da extradição e da prescrição penal

Ney Fayet Júnior

Luíza Kern

Introdução

A análise de institutos jurídicos de nosso ordenamento interno, quando em cotejamento com a legislação de outro(s) Estado(s) que podem envolver tratados e convenções internacionais, mostra-se, muitas vezes, extremamente complexa. Nessa hipótese encartam-se as figuras jurídicas da extradição e da prescrição, na medida em que o prévio exame desta é um dos requisitos para a eventual concessão daquela, o que implica a necessidade de se avaliar tanto a nossa legislação quanto as de outros países, pois o instituto extradicional "consiste de tratados internacionais (bilaterais e multilaterais) e das previsões legais que se estabelecem no direito interno de cada Estado, fundamentais para determinar quando se pode solicitar a extradição de um criminoso, e que limitações existem para sua entrega".[1] Posto que haja argumentos no sentido da prescindibilidade do instituto extradicional, na medida em que se poderia atribuir o direito de julgar o criminoso ao Estado em cujo território se houvesse refugiado – tornando, assim, desnecessária a sua remessa ao país solicitante –, a verdade é que a extradição se constitui, no presente, uma ferramenta bastante relevante, sem a qual se enfraqueceria, muito provavelmente, a *lotta contro il delito*. (A propósito deste último aspecto, cabe recordar que o auxílio entre países,[2] no combate à criminalidade, esteve à base da criação de um ramo do direito penal projetado para além de suas fronteiras: o [denominado] direito penal internacional.)

Entretanto, antes de darmos início à apresentação do ponto de encontro entre essas figuras jurídicas, devem ser indicadas, *tout court*, algumas noções preliminares que podem tornar mais interessante a tarefa à qual nos propusemos.

---

[1] FERRÉ OLIVÉ, Juan Carlos; NÚÑEZ PAZ, Miguel Ángel; OLIVEIRA, William Terra de; BRITO, Alexis Couto de, 2011, p. 774.
[2] Como destaca João Marcello de Araújo Júnior (1994, p. 61), "A extradição é o mais tradicional de todos os instrumentos de cooperação internacional em matéria criminal".

1. A sociedade globalizada e a extradição

Notoriamente, as relações internacionais vêm adquirindo cada vez mais espaço e consideração no cenário de referência política, de modo muito marcante nesta nova etapa de desenvolvimento econômico internacional – a globalização, que envolve um profundo processo de transformação socioeconômica e cultural em nível planetário, implicando uma realidade geo-histórica em constante e acelerado desenvolvimento, cujo dado de maior realce é, sem sombra de dúvida, a transnacionalização da economia,[3] ampliando, de forma considerável, de um plano, a hegemonia do capital e do mercado, e, de outro, os níveis de desigualdade social e de violência no mundo. E esse quadro vem a reboque da expansão do império norte-americano, cujo poder político em escala global não conhece, historicamente, qualquer precedente.[4]

Nesse contexto, a ideia (*rectius*, a busca) de uma intercambialidade (mais efetiva e atuante) entre os Estados tem assumido um papel relevante no palco da história, não só no que respeita às relações produtivas, como, igualmente, ao conjunto dos demais vínculos (jurídicos, culturais e sociais) que se estabelecem entre os povos. A aliança entre os países (ou blocos) visa, em grande medida, à formação de estruturas sistêmicas abrangentes, que possibilitam a constituição de mercados globais (sobretudo mercados financeiros), o que se articula, no mais das vezes, em nível superestrutural, por meio de tratados, protocolos e convenções (ou de outros instrumentos equivalentes de consagração dos interesses postos em questão) internacionais.

Em decorrência dessa conexão transnacional intensificada, cujos traços essenciais foram antes apenas indicados, evidenciam-se, como subprodutos, al-

---

[3] Como descreve Octavio Ianni (2002, p. 20), "as organizações multilaterais e as corporações transnacionais são novas, poderosas e ativas *estruturas mundiais de poder*. Elas se sobrepõem e impõem aos Estados nacionais, compreendendo extensos segmentos das sociedades civis, isto é, das suas forças sociais. É claro que essas estruturas mundiais de poder têm crescido muito em agressividade e abrangência. Já influenciam nações e regiões, alcançando com frequência o âmbito propriamente global. Atuam segundo cartografias, mapas do mundo, diretrizes geoeconômicas ou, mas propriamente, geopolíticas de alcance global. São estruturas de poder econômico-político, com implicações sociais e culturais muitas vezes de grande influência e abrangência. Expressam os objetivos e as práticas dos grupos, classes ou blocos de poder predominantes em escala mundial. Naturalmente respondem aos objetivos e às práticas predominantes em países centrais, potências mundiais ou imperialistas. Mas respondem também aos objetivos e às práticas que predominam ou manifestam-se em âmbito transnacional, mundial ou propriamente global. Sim, já se formaram e continuam a desenvolver-se estruturas globais de poder, respondendo aos objetivos e às práticas dos grupos, classes ou blocos de poder organizados em escala realmente global".

[4] Eric Hobsbawn (2010, p. 152-3) sustenta que "a situação atual do mundo não tem precedentes. Os grandes impérios globais que conhecemos, como o espanhol, nos séculos XVI e XVII, e principalmente o britânico, nos séculos XIX e XX, têm pouca similaridade com o que vemos hoje no império americano (...). É enorme o poder da tecnologia, em constate revolução na economia e sobretudo na força militar, onde esse fator é hoje mais decisivo do que em qualquer outro momento. O poder político em escala global requer, nos nossos dias, um país extremamente grande que detenha o domínio dessa tecnologia (...). A política de nossa época é de natureza complexa. Os Estados nacionais ainda são dominantes – o único aspecto da globalização em que a própria globalização não funciona –, mas trata-se de uma forma peculiar de Estado, no qual quase todos os habitantes comuns têm papéis importantes".

gumas consequências que se mostram, direta ou indiretamente, relacionadas à (necessidade de utilização do instituto da) extradição, pois também a criminalidade de repercussão internacional se expande no processo de consolidação da globalização: (i.) ondas emigratórias de trabalhadores (legais e ilegais) em busca de postos de trabalho (o que dinamiza fatores criminológicos); (ii.) guerras e conflitos bélicos localizados (com recorrentes violações dos direitos humanos); (iii.) intensificação da criminalidade internacional (tráfico internacional de drogas e de armas, terrorismo, tráfico de pessoas, lavagem de dinheiro, crimes da internet, etc.); (iv.) políticas econômicas predatórias (concorrência desleal internacional); e (v.) incremento do turismo internacional (turismo sexual e crimes comuns). Trata-se, assim, de condições de possibilidade do aparecimento de matéria de interesse criminal que, em tese, teriam uma aproximação com o instituto extradicional.

Dessa forma, no campo técnico-jurídico, a ampliação dos crimes (de ressonância internacional) em virtude da globalização tem, em contrapartida, desafiado os Estados para o manejo de instrumentos políticos e criminais de reação a esses fenômenos, de cujo quadro desponta a extradição, como um meio de cooperação transnacional que se projeta à repressão de ilícitos penais. E é exatamente nesse contexto que, mais e mais, acresce a importância do instituto da extradição, pois, em verdade, não só permite a punição dos criminosos que pretendiam subtrair-se às consequências do delito, ainda que se tenham refugiado em outro país, como, igualmente, reafirma o dever de solidariedade dos Estados no combate à criminalidade.

Feitas, assim, essas primeiras anotações, passemos à definição propriamente dita do instituto em causa.

2. Do conceito de extradição

Não existem grandes variações, entre os doutrinadores, no que tange ao conceito de extradição.

Em verdade, há sempre a presença de elementos comuns, tais como o pedido feito por um Estado, chamado de requerente, a outro, o requerido, para que haja a entrega de um indivíduo que esteja sendo processado ou que já tenha sido condenado pelo Estado solicitante.[5]

Conforme o entendimento de Florisbal de Souza Del'Olmo, a extradição é: "O processo pelo qual um Estado entrega, mediante solicitação do país interessado, pessoa condenada ou indiciada nesse Estado requerente, cuja legislação é competente para julgá-la pelo crime que lhe é imputado".[6] Aduz o autor que a

---

[5] Para Luiz Jiménez de Asúa (1945, p. 215), cuida-se da "entrega del acusado o del condenado, para juzgarle o ejecutar la pena, mediante petición del Estado donde el delito perpetróse, hecha por aquel país en que buscó refugio".

[6] DEL'OLMO, Florisbal de Souza, 2011, p. 191-2.

aplicação do instituto extradicional somente será cabível no âmbito dos ilícitos penais, não sendo admitido, portanto, em processos de natureza cível ou administrativa.[7] Já Hildebrando Pompeu Pinto Accioly[8] conceitua-a como o ato pelo qual um Estado entrega um indivíduo acusado, ou já condenado, de fato delituoso, à justiça de outro Estado competente para julgá-lo. Assim, poderá haver a entrega de um ou mais indivíduos, sejam eles acusados ou condenados de ações puníveis, aos órgãos competentes do Estado formalmente apto para julgá-los e os punir.[9]

A extradição é um dos meios de cooperação entre países, segundo o qual, em decorrência de um pedido formulado por um Estado interessado em processar ou punir um infrator, outro Estado poderá concedê-lo, a fim de que se elimine a impunidade que atravessa as fronteiras geográficas. Conforme pondera Oscar Stevenson, a extradição "não traduz dever jurídico, porém ato de colaboração internacional, medida específica para restituir o acusado ao foro do delito".[10]

Verifica-se, então, que o interesse é recíproco: de um lado, há sempre um Estado buscando processar ou punir o infrator que pratica um ilícito e se evade para território estrangeiro; e, ainda, um interesse de outro Estado em livrar-se do criminoso que ali se encontra refugiado, buscando esquivar-se da responsabilização por seus atos.

O instituto em causa, portanto, em traços largos, compatibiliza duas regras, harmonizando-as: em primeiro lugar, a da territorialidade, por meio da qual se determina a validez espacial da lei penal; em segundo lugar, a de que as sentenças criminais não podem ser executadas para além das fronteiras. Por certo, mediante a extradição, pode-se alcançar o acusado (ou condenado), por conta de algum ilícito penal (apto a ensejar a extradição), que se tenha refugiado em território de outro Estado.[11]

---

[7] Ibid., p. 192.
[8] ACCIOLY, Hildebrando Pompeu Pinto, 1996, p. 422.
[9] FAYET JÚNIOR, Ney; FERREIRA, Martha da Costa; ADAMY, Pedro Augustin, 2008, p. 585-604.
[10] STEVENSON, Oscar, 1967, p. 759.
[11] Ferrando Mantovani (2007, p. 895) sintetiza a evolução histórica do instituto extradicional: "Nelle sue origini e nei suoi primi sviluppi storici l'estradizione viene considerata come un'istituzione essenzialmente *politica*', quale anzitutto mutua assistenza nei delitti contro le istituzioni. Tale si rivela, ad es., nella pratica romana di consegnare alla vendetta del nemico colui, anche *civis romanus*, che avesse offeso i 'legati' da questo spediti, violando la *sanctitas legatorum*. Così pure nel Medioevo, in cui l'istituto ebbe ampi sviluppi e si consolidò in accordi internazionali, aventi però essenzialmente per oggetto i delitti politici; benché anche in tale materia l'estradizione venisse spesso camuffata nella forma della espulsione per la ripugnanza a mettere i propri organi a servizio di un'altra sovranità. Né residui della originaria concezione 'politica' sono venuti del tutto meno in seguito alle trasformazioni subite dall'istituto nell'epoca liberale, con la sua sostanziale limitazione ai soli *reati comuni*. E siffatte tracce sono riscontrabili anche in convenzioni e in legislazioni moderne. D'altro canto, però, il fatto che l'estradizione, già conosciuta ai tempi dei Caldei, degli Egizi e dei Cinesi, sia stata sempre avvertita come una assicurazione reciproca contro il delitto ha portato, a partire dal secolo XVIII, ad un moltiplicarsi di convenzioni che non ha pari in nessun altro campo. La vitalità dell'istituto è dimostrata altresì, oltre che dalla tendenza a prescindere sempre più dalla gravità delle infrazioni, dalla avvertita esigenza di impegni reciproci e di una regolamentazione uniforme fra il maggior numero possibile di Stati. Il che ha portato al graduale passaggio dalle convenzioni bilaterali alle convenzioni plurilaterali fino all'aspirazione ad una convenzione universale, che è ancora di lontana realizzazione, pur esistendo segni di progresso in questa direzione (Codice Bustamante del 1928, sottoscritto da ventuno Stati sudamericani, Convenzione centro-americana del 1934, Convenzione del

2.1. DAS FONTES EXTRADICIONAIS

O manejo da extradição prende-se ao atendimento de uma série de pressupostos legais e, principalmente, ao respeito da soberania dos Estados, proibindo-se, assim, que haja ofensas às leis de convivência internacional, ou seja, "a soberania do Estado onde está abrigado o delinquente é incontestável".[12]

De fato, inicialmente, nenhum Estado estará obrigado a conceder a extradição; o que existe é a obrigação moral, isto é, um dever moral de cooperação resultante de relações diplomáticas. A obrigatoriedade jurídica é produzida a partir da formação de tratados (*pacta sunt servanda*).

Contudo, os tratados não são a única fonte extradicional. Na falta desses, os Estados poderão se comprometer a entregar indivíduos que se encontrem em seu território, quando em casos análogos. É a chamada promessa de reciprocidade. Entretanto, não haverá obrigação jurídica; e sua aplicação ocorre em casos mais restritos. A mais disso, a aceitação da promessa de reciprocidade não ocorre em todos os países. Adeptos (do sistema) da *common law*, como é o caso do Reino Unido, só aceitam a extradição por meio de tratado; enquanto os Estados que fazem parte do *civil law* aceitam ambas as formas.[13]

A classificação proposta por Gilda Russomano[14] também inclui outras três fontes: a jurisprudência, os costumes e as leis que cuidam da temática; porém, trata-se de fontes secundárias.

2.2. DAS MODALIDADES DE EXTRADIÇÃO

Existem diversas classificações referentes às modalidades de extradição: poderá ser (i.) sumária, sem as formalidades exigidas pela norma legal; é o que ocorre nas regiões de fronteira, quando não se sabem bem os limites entre um Estado e outro.[15] Ainda há a (ii.) extradição de direito, que é a propriamente dita, conforme aos trâmites legais.[16]

Benelux del 1962, e, soprattutto, Convenzione europea di estradizione di Parigi del 1957). Anche se tradizionalmente concepita come mezzo unico per realizzare l'universalismo penale, l'estradizione a tutt'oggi non sempre riflette, però, le esigenze superiori della giustizia e solidarietà morale degli Stati nei confronti del delitto. Ancora inficiata da un rigido concetto di sovranità, è non di rado concepita come 'scambio' di un individuo 'oggetto' e come favore proporzionato al criterio di reciprocità. E benché la estradizione sia stata ottimisticamente considerata un'istituzione antiquata di fronte ai presenti progressi del 'supernazionalismo penale', allo stato non solo non sono facilmente pensabili forme superiori di collaborazione internazionale, ma neppure facilmente attuabili le riforme di tale istituto, suggerite dalla dottrina".

[12] ARAÚJO, Luiz Alberto; PRADO, Luiz Régis, 2011, p. 1212.

[13] ARAS, Vladimir, 2010, p. 323.

[14] RUSSOMANO, Gilda Maciel Corrêa Meyer, 1960, p. 51.

[15] Essa modalidade de extradição, que tem seu fundamento na cortesia internacional, entretanto, "não deve ser confundida com os atos de abdução internacional, que correspondem à apreensão ilegal do perseguido de um Estado em território alheio" (CARNEIRO, Camila Tagliani, 2002, p. 37).

[16] MELLO, Celso D. de Albuquerque, 2000, p. 950.

Outra classificação importante diz respeito ao momento em que o pedido é efetuado, podendo, para tanto, ser (iii.) instrutória (quando anterior à sentença final), ou (iv.) executória (quando o requerimento for para cumprimento de pena sentenciada no Estado requerente). A mais comum, no entanto, é a classificação que a dispõe como sendo (v.) ativa ou (vi.) passiva, dependendo se for analisada sob a óptica do Estado requerente ou do requerido: sendo vista pelo requerente, será ativa; para o que recebe o pedido, ocorre a passiva.[17] Essa classificação encontra-se no ordenamento jurídico brasileiro: a primeira é regulamentada pelo DL 394/38; e a segunda, pelo Decreto 86.715/81 – o Estatuto do Estrangeiro atualizado.[18]

2.3. DAS LIMITAÇÕES AO PEDIDO EXTRADICIONAL

Uma primeira ideia a reter prende-se à impossibilidade de se mostrar arbitrária a decisão concessiva (ou não) do pedido extradicional.

---

[17] Para Ferrando Mantovani (2007, p. 895), "L'estradizione è attiva (o dall'estero) se richiesta e passiva (o per l'estero) se conceduta dallo Stato. Non presuppone necessariamente che il reato sia compiuto all'estero e può essere concessa anche a uno Stato diverso da quello del *locus patrati delicti*. E quella attiva presuppone la presenza dell'estradando nel territorio dello Stato".

[18] Podem ser indicadas, ainda, as seguintes espécies: "A *extradição em trânsito* implica a autorização que concede um terceiro Estado, diferente do requerente e do requerido, para que uma pessoa extraditada possa passar por seu território (por estrada, comboio, aeroporto etc.) juntamente com os servidores públicos policiais. Destaque-se que o sujeito permanece privado de liberdade nesse Estado intermediário, no qual não cometeu crime algum. Esta situação não poderia ser sustentada juridicamente sem a existência de uma extradição em trânsito. Esta prevista expressamente na Lei 6.815/1980 em seu art. 94. A *extradição ampliada* é consequência direta do princípio de especialidade. Trata-se da autorização que deve conceder o Estado requerido, no qual se refugiou o delinquente, para que o Estado requerente possa persegui-lo por outros crimes não contemplados na solicitação originária de extradição (por exemplo, fatos que são descobertos posteriormente à extradição, mas cometidos anteriormente). Deve-se solicitar uma ampliação da extradição para estes efeitos. A *reextradição* implica a entrega de um delinquente por parte do Estado que o recebeu a um terceiro Estado, que o reclama por existir outros processos ou condenações contra ele. Neste caso, é imprescindível obter a autorização do Estado no qual originalmente se refugiou o delinquente". (FERRÉ OLIVÉ, Juan Carlos; NÚÑEZ PAZ, Miguel Ángel; OLIVEIRA, William Terra de; BRITO, Alexis Couto de, p. 775-6.) Sobre este último ponto, Luiz Jiménez de Asúa (p. 216) agrega que "se trata de un concurso de extradiciones que ha tratado el Código Bustamante: si la solicitud es por el mismo hecho, tiene preferencia el Estado donde se cometió (art. 347); si se demanda por hechos diversos, deberá entregarse al país donde se perpetró el delito más grave (art. 348); en la hipótesis de gravedad igual, ha de preferirse al que primero la solicitó; y si fue simultánea la demanda, decide el Estado requerido; sin embargo, deberá preferir al país de origen del delincuente o a aquel donde habita (art. 349)". Celestino Porte Petit Candaudap (2007, p. 150) anota ainda a existência da extradição definitiva – "es aquella que no está sujeta a temporalidad, es decir, que la entrega del individuo se hace con el fin de que se le juzgue o cumpla la pena o medida de seguridad". Finalmente, ainda menciona João Marcello de Araújo Júnior (p. 62), a existência da "Extradição *condicional ou temporária* – no caso de a legislação do país requerido proibir a extradição do nacional, ou a proibição decorrer da natureza ou do tipo de pena a ser imposta, poderá ocorrer a extradição condicional ou temporária, que consiste na entrega do extraditando para ser processado, sob a condição de, em caso de condenação, ser ele devolvido ao Estado requerido para que, nele, cumpra a pena. (...) *Extradição consensual ou extradição abreviada ou acordada* – é aquela em que a pessoa requerida concorda com o pedido. A manifestação de vontade da pessoa reclamada não importa em renúncia ao devido processo legal (...). *Extradição espontânea* – é aquela na qual o próprio Estado de refúgio oferece a entrega do foragido. *Extradição indireta* – caracteriza-se pela atuação do Estado interessado, mediante um expediente fraudulento, capaz de tornar o foragido um clandestino no país de refúgio, de modo a fazer com que este seja repatriado ou expulso do país onde se encontra. O expediente mais comum em tais casos é a apreensão do passaporte, por parte das autoridades consulares do país interessado".

Como efeito, o ordenamento jurídico brasileiro possui normas específicas concernentes a esse instituto, e tal é o caso do Estatuto do Estrangeiro (Lei 6.015/80); isso sem olvidar, ainda, aquilo que está constitucionalmente previsto e que permeia os direitos e as garantias fundamentais.[19]

Fora de toda a dúvida, a legislação, ao determinar – por meio de um rol taxativo[20] – as situações nas quais não se admite a extradição, visa a obstar a discricionariedade e, com isso, a (eventual) injustiça ao extraditando. Sobressai desse *corpus* legal que não se permite a extradição de nacionais (aliás, cuida-se de prática comum, adotada pela maioria dos países, havendo, nos dias correntes, poucas exceções). Como preceitua o Código Bustamante, "os Estados contratantes não estão obrigados a entregar os seus nacionais. A nação que se negue a entregar um dos seus cidadãos fica obrigada a julgá-lo (art. 345)", com o que se pretende, sob todos os títulos, viabilizar a aplicação de lei penal. (Importa referir que a doutrina, de um modo geral, entende ser a jurisdição do *forum delicti commissi* o mais adequado à punição do criminoso, vistos tanto o interesse em punir criminoso como a facilidade na obtenção de provas mais concretas no local da prática do ilícito.)

Quanto à espécie do crime praticado, tem-se que, no que tange aos delitos religiosos, de opinião e puramente militares, apesar da omissão da lei (facultando, assim, a extradição), a doutrina e a jurisprudência avaliam não serem passíveis de extradição. Por outro lado, está consolidada a não extradição de criminosos políticos e, ainda, conforme expõe Valério de Oliveira Muzzuoli, "não há que se falar em extradição em caso de ilícito civil, administrativo ou fiscal, devendo a mesma operar tão somente em caso de prática de crimes".[21]

Por derradeiro, embora haja um rol taxativo determinando os casos em que não se concederá a extradição, os pedidos também serão indeferidos quando ausente a dupla incriminação ou, ainda, a dupla punibilidade, ou seja, (i.) as condutas ilícitas – aptas a ensejar o pedido extradicional – deverão ser típicas tanto no Estado requerente quanto no requerido; e, além disso, (ii.) a punibilidade – quer em um, quer em outro país – não tiver sido extinta em virtude da prescrição penal.

(A mais disso, por óbvio, o Estado requerente deverá possuir competência para julgar o crime imputado ao extraditando.)

---

[19] Art. 5º. Todos são iguais perante a lei, sem distinção de qualquer natureza, garantindo-se aos brasileiros e aos estrangeiros residentes no País a inviolabilidade do direito à vida, à liberdade, à igualdade, à segurança e à propriedade, nos termos seguintes: LI – nenhum brasileiro será extraditado, salvo o naturalizado, em caso de crime comum, praticado antes da naturalização, ou de comprovado envolvimento em tráfico ilícito de entorpecentes e drogas afins, na forma da lei; LII – não será concedida extradição de estrangeiro por crime político ou de opinião.

[20] Art. 77. Não se concederá a extradição quando: (Renumerado pela Lei 6.964, de 9/12/81). I – se tratar de brasileiro, salvo se a aquisição dessa nacionalidade verificar-se após o fato que motivar o pedido; II – o fato que motivar o pedido não for considerado crime no Brasil ou no Estado requerente; III – o Brasil for competente, segundo suas leis, para julgar o crime imputado ao extraditando; IV – a lei brasileira impuser ao crime a pena de prisão igual ou inferior a 1 (um) ano; V – o extraditando estiver a responder a processo ou já houver sido condenado ou absolvido no Brasil pelo mesmo fato em que se fundar o pedido; VI – estiver extinta a punibilidade pela prescrição segundo a lei brasileira ou a do Estado requerente; VII – o fato constituir crime político; e VIII – o extraditando houver de responder, no Estado requerente, perante Tribunal ou Juízo de exceção.

[21] MAZZUOLI, Valério de Oliveira, 2011, p. 1309.

3. Da prescrição penal: conceito e fundamento

A prescrição penal é uma modalidade jurídica que se relaciona ao transcurso do tempo,[22] com poder de eliminar a punição de um determinado comportamento dotado de criminosidade.[23]

Traduz-se, em suma, o instituto jurídico da prescrição, como uma limitação temporal da perseguibilidade do crime ou da execução da pena, que se produz a fim de atender a razões de política criminal, que condiciona a possibilidade de imposição ou execução da *sanctio juris* criminal a um determinado período de tempo, findo o qual o Estado – como titular exclusivo do *jus puniendi* – não mais poderá exercer a pretensão punitiva ou executória, extinguindo-se, *ipso facto*, a punibilidade (que se coloca como a consequência jurídico-penal lançada ao autor culpável de uma conduta ilícita-típica).[24] Como esclarece João Mestieri, a "prescrição é, pois, a perda do poder *de perseguir criminalmente* o autor de infração criminal através de ação penal ou de *executar a sanção penal* assim obtida".[25]

Vários são os fundamentos teóricos que se propõem a dar sustentabilidade jurídica à existência da prescrição (o desaparecimento dos rastros e dos efeitos do delito – a chamada teoria da prova –, a presunção de bom comportamento, o esquecimento social do crime, a desnecessidade da pena, o fim da pena, o não exercício de um direito etc.).[26] Antonio Pagliaro os apresenta do seguinte modo: "C'è chi pensa che il decorso del tempo effettui comunque una retribuzione, grazie al perdurare della paura della pena. Altri fanno leva su una supposta emenda del reo o sulle possibili difficoltà di prova. Ma è più verosimile che il fondamento stia nella carenza di interesse statale alla punizione (e, quindi, al processo), per il diminuito ricordo sociale del fatto".[27]

Em verdade, o instituto jurídico-penal da prescrição vincula-se a razões de política criminal, ancoradas, como descreve Jorge Figueiredo Dias, "na teoria das

---

[22] Como descreve José de Faria Costa (2003, p. 1151-2), "é dentro da problemática da prescrição, seja da prescrição do procedimento criminal, seja da prescrição da pena que, em verdadeiro rigor, de forma mais intensa se agudizam e aprofundam os problemas decorrentes dessa relação complexa e difícil entre o tempo e o direito, muito particularmente o direito penal". Também outro interessante estudo sobre as relações do tempo com o direito penal pode ser encontrado no livro de Ana Messuti (2003).

[23] José de Faria Costa (p. 1153) conceitua que "uma das mais importantes e eficazes armas que o Estado tem, para a realização da prossecução da justiça penal, está entrincheirada, sem dúvida alguma, no recanto normativo da prescrição. Quanto mais dilatados forem os prazos de prescrição maiores são, em abstracto, as possibilidades de o Estado prender e punir aqueles que tenham eventualmente praticado uma qualquer infracção penal".

[24] Como anotou Nelson Pizzotti Mendes (1969, p. 280), "a prescrição, então, como causa extintiva da punibilidade, é a consequência natural do decurso de tempo, e marca o desinteresse político do Estado em punir". Igualmente, Gerardo Landrove Díaz (1996, p. 139), quando afirma: "La prescripción en el ámbito jurídico-penal supone la extinción, por el transcurso del tiempo, del derecho del Estado a imponer una pena o a hacer ejecutar la pena ya impuesta".

[25] MESTIERI, João, 1999, p. 318.

[26] VELÁSQUEZ VELÁSQUEZ, Fernando, 1997, p. 730.

[27] PAGLIARO, Antonio, 1980, p. 709. Para uma visão abrangente sobre as teorias fundamentadoras da prescrição, consultar: Fábio Guedes de Paula Machado, 2000, p. 88-102; e Eduardo Reale Ferrari, 1998, p. 25-39.

finalidades das sanções criminais e correspondentes, além do mais, à consciência jurídica da comunidade".[28] Realmente, como sustentam Giovanni Fiandaca e Enzo Musco, "con il decorso del tempo, infatti, appare inutile e inopportuno l'esercizio della stessa funzione repressiva, perché vengono a cadere le esigenze di prevenzione generale che presiedono alla repressione dei reati: le esigenze di prevenzione, come dimostra l'esperienza, a poco a poco si affevoliscono fino a spegnersi del tutto".[29] A ação corrosiva do tempo torna inócua e desnecessária a punição, na medida em que o conflito, que estava à base da existência do crime, se enfraquece e perde substância, e a própria coletividade deixa de possuir interesse em punir um episódio cuja realização se verificou há muito tempo[30]. Aliando-se esses dois fatores (desnecessidade da punição e composição ou esquecimento do conflito), tem-se o motivo pelo qual o instituto jurídico da prescrição se inscreveu na quase totalidade das legislações mundiais.

4. Da análise da prescrição nos pedidos extradicionais

Duas hipóteses se podem apresentar quanto ao pedido de extradição: (i.) o Brasil na condição de Estado refúgio; e (ii.) o Brasil na condição de Estado demandante. Em poucas palavras, faremos algumas anotações sobre cada uma das situações.

4.1. O BRASIL COMO ESTADO REQUERIDO

Ocorrendo o pedido para a entrega de indivíduo que está sendo processado ou que foi condenado no Estado requerente, poderá ser concedida a extradição do infrator, pelo Presidente da República. A decisão final será concretizada pelo chefe do Executivo, por estar previsto na CF/88, no art. 84, inc. VII e VIII, que a competência é privativa do presidente para manter relações com Estados estrangeiros e também para celebrar tratados internacionais.[31]

Porém, esse processo não depende apenas da vontade demonstrada pelo governo requerido, tampouco da existência de tratados ou promessas de reciprocidade entre os Estados interessados. Respeitada a soberania do Estado requerente,

---

[28] DIAS, Jorge de Figueiredo, 1993, p. 699.
[29] FIANDACA Giovanni; MUSCO, Enzo, 1990, p. 465.
[30] Conforme destacou Giuseppe Bettiol (1976, p. 199), "não se presume apenas uma emenda do réu, uma sua readaptação à vida social, mas a falta de um interesse estatal na repressão do crime, em virtude do tempo já transcorrido do momento da sua prática. Se é o alarma social que determina também a intervenção do Estado na repressão dos crimes, quando decorreu determinado período de tempo da prática do próprio crime sem que tenha sido reprimido, o alarma social se enfraquece pouco a pouco e se apaga, de tal modo que provoca a ausência do interesse que faz valer a pretensão punitiva".
[31] CF/88: "Art. 84. Compete privativamente ao Presidente da República: [...]; VII – manter relações com Estados estrangeiros e acreditar seus representantes diplomáticos; VIII – celebrar tratados, convenções e atos internacionais, sujeitos a referendo do Congresso Nacional; [...]".

e embora a existência de fortes relações diplomáticas entre os envolvidos, deverá ser efetuado o exame da legalidade do pedido extradicional, entre os quais se encontra a análise da prescrição penal, como fator eventualmente obstativo para a concessão do pedido.

No Brasil, quem realiza essa análise é o STF.[32] [33] Por ser misto o processo extradicional brasileiro, possuindo tanto uma fase administrativa como outra judicial, a competência para esta última foi sempre do STF.[34]

A interferência do STF se faz necessária pelo fato de que hoje a extradição já não mais é apenas um procedimento de cunho político, mas, sim, um procedimento legal, no qual deverão ser respeitados os direitos e as garantias fundamentais do extraditanto.

Assim, o STF é responsável pelo exame formal do pedido, observando a sua legalidade e a sua procedência, sem, no entanto, adentrar o mérito. (Aliás, já houve diversas tentativas por parte de ministros da Suprema Corte de tentar temperar essa proibição da análise do mérito, apontando eventuais vícios que maculam a própria condenação do extraditando, conforme indica Negi Calixo).[35] Todavia, essa temática (acerca do exame de fundo do pedido) tem sido sempre afastada; e consagra-se, o exame do pedido, entre outros requisitos,[36] fundamentalmente, na análise da dupla tipicidade e na da não ocorrência da prescrição.

4.2. O BRASIL COMO ESTADO REQUERENTE

Nesta modalidade de extradição, a solicitação para a entrega de brasileiros e estrangeiros – que, após terem cometido crimes no Brasil, se tenham refugiado em outros países – é disciplinada pelo art. 20 do Decreto-Lei n° 394/38. Como descrevem Florisbal de Souza Del'Olmo e Elisa Cerioli Del'Olmo Kämpf,

> o rito observado na extradição ativa se inicia quando o Ministério da Justiça recebe do Poder Judiciário os documentos relativos ao pedido de extradição, sendo incumbência do Departamento de Estrangeiros, órgão da Secretaria Nacional de Justiça, analisar previamente a admissibilidade da solicitação formal de extradição, verificando se a documentação está conforme o respectivo tratado e o Estatuto do Estrangeiro. É por meio da Divisão de Medidas Compulsórias, vinculada ao referido Departamento,

---

[32] CF: "Art. 102. Compete ao STF, precipuamente, a guarda da Constituição, cabendo-lhe: I – processar e julgar, originariamente: [...]; g) a extradição solicitada por Estado estrangeiro; [...]".

[33] Lei 6.815/1980: "Art. 83. Nenhuma extradição será concedida sem prévio pronunciamento do Plenário do Supremo Tribunal Federal sobre sua legalidade e procedência, não cabendo recurso da decisão".

[34] CALIXTO, Negi, p. 1303.

[35] Ibid., p. 1305.

[36] Assim, não será concedida a extradição: de estrangeiro, em se tratando de crime político ou de opinião (art. 5°, LII, da CF); se o Brasil for competente, segundo suas leis, para julgar o crime imputado ao extraditando; se a lei brasileira impuser ao crime a pena de prisão igual ou inferior a um ano; se o extraditando estiver respondendo a processo ou já houver sido condenado (ou absolvido), no Brasil, pelo mesmo fato em que se fundar o pedido (MIRABETE, Julio Fabbrini; FABBRINI, Renato N., 2013, p. 75).

que se dá a análise da documentação, no intuito de agilizar o trâmite do pedido ao Estado estrangeiro, constituindo-se a Divisão como interlocutora entre os órgãos envolvidos.[37]

Interessante anotar que, de modo tendencialmente crescente, se pode verificar uma elevação, a partir (e sobretudo) da última decana, no número de pedidos de retorno de brasileiros,[38] cuja espécie mais destaca é a instrutória.

4.3. DAS CONDIÇÕES (SELECIONADAS) AO DEFERIMENTO DO PEDIDO DE EXTRADIÇÃO

O exame das condições de viabilidade da demanda extradicional concede a todas as causas obstativas ou permissivas da extradição o mesmo peso e expressão, ou seja, todas têm de ser examinadas para o deferimento do pedido; entretanto, para o recorte temático ao qual nos propusemos, especial interesse se deve estabelecer à avaliação de dois regramentos: o da dupla tipicidade e o da dupla punibilidade, os quais, agora, serão enfocados.

4.3.1. Da necessidade da dupla tipicidade (incriminação simultânea)

Para a concessão extradicional, é imprescindível que a conduta se apresente como prática delituosa por ambos os países, "não sendo necessário que o seja também sob título idêntico",[39] ou seja, o fato – motivador do pedido – deve ostentar o caráter delituoso na legislação do Estado requerente e na do requerido. Trata-se, pois, de requisito intrínseco da extradição.

Sobre a *doppia incriminazione*, comenta Ferrando Mantovani que "La cooperazione tra Stati può rispondere ad esigenze di comune difesa solo quando il fatto violi un interesse parimenti tutelato nei due Stati. E, comunque, solo in questo caso si giustifica il sacrificio della propria sovranità".[40] Obviamente, não seria lógico que um determinado Estado viesse a contribuir para o combate de uma conduta que, em sua própria legislação, não se apresenta catalogada como delituosa.

Quanto à questão da sucessão de leis penais no tempo e no espaço, e dos conflitos que poderia haver, são definitivas as palavras de Gilda Maciel Corrêa Meyer Russomano, quando indica:

> O problema da criminalidade do fato motivador do pedido de extradição à luz do direito do Estado requerente pressupõe o estudo da lei penal em vigor na época em que o mesmo foi cometido, visto que – pelo princípio tradicional: *nullum crimen sine lege* – seria inadmissível dar-se efeito retroativo à lei nova, considerando-se delituoso o ato praticado anteriormente à sua promulgação. Dentro, porém, da

---

[37] DEL'OLMO, Florisbal de Souza; KÄMPF, Elisa Cerioli Del'olmo, 2011, p. 61.

[38] Ibid., p. 62.

[39] FARIA, Bento de, 1942, p. 213. João Marcello de Araújo Júnior (p. 63) avalia a força do princípio da dupla incriminação: "Trata-se de garantia essencial ao direito de liberdade, uma vez que impede a violação da regra *nulla poena sine lege*. Além disso, é expressão de um outro princípio, muito importante em matéria internacional, qual seja, o da reciprocidade".

[40] MANTOVANI, Ferrando, p. 897.

teoria do Direito Penal, o princípio clássico da irretroatividade de suas normas admite a exceção decorrente da superveniência de uma *lei mais branda,* que será aplicável a fatos anteriores ao seu advento, em benefício do delinquente. Essa exceção à irretroatividade das leis criminais se projeta no campo internacional, influindo em nosso estudo. Assim, o pedido de extradição pode carecer de legitimidade se, por força de lei posterior e mais branda, o ato que o fundamentou tiver deixado de possuir caráter delituoso ou houver sido desclassificado, perdendo sua qualidade de crime capaz de autorizar a extradição. Encarado o mesmo problema sob o prisma dos textos legislativos vigentes no Estado requerido, a solução ganha aspectos diferentes. A extradição, em si mesma, não envolve a aplicação de uma pena. Desse modo, não se pode invocar, facilmente, em relação ao Estado requerido, como esclarece Mercier, o princípio da irretroatividade da lei penal. Como a extradição pressupõe que o extraditando não goze dos privilégios do *direito de asilo*, nada pode impedir que o Estado requerido conceda e extradição com base em fato que, a princípio, quando praticado, não possuía caráter delituoso, mas que passou a ser considerado como crime, em virtude de lei nova. Como decorrência da ideia de que o ato motivador da extradição precisa ser capitulado, como delito, nos dois Estados, se poderá chegar porém, à solução inversa, isto é, consistente em negar-se a extradição, quando o delito perder esse caráter em virtude de leis penais supervenientes, ditadas pelo Estado requerido.[41]

Por outro lado, não se exige identidade absoluta entre as figuras, bastando que haja a tipicização, em ambos os países, da conduta motivadora do pedido extradicional.[42]

4.3.2. Da dupla punibilidade

Acreditamos, substancialmente, que a análise a ser levada a efeito envolve não apenas o instituto da prescrição penal (em um sentido restritivo da expressão legal aposta, de modo comum, nos tratados extradicionais, inclusive no tange à lei brasileira), mas, ao contrário, deve envolver as outras causas de extinção da punibilidade em geral[43] (legais e, até mesmo, jurisprudenciais) previstas e admitidas em nosso sistema jurídico. Por esse entendimento, preferimos a expressão mais abrangente "dupla punibilidade", no lugar da mais restritiva "não prescrição".

4.3.2.1. Da análise da prescricional penal

O inc. VI do art. 77 de Lei 8.615/80 impõe, como condição para o deferimento do pedido extradicional, a não incidência da prescrição sob o duplo ângulo, ou seja, se não "estiver extinta a punibilidade pela prescrição segundo a lei brasileira ou a do Estado requerente".

---
[41] RUSSOMANO, Gilda Maciel Corrêa Meyer, 1981, p. 72-3.
[42] Como esclarece João Marcello de Araújo Júnior (p. 63), "O princípio da dupla incriminação não quer significar que os crimes devam ser definidos em ambas as legislações com as mesmas palavras. É claro que, quando as leis nacionais usam a mesma terminologia, ou, pelo menos, empregam o mesmo *nomen iuris*, as coisas ficam menos complicadas. O importante em tal assunto não é a semelhança formal entre os tipos legais de crimes nos dois Estados interessados, mas sim que os fatos que fundamentam a acusação ou a condenação deem lugar a uma acusação ou condenação equivalente no Estado requerido".
[43] Nesse sentido: ARAÚJO JÚNIOR, João Marcello de, p. 71.

Dessa forma, a ocorrência da prescrição penal (quer da pretensão punitiva, quer, ainda, da executória) inviabiliza o deferimento da extradição; e o comando normativo em causa parece determinar que, de forma separada, seja examinada a prescrição penal primeiro quanto à legislação do Brasil, para, a seguir, quanto à estrangeira.[44]

Conforme consta no EE, ocorrendo a prescrição de algum dos delitos praticados, a extradição, no que concerne a esse delito, não será concedida,[45] podendo ser, portanto, decisiva para a eventual entrega do indivíduo.

Percebe-se, assim, que, além dos trâmites formais ao deferimento do pedido extradicional, se deve, igual e particularmente, contabilizar a passagem do tempo, de modo a concluir pela inocorrência (segundo a legislação dos Estados implicados) da prescrição; do contrário, em se verificando a sua ocorrência, o pedido não será admitido. Este é o entendimento do STF, de acordo com inúmeros julgados.

> EXTRADIÇÃO. DUPLA TIPICIDADE. AUSÊNCIA DE PRESCRIÇÃO. Se estiver configurada a dupla tipicidade e não houver incidido a prescrição, cabe deferir a extradição. EXTRADIÇÃO. PENAS. INDIVIDUALIZAÇÃO. CONTINUIDADE DELITIVA. Uma vez verificada a continuidade delitiva, é dispensável a individualização das penas" (STF, Ext. nº 1070, TP, Rel. Min. Marco Aurélio, j. 4.6.09.). "EXTRADIÇÃO. CONCORDÂNCIA DO EXTRADITANDO. A concordância do extraditando não deságua, automaticamente, no deferimento do pedido, cumprindo observar o devido processo legal. EXTRADIÇÃO. DUPLA TIPICIDADE. PRESCRIÇÃO. INEXISTÊNCIA. Estando configurada a dupla tipicidade e não incidindo a prescrição, tendo o extraditando contra si ordem de prisão formalizada no país requerente, impõe-se o deferimento do pedido extradicional formulado" (STF, Ext. nº 1067, TP, Rel. Min. Marco Aurélio, j. 9.5.07). "EXTRADIÇÃO INSTRUTÓRIA. CRIMES DE ASSOCIAÇÃO CRIMINOSA PARA A PRÁTICA DE BURLAS. PRESSUPOSTOS E REQUISITOS NECESSÁRIOS AO DEFERIMENTO DO PLEITO EXTRADICIONAL INSTRUTÓRIO PRESENTES. PRINCÍPIO DA DUPLA TIPICIDADE. INEXISTÊNCIA DE PRESCRIÇÃO EM RELAÇÃO AO DELITO IMPUTADO. DETRAÇÃO PENAL. COMPROMISSO DO ESTADO REQUERENTE. EXTRADIÇÃO DEFERIDA. 1. (...). Não incidência da prescrição em relação ao crime imputado. Os requisitos de dupla punibilidade e de dupla tipicidade quanto ao delito de associação criminosa para a prática de burlas foram preenchidos. 4. O Estado requerente, todavia, deve se comprometer a proceder à respectiva detração penal quanto ao tempo que o extraditando permaneceu preso à disposição deste STF. 5. Extradição deferida pela prática de associação criminosa para a prática de burlas, devendo o Estado requerente se comprometer a proceder à devida detração quanto ao período que o extraditando está preso preventivamente no Brasil, ou seja, desde 21.7.10" (STF, Ext. nº 1211, TP, Rela. Min. Ellen Gracie, j. 24.02.11). "*HABEAS CORPUS*. PRISÃO PREVENTIVA PARA EXTRADIÇÃO. URUGUAI. PRESCRIÇÃO. O crime de lesão corporal culposa, com a circunstância de aumento de pena pelo fato do agente deixar de prestar imediato socorro à vítima ou de não ter observado regra técnica de profissão – equiparado ao crime uruguaio de 'omissão contumeliosa dos deveres do cargo' –, já prescreveu o que inviabiliza a extradição (art. 77, VI, da Lei 6.815/80). Além disso, já foi ultrapassado o prazo de 90 dias para que o Estado Requerente formalizasse o pedido de extradição. *Habeas corpus* deferido." (STF, HC 82859/RS, TP, Rel. Min. Nelson Jobim, j. 6.8.03.)

---

[44] CARNEIRO, Camila Tagliani, p. 75.

[45] "Extradição. Passiva. Ordem de prisão preventiva do Estado requerente. Defesa. Alegação de extinção de punibilidade. Prescrição. Consumação. Delitos praticados há mais de 20 anos. Aplicação do inc. VI do art. 77 da Lei 6.815/90 e da alínea *c* do art. 3º do Tratado de Extradição promulgado pelo Decreto 62.979, de 11.07.1968. Pedido Indeferido. Consumada a prescrição do delito imputado ao extraditando, não se lhe admite a extradição" (STF, Ext. nº 981, TP, Rel. Min. Cezar Peluso, j. 22.3.06.)

Na verdade, quando feita a análise, são consideradas ambas as legislações,[46] brasileira e estrangeira, do país requerente. Essa questão geralmente está presente

---

[46] "EXTRADIÇÃO. DUPLA TIPICIDADE. PRESCRIÇÃO. Impõe-se a apreciação do pedido de extradição consideradas as legislações dos países requerente e requerido. EXTRADIÇÃO. PENA IMPOSTA. CRITÉRIO UNITÁRIO. PRESCRIÇÃO. VIABILIDADE DO EXAME. O sistema revelador do conglobamento da pena – junção das penas de crimes diversos sem especificação – não prejudica o exame da extradição quando, segundo a legislação brasileira e tomada a pena mínima prevista para os tipos, não incide a prescrição" (STF, Ext. nº 906, TP, Rel. Min. Marco Aurélio, j. 22.4.07). "EXTRADIÇÃO. DOCUMENTAÇÃO. SIMETRIA QUANTO AOS CRIMES. Uma vez atendida a Lei 6.815/80 quanto aos documentos alusivos à extradição e verificada a simetria entre a legislação do país requerente e a do Brasil, considerados os crimes envolvidos no pleito, acolhível é o pedido formulado. EXTRADIÇÃO. SENTENÇAS CONDENATÓRIAS TRANSITADAS EM JULGADO. PRESCRIÇÃO. Cabe examinar a prescrição à luz, individualmente – critério unitário –, das legislações do país requerente e do Brasil. EXTRADIÇÃO. PRESCRIÇÃO DA PRETENSÃO EXECUTÓRIA. Constatada a prescrição quanto à pretensão executória relativa a uma das decisões proferidas e lançadas em respaldo ao pedido inicial, cumpre deferir apenas em parte a extradição. EXTRADIÇÃO. CURSO DE PROCESSOS NO BRASIL. Estando em curso no Brasil processos contra o extraditando, a entrega deste ao Governo requerente fica à discrição do Governo brasileiro" (STF, Ext. nº 963, TP, Rel. Min. Marco Aurélio, j. 29.3.06). "EXTRADIÇÃO. FORMA. COMPROMISSO DO ESTADO REQUERENTE. Uma vez observada a forma estabelecida na Lei 6.815/80, cumpre o deferimento da extradição. Os compromissos previstos no art. 91 desse diploma podem ser assumidos quando da entrega do extraditando. EXTRADIÇÃO. DEFESA. Atende ao predicado básico das nações livres – a soberania – a limitação da defesa no caso de pedido de extradição, não cabendo apreciar a procedência, ou não, das imputações feitas no processo em curso no Estado requerente. EXTRADIÇÃO. DUPLA TIPICIDADE. PRESCRIÇÃO DA PRETENSÃO PUNITIVA. AUSÊNCIA. Uma vez constatada a dupla tipicidade, considerada a legislação do Estado requerente e a do Brasil, e não incidindo a prescrição sob o duplo ângulo, impõe-se o deferimento do pedido de extradição" (STF, Ext. nº 1013, TP, Rel. Min. Marco Aurélio, j. 1.3.07). "EXTRADIÇÃO INSTRUTÓRIA. PRISÃO PREVENTIVA DECRETADA PELA JUSTIÇA ITALIANA. EXISTÊNCIA DE TRATADO ESPECÍFICO. ATENDIMENTO AOS REQUISITOS. EXTRADITANDA INVESTIGADA PELO CRIME DE TRÁFICO DE DROGAS: DUPLA TIPICIDADE ATENDIDA. INEXISTÊNCIA DE PRESCRIÇÃO. EXTRADIÇÃO DEFERIDA, COM RESSALVA. 1. O STF exerce com exclusividade constitucional o papel de juiz natural do processo de extradição, sendo irrelevante, para efeitos de declaração de nulidade, a eventual delegação de atribuição para o processamento e cumprimento de cartas de ordem nas instâncias ordinárias. 2. Não é inválido o interrogatório para fins de extradição realizado em desacordo com o procedimento estabelecido nos arts. 186 e 187 do CPP, pois os elementos de informação ordinariamente inquiridos aos acusados e que eventualmente serviriam de base para a prolação da sentença penal não interessam ao processo extradicional. 3. É assente a jurisprudência deste STF no sentido de que o modelo que rege, no Brasil, a disciplina normativa da extradição passiva – vinculado, quanto a sua matriz jurídica, ao sistema misto ou belga – não autoriza a revisão de aspectos formais concernentes à regularidade dos atos de persecução penal praticados no Estado requerente, nem a análise sobre o mérito da pretensão deduzida pelo Estado requerente ou sobre o contexto probatório em que a postulação extradicional se apoia. Precedentes. 4. A custódia cautelar para fins de extradição constitui pressuposto necessário do processo extradicional, que só terá seu curso regular se o extraditando estiver preso à disposição deste Supremo Tribunal. 5. O requisito da dupla tipicidade, previsto no art. 77, inc. II, da Lei n. 6.815/1980 está satisfeito, uma vez que o fato delituoso imputado à Extraditanda corresponde, no Brasil, ao crime de tráfico de drogas, previsto no art. 33 da Lei n. 11.343/2006. 6. Em atendimento ao disposto na Lei n. 6.815/1980 e no Tratado específico, observa-se não ter ocorrido a prescrição da pena, sob a análise da legislação de ambos os Estados. 7. Inexistência de irregularidades formais. 8. Extradição deferida, ressalvando que deverá ser efetuada a detração do tempo de prisão ao qual a Extraditanda foi submetida aqui no Brasil, no caso de eventual condenação pela prática do segundo delito de tráfico de drogas perante a Justiça italiana" (STF, Ext. nº 1162, TP, Rela. Min. Carmen Lúcia, j. 17.3.11). "EXTRADIÇÃO. DOCUMENTOS. Se a nota verbal do Governo requerente vem acompanhada de documentos reveladores da ordem de detenção e do curso de processo criminal, cumpre afastar o argumento da defesa sobre a impropriedade dos elementos anexados. EXTRADIÇÃO. RECIPROCIDADE. A alegação de negativa de reciprocidade há de fazer-se demonstrada, não subsistindo quando o Ministério da Justiça informa a ausência de registro de recusa a pedido de extradição formulado pelo Governo brasileiro. EXTRADIÇÃO. CRIMES E PRESCRIÇÃO. Verificada a simetria da regência penal e – considerada a norma existente no Governo requerente e a brasileira – a circunstância de não concorrer a incidência da prescrição, impõe-se o deferimento do pedido. Isso ocorre quanto ao crime de burla previsto na lei tcheca e enquadrável no estelionato do art. 171 do CP e no tocante ao delito de falsificação de documento público, tipificado no § 176 da legislação tcheca e art. 297 do CP brasileiro, datando os fatos criminosos de 2000 e 2002 (STF, Ext. nº 895, TP, Rel. Min. Marco Aurélio, j. 29.4.04).

nos Tratados bilaterais de extradição; o que retira do Estado, cujo delito não está prescrito, a possibilidade de discutir o pedido extradicional quando da prescrição conforme o outro contraente. Dessa forma, ocorrendo a prescrição, segundo o ordenamento jurídico brasileiro, não haverá a entrega do indivíduo. Se, por outro lado, não estiver prescrito o delito praticado, para o Brasil, porém decorrido o lapso previsto pela lei estrangeira, também não ocorrerá a extradição. E isso porque, no Brasil, se adota o sistema ítalo-suíço, o qual exige sempre a apreciação de ambas as legislações.

4.3.2.2. Considerações sobre a pena imposta e sua relação com a prescrição penal

Outro aspecto importante a se mencionar é que a pena – que servirá de base de cálculo para a prescrição executória – será a imposta no caso concreto pelo Estado requerente, e não a pena em abstrato determinada pela legislação brasileira para certo delito.[47] Embora os parâmetros de punição sejam os do Estado requerente, os prazos a serem observados serão os do nosso CP, conforme o art. 109.[48]

---

[47] "I. Extradição executória: França: pena de 3 anos de prisão e multa de 150.000 euros por 'tentativa de fraude, falso por alteração da verdade em um escrito, utilização de falso em escrita e execução de um trabalho dissimulado': deficiência da instrução documental: ausência de informação do *quantum* individualizado das penas impostas ao extraditando, com relação a cada crime, o que impossibilita a aferição da prescrição da pretensão executória conforme a legislação brasileira: indeferimento do pedido. II. Extradição: prescrição conforme o direito brasileiro: base de cálculo. 1. Cuidando-se de extradição executória, o cálculo da prescrição conforme o direito brasileiro toma por base a pena efetivamente aplicada no estrangeiro e não aquela abstratamente cominada no Brasil à infração penal correspondente ao fato. 2. Aplica-se a verificação da prescrição segundo a lei brasileira, no processo de extradição passiva, a regra, aqui incontroversa, de que cuidando-se de concurso material de infrações, não se considera, no cálculo do prazo prescricional, a soma das penas aplicadas, mas se consideram isoladamente uma a uma das correspondentes aos diversos crimes. III. Extradição: diligência: indeferimento à vista das circunstâncias do caso concreto. 1. Cabe ao requerente instruir corretamente o pedido: é para esse fim que o Tratado incidente (art. 15, 5) lhe confere o prazo de 60 dias contados da data em que efetivada a prisão preventiva. 2. Essa instrução, que há de ser feita no ato de formalização do pedido de extradição, pode, excepcionalmente, ser complementada em momento posterior. 3. Dessa excepcional possibilidade eventualmente conferida ao Estado requerente, contudo, não pode resultar uma dilação excessiva da prisão, que se mantém até a decisão final do processo (RISTF, art. 213). IV. Extradição: no sistema brasileiro de extradição passiva, a concordância do extraditando não dispensa a verificação da legalidade do pedido" (STF, Ext. nº 1056, TP, Rel. Min. Sepúlveda Pertence, j. 2.5.07). "CONSTITUCIONAL. PENAL. EXTRADIÇÃO. PRESCRIÇÃO: TRATADO DE EXTRADIÇÃO DO BRASIL COM A ITÁLIA: DECRETO 863/93, ART. 3º, 1, *b*. BANCARROTA FRAUDULENTA: CRIME FALIMENTAR. FALSIDADE MATERIAL. PORTE DE ENTORPECENTE. HOMICÍDIO CULPOSO. ESTELIONATO. QUADRILHA OU BANDO. I. Aplicabilidade da causa de interrupção da prescrição inscrita no art. 3º, 1, b, do Tratado de Extradição Brasil-Itália, Decreto 863/93. II. Extradição executória: o cálculo da prescrição conforme o direito brasileiro toma por base a pena aplicada no estrangeiro. III. Crime falimentar: prescrição: Súmula 147/STF: a prescrição de crime falimentar começa a correr da data em que deveria estar encerrada a falência ou do trânsito em julgado da sentença a encerrar ou que julgar cumprida a concordata. DL 7.661/45, art. 132, § 1º e art. 199, parágrafo único. IV. Prescrição reconhecida relativamente às 13 (treze) condenações. V. Extradição indeferida" (STF, Ext. nº 907, TP, Rel. Min. Carlos Velloso, j. 30.5.04).

[48] Art. 109. A prescrição, antes de transitar em julgado a sentença final, salvo o disposto no § 1º do art. 110 deste Código, regula-se pelo máximo da pena privativa de liberdade cominada ao crime, verificando-se: (Redação dada pela Lei 12.234, de 2010) I – em vinte anos, se o máximo da pena é superior a doze; II – em dezesseis anos, se o máximo da pena é superior a oito anos e não excede a doze; III – em doze anos, se o máximo da pena é superior a quatro anos e não excede a oito; IV – em oito anos, se o máximo da pena é superior a dois anos e não

Já quanto à prescrição da pretensão punitiva, leva-se em consideração a pena em abstrato, de acordo com as leis brasileiras. No caso de haver ocorrido a prescrição, o indivíduo deverá ser posto em liberdade,[49] mantidos seus direitos e garantias fundamentais.

Tratando-se de crimes cujas penas foram unificadas para execução, importante frisar que os delitos e suas respectivas penas deverão ser observados de forma autônoma. É o que dispõe o art. 119[50] do CP, e o que acontece também nos casos de continuidade delitiva. Aliás, matéria essa já sumulada pelo STF.[51]

A dúvida insurge quando a sentença condenatória proferida no exterior chega ao Brasil, juntamente ao pedido extradicional, sem que haja a discricionariedade das penas referente aos diversos delitos praticados. No momento em que for analisada a legalidade e a procedência do pedido extradicional, no que diz respeito à persistência do *jus puniendi*, será requerida ao governo requerente a discriminação das penas.

Invariavelmente, esses Estados, que já trazem nas suas decisões a punição total, não possibilitam a divisão de punições, o que dificulta no momento da análise da prescrição, pelo Supremo. Nesse tipo de situação, têm-se visto entendimentos diversos, no próprio STF. Geralmente, não ocorre a concessão da extradição, quando há o requerimento brasileiro para que seja a pena discriminada, sem que isso seja satisfeito. Entretanto, percebe-se também orientação diversa: verificou-se, em um processo extradicional envolvendo o Brasil e a Coreia,[52] a impossibilidade de discriminação da pena, visto que, nos casos de crimes múltiplos, a Coreia se obriga a fornecer uma pena global. Dessa forma, não houve inércia por parte do governo coreano, mas sim um impedimento legal. O relator do processo, Ministro Marco Aurélio, dispôs que, "diante das peculiaridades do caso, a aplicação global da pena para os crimes em concurso não pode ser considerada questão intransponível para efeito de conhecimento do pedido de extradição". O relator foi além, ao dizer que, diante da impossibilidade de se aplicar o disposto no art. 119 do CP,

---

excede a quatro; V – em quatro anos, se o máximo da pena é igual a um ano ou, sendo superior, não excede a dois; VI – em três anos, se o máximo da pena é inferior a um ano.

[49] "EXTRADIÇÃO EXECUTÓRIA. GOVERNO DA REPÚBLICA PORTUGUESA. TRATADO DE EXTRADIÇÃO. PRESCRIÇÃO DA PRETENSÃO EXECUTÓRIA SEGUNDO A LEI BRASILEIRA. INDEFERIMENTO DO PEDIDO. 1. A prescrição da pretensão executória, aferida nos termos da legislação brasileira, impede a concessão do pedido de extradição (alínea d do número 1 do artigo III do Tratado de Extradição entre o Governo da República Federativa do Brasil e o Governo da República Portuguesa). 2. No caso, o extraditando ainda tem a cumprir no Estado requerente uma pena que não passa de um ano, dois meses e quatro dias. Logo, o prazo prescricional é de 4 (quatro) anos, nos termos do inc. V do art. 109 do CP do Brasil. Prescrição da pretensão executória que se deu em junho do ano de 2003, dado que a fuga do extraditando ocorreu em 28/6/1999. 3. Extradição indeferida, com a imediata expedição de alvará de soltura do extraditando" (STF, Ext. nº 1113, TP, Rel. Min. Carlos Britto, j. 23.10.08).

[50] Art. 119. No caso de concurso de crimes, a extinção da punibilidade incidirá sobre a pena de cada um, isoladamente.

[51] Súmula nº 497, STF: Quando se tratar de crime continuado, a prescrição regula-se pela pena imposta na sentença, não se computando o acréscimo decorrente da continuação.

[52] Extradição nº 906.

não havia falar-se em prescrição, sob a luz de nosso ordenamento jurídico. Mesmo que fosse considerada a pena, no seu grau mínimo, não ocorreria a prescrição, em tal caso.

Para decidir sobre a extradição, o Ministro Marco Aurélio tomou como base a pena mínima, no nosso CP, para determinados crimes, que foi de um ano. Mesmo assim, os delitos não estavam prescritos. Porém, nessa mesma decisão, pronunciou-se o ministro Sepúlveda Pertence, contrariado com a ideia de se impor a pena nos moldes brasileiros para a aferição da prescrição executória.

Já em outro julgado,[53] de relatoria do Ministro Sepúlveda Pertence, a extradição foi negada, justamente pela impossibilidade de se analisar a prescrição executória, devido à unificação das penas apresentadas pelo governo requerente.

O problema em avaliar a prescrição executória, levando-se em consideração a pena global aplicada pelo estado requerente, é de que, com a inexistência de critérios, provavelmente haverá algum tipo de injustiça com o extraditando. Um exemplo claro disso é o que ocorreu com o caso envolvendo a Coreia. A pena total, imposta pelo governo coreano, foi de 10 anos. Essa pena foi levada em consideração pelo Supremo, quando da análise do lapso prescricional. Todavia, entre os crimes praticados pelo infrator, estava a chamada quebra de confiança, delito este que não está previsto no nosso ordenamento jurídico. Em ocorrendo a individualização da pena, ou seja, determinando-se o *quantum* respectivo a cada conduta criminosa, saber-se-ia, exatamente, a pena imputada à quebra de confiança, a qual seria desconsiderada pelo órgão julgador brasileiro. Assim, a consequência direta seria a pena e o prazo prescricional menores, possibilitando maior rapidez para a extinção da punibilidade. Quando da impossibilidade de se discriminar os delitos praticados no exterior e suas respectivas penas, imperativa se faz a negativa na concessão do pedido.

Por fim, tem-se que são irrelevantes as penas de multa impostas ao extraditando, visto que se "condiciona a extradição às infrações puníveis com a pena privativa de liberdade".[54]

4.3.2.3. A polêmica questão sobre os desaparecimentos políticos

Recentemente, tem sido discutida a hipótese de extradição de agentes pela prática dos crimes de sequestro e de ocultação de cadáver, ainda que cometidos no contexto de ditaduras militares. O raciocínio que lastreia essa tese, aceito por inúmeras nações, parte da premissa de que tais delitos são crimes permanentes, ou seja, seguem sendo consumados enquanto a vítima não é localizada.[55] Dessa

---

[53] Extradição nº 1056.
[54] STEVENSON, Oscar, p. 764.
[55] No Brasil, ainda há 162 desaparecidos (cf. ROSSI, Clóvis, 2012).

forma, a prescrição não os teria alcançado, porquanto não cessada a permanência que autoriza o início do seu cômputo.

Essa é também a linha teórica encampada pelo MPF na persecução dos delitos de sequestro e de ocultação de cadáver praticados, em âmbito nacional, durante a Ditadura Militar brasileira. Recentemente, o órgão ministerial criou, por meio da 2ª Câmara de Coordenação e Revisão, o grupo de trabalho denominado "Justiça de Transição", com a finalidade precípua de buscar a punição dos crimes cometidos durante o regime de exceção vigente entre os anos de 1964 e 1985 no Brasil. Essa persecução apenas se tornaria viável, na medida em que tais delitos (teoricamente, ainda em execução) não seriam abrangidos pela Lei de Anistia, de 1979 – inaplicável aos atos posteriores à sua edição.[56] [57]

No âmbito jurisprudencial, tem-se que o STF, em agosto de 2009, autorizou a extradição do major do Exército uruguaio Manuel Cordero Piacentini, que fez parte da "Operação Condor", uma organização terrorista que perseguia adversários políticos dos regimes ditatoriais do Brasil, da Argentina, do Chile, do Uruguai, do Paraguai e da Bolívia nas décadas de 1970 e 1980. Piacentini fora acusado, pelos governos argentino e uruguaio, de ser responsável pelo desaparecimento de ativistas de esquerda no ano de 1976. Como até então os corpos das vítimas não foram encontrados, esses delitos não estariam prescritos.

Nesse julgado, capitaneado pelo voto do ministro Cezar Peluso, a Suprema Corte entendeu que não se poderia presumir a morte dessas vítimas desaparecidas – o que teria como consequência a declaração de extinção da punibilidade pela prescrição – por se tratar de um crime permanente.

Essa mesma tese foi reforçada no ano de 2011 em julgado do STF que autorizou a extradição de um militar argentino, cuja ementa é transcrita na sequência:

EXTRADIÇÃO INSTRUTÓRIA. PRISÃO PREVENTIVA DECRETADA PELA JUSTIÇA ARGENTINA. TRATADO ESPECÍFICO: REQUISITOS ATENDIDOS. EXTRADITANDO INVESTIGADO PELOS CRIMES DE HOMICÍDIO QUALIFICADO PELA TRAIÇÃO ("HOMICÍDIO AGRAVADO POR ALEIVOSIA Y POR EL NUMERO DE PARTICIPES") E SEQUESTRO QUALIFICADO ("DESAPARICIÓN FORZADA DE PERSONAS"): DUPLA TIPICIDADE ATENDIDA. EXTINÇÃO DA PUNIBILIDADE DOS CRIMES DE HOMICÍDIO PELA PRESCRIÇÃO: PROCEDÊNCIA. CRIME PERMANENTE DE SEQUESTRO QUALIFICADO: INEXISTÊNCIA DE PRESCRIÇÃO. ALEGAÇÕES DE AUSÊNCIA DE DOCUMEN-

---

[56] Na ADPF n° 153/DF, o STF – sendo relator o Ministro Eros Grau – considerou que os crimes praticados durante o período do regime militar foram anistiados. A Corte Interamericana, contudo, não aceitou a decisão do STF que estendeu os efeitos da Lei de Anistia (Lei 6.683/79) aos agentes públicos responsáveis, entre outros crimes, pela prática de homicídio, desaparecimento forçado, abuso de autoridade, lesões corporais, estupro e atentado violento ao pudor contra opositores políticos ao regime militar. Na referida sentença do Caso Gomes Lund e outros *versus* Brasil, proferida em 24 de novembro de 2010, a Corte decidiu: "(...) 3. As disposições da Lei de Anistia brasileira que impedem a investigação e sanção de graves violações de direitos humanos são incompatíveis com a Convenção Americana, carecem de efeitos jurídicos e não podem seguir representando um obstáculo para a investigação dos fatos do presente caso, nem para a identificação e punição dos responsáveis, e tampouco podem ter igual ou semelhante impacto a respeito de outros casos de graves violações de direitos humanos consagrados na Convenção Americana ocorridos no Brasil".

[57] Sobre o tema, ver a decisão do juiz federal Márcio Rached Millani, 10ª Vara Federal Criminal de São Paulo/SP, no Processo n° 000420432.2012.403.6181, de 22.5.12, que rejeitou denúncia oferecida em relação ao crime previsto no art. 148, 2°, c/c o art. 29, ambos do CP, com fundamento no art. 395, II e III, do CPP.

TAÇÃO, CRIME MILITAR OU POLÍTICO, TRIBUNAL DE EXCEÇÃO E EVENTUAL INDULTO: IMPROCEDÊNCIA. EXTRADIÇÃO PARCIALMENTE DEFERIDA. 1. O pedido formulado pela República da Argentina atende aos pressupostos necessários ao seu deferimento parcial, nos termos da Lei n. 6.815/80 e do Tratado de Extradição específico. 2. Ressalvada a categórica prescrição dos crimes de homicídio descritos no presente pedido de extradição, o Estado Requerente dispõe de competência jurisdicional para processar e julgar os demais crimes imputados ao Extraditando, que teria sido autor de atos que supostamente configuram o tipo penal de "desaparecimento forçado de pessoas", estando o caso em perfeita consonância com o disposto no art. 78, inc. I, da Lei n. 6.815/80 e com o princípio de direito penal internacional da territorialidade da lei penal. 3. Inexistência de irregularidades formais. 4. Requisito da dupla tipicidade, previsto no art. 77, inc. II, da Lei n. 6.815/1980 satisfeito: fato delituoso imputado ao Extraditando correspondente, no Brasil, ao crime de sequestro qualificado, previsto no art. 148, § 1º, inc. III, do Código Penal. 5. Art. 77, inc. VI, da Lei n. 6.815/80: ocorrência de prescrição da pena referente aos crimes de homicídio qualificado, sob a análise da legislação brasileira. 6. Crime de sequestro qualificado: de natureza permanente, prazo prescricional começa a fluir a partir da cessação da permanência e não da data do início do sequestro. Precedentes. 7. Extraditando processado por fatos que não constituem crimes políticos e militares, mas comuns. 8. A jurisprudência deste STF tem reiteradamente assinalado que, na ação de extradição, não se confere ao Supremo Tribunal competência para indagar sobre o mérito da pretensão deduzida pelo Estado requerente ou sobre o contexto probatório em que a postulação extradicional apoia-se. Precedentes. 9. Extraditando que não será julgado por tribunal de exceção, notadamente porque o objetivo do presente pedido extradicional é o processamento e julgamento do Extraditando pelo Poder Judiciário argentino, plenamente capaz de assegurar aos réus, em juízo criminal, a garantia plena de um julgamento imparcial, justo e regular. 10. Extraditando não indultado. 11. Extradição parcialmente deferida pelos crimes de "desaparecimento forçado de pessoas", considerada a dupla tipicidade do crime de "sequestro qualificado", ressalvado que, na eventual hipótese de condenação do Extraditando pelo desaparecimento ou sequestro de FERNANDO GABRIEL PIEROLA, JULIO ANDRES PEREIRA, ROBERTO HORACIO YEDRO e REYNALDO AMALIO ZAPATA SOÑEZ, não concorrerá para a pena o eventual fim ou motivo político dos crimes; devendo ser efetuada a detração do tempo de prisão, ao qual foi submetido no Brasil, em razão desse pedido, nem podendo lhe ser aplicada a pena de prisão perpétua" (STF, Ext 1150, Min. Rel. Cármen Lúcia, TP, j. em 19.5.11).

Assim, o STF considerou possível a extradição não só por não vislumbrar a ocorrência da prescrição,[58] mas também por entender que tais delitos não po-

---

[58] Certamente encampando essa noção, a Comissão de Reforma do Código Penal vem de propor a criação do tipo de "Desaparecimento forçado de pessoa", estabelecendo, expressamente, o seu caráter permanente: "Art. 466. Apreender, deter ou de qualquer outro modo privar alguém de sua liberdade, ainda que legalmente, em nome do Estado ou de grupo armado ou paramilitar, ou com a autorização, apoio ou aquiescência destes, ocultando o fato ou negando informação sobre o paradeiro da pessoa privada de liberdade ou de seu cadáver, ou deixando a referida pessoa sem amparo legal: Pena – prisão, de dois a seis anos, sem prejuízo das penas correspondentes aos outros crimes. § 1º Na mesma pena incorre quem ordena ou atua de qualquer forma para encobrir os atos definidos neste artigo ou mantém a pessoa desaparecida sob sua guarda, custódia ou vigilância. § 2º O crime perdura enquanto não for esclarecido o paradeiro da pessoa desaparecida ou de seu cadáver. § 3º A pena é aumentada de metade se: I – o desaparecimento durar mais de trinta dias; II – se a vítima for criança ou adolescente, portadora de necessidade especial, gestante ou tiver diminuída, por qualquer causa, sua capacidade de resistência. § 4º O agente que tenha participado ou concorrido para o crime previsto neste artigo e que contribuir, efetivamente, para a reaparição com vida da pessoa desaparecida, ou possibilitar o esclarecimento de casos de desaparecimento forçado, ou a identificação dos responsáveis, terá a pena reduzida de um a dois terços, além da possibilidade de o juiz criminal determinar medidas especiais que proporcionem a sua segurança, na prisão, em relação aos demais presos". Explicação: desaparecimento forçado e Ditadura. Os regimes militares ditatoriais deixaram profundas marcas nas sociedades latino-americanas. Entre elas está a figura do desaparecimento forçado, em que o Governo, seus agentes, ou mesmo outros grupos, após privar de liberdade uma ou mais pessoas, na maioria das vezes, por questões políticas, deixam de informar ou se recusam a dar conhecimento da privação de liberdade ou do paradeiro do desaparecido. Esse grave crime, além de ter sido instrumento para a realização de assassinatos e torturas de presos políticos na época da Ditadura, continuam a produzir seus maléficos danos

deriam ser enquadrados como crimes políticos, por terem sido praticados com características de crime comum. O único voto dissonante foi o do Ministro Marco Aurélio, cujo posicionamento se deu no sentido de que o crime praticado teve motivação política, o que impossibilitaria a concessão da extradição ao país vizinho, porquanto tais delitos, se praticados em moldes semelhantes no Brasil, não poderiam aqui ser julgados, em virtude da Lei de Anistia.

Conclusão

Na moldura de uma sociedade globalizada, a extradição – instituto que envolve, no mínimo, dois ordenamentos jurídicos; e que tem sido, de modo tendencialmente crescente, utilizado como importante instrumento no combate à criminalidade transnacional – mostra-se, com relativa frequência, uma matéria bastante complexa.

Por envolver relações diplomáticas, de interesses internos, e também de cooperação jurídica internacional, torna-se de rigor, em linha de princípio, o acatamento das legislações estrangeiras, naquilo que, por óbvio, não impactarem com a nossa (assim, por exemplo, a exigência de que a eventual pena de morte ou prisão perpétua seja comutada em prisão por, no máximo, trintas anos, em obediência à norma constitucional do art. 5°, XLVII, da CF). A mais disso, inscrevem-se – como importantes aspectos a serem observados quando da análise formal da viabilidade extradicional, embora, como visto, haja ainda outros requisitos – a dupla tipicidade (ou dupla incriminação) e, de modo especial, a não incidência da prescrição penal sob o duplo ângulo, que se constituem no núcleo em relação ao qual a análise do pedido deverá ser realizada.

No tópico da dupla punibilidade, torna-se imperioso o exame não só dos dispositivos legais, mas, igualmente, da jurisprudência (*in casu*, a do STF) para o efeito da eventual concessão do pedido de extradicional. Dessa forma, em se verificando a ocorrência da prescrição segundo os termos da nossa legislação, não será concedida a extradição; por outro lado, também não se pode exigir a extradição de um indivíduo cujo crime encontra-se prescrito em conformidade com a lei do país requerido, uma vez que a ocorrência da prescrição penal em apenas

---

em relação aos familiares e amigos dos desaparecidos, que não sabem o que de fato aconteceu com as vítimas ou não têm acesso aos seus restos mortais, o que poderia servir-lhes de consolo. O Brasil é signatário tanto da Convenção Internacional para a Proteção de Todas as Pessoas Contra o Desaparecimento Forçado quanto da Convenção Interamericana sobre o Desaparecimento Forçado de Pessoas. Além disso, a Corte Interamericana de Direitos Humanos, no caso Gomes Lund e outros ("Guerrilha do Araguaia") *versus* Brasil, sentenciou (n. 15 do dispositivo) que o Brasil deveria adotar, em um prazo razoável, as medidas que fossem necessárias para tipificar o delito de desaparecimento forçado de pessoas, em conformidade com os parâmetros interamericanos. Levando em consideração todos esses aspectos, e seguindo ainda a experiência de países europeus em que já existe a previsão legal desse tipo, como França, Espanha e Suíça, a presente Comissão propõe adequar o Código Penal aos Tratados de Direitos Humanos dos quais é signatário e aos parâmetros da comunidade interamericana". (Texto do PLS 236/2012, apresentado em 9.7.12 no Senado Federal brasileiro.)

um dos países – a do requerente ou a do requerido – já se mostra suficiente para obstaculizar a extradição.

Por derradeiro, para fins de análise da legalidade do pedido extradicional, e mais especificamente, da existência do *jus puniendi*, quando da condenação por mais de um crime, deverão ser eles analisados individualmente. A não apresentação da sentença estrangeira nesses moldes acarretará a negativa do pedido, por ser visivelmente prejudicial ao réu; e, além do mais, contrária às leis brasileiras.

Bibliografia

ACCIOLY, Hildebrando Pompeu Pinto. *Manual de direito internacional público*. 12ª ed. São Paulo: Saraiva, 1996.
ARAÚJO, Luiz Alberto; PRADO, Luiz Régis. "Alguns aspectos das limitações ao direito de extraditar". In: PRADO, Luiz Régis; Dotti, René Ariel (Coord.). *Direito penal econômico e da empresa*: doutrinas essenciais. São Paulo: RT, 2011, p. 1211-1234.
ARAS, Vladimir. "O sistema de cooperação penal Brasil/Estados Unidos". In: BALTAZAR JÚNIOR, José Paulo; LIMA, Luciano Flores de (Org.). *Cooperação jurídica internacional em matéria penal*. Porto Alegre: Verbo Jurídico, 2010.
ARAÚJO JÚNIOR, João Marcello de. Extradição: alguns aspectos fundamentais. *In: Revista Forense*, Rio de Janeiro, v. 90, n° 326, abr./jun. 1994.
BETTIOL, Giuseppe. *Direito penal*. V. III. Tradução brasileira e notas do Professor Paulo José da Costa Júnior e do Magistrado Alberto Silva Franco. São Paulo: RT, 1976.
PETIT CANDAUDAP, Celestino Porte. *Apuntamientos de la parte general de derecho penal*. I. México: Porrúa, 2007.
CARNEIRO, Camila Tagliani. *A extradição no ordenamento jurídico brasileiro*. São Paulo: Memória Jurídica Editora, 2002.
COSTA, José de Faria. O direito penal e o tempo (algumas reflexões dentro do nosso tempo e em redor da prescrição). *Boletim da Faculdade de Direito da Universidade de Coimbra*, Volume Comemorativo do 75º Tomo do Boletim da Faculdade de Direito. Coimbra: Coimbra, 2003.
DEL'OLMO, Florisbal de Souza. *Curso de direito internacional público*. 5ª ed. rev. e atual. Rio de Janeiro: Forense, 2011.
——; KÄMPF, Elisa Cerioli Del'Olmo. *A extradição no direito brasileiro*. Rio de Janeiro: GZ Editora, 2011.
——. *A extradição no alvorecer do século XXI*. Rio de Janeiro: Renovar, 2007.
FAYET JÚNIOR, Ney; FERREIRA, Martha da Costa; ADAMY, Pedro Augustin. O requerimento de extradição de nacional brasileiro com dupla (ou múltipla) nacionalidade: enfoque à luz da jurisprudência do Supremo Tribunal Federal. *In:* BITENCOURT, Cezar Roberto (Coord.). *Direito Penal no Terceiro Milênio*: estudos em homenagem ao professor Francisco Muñoz Conde. Rio de Janeiro: Lumen Juris, 2008, p. 585-604. v. 1.
FARIA, Bento de. *Código Penal brasileiro* (Decreto-Lei n° 2.848, de 7 de dezembro de 1940). Volume I. Rio de Janeiro: Jacintho Editora, 1942.
FERRARI, Eduardo Reale. *Prescrição da ação penal*. Suas causas suspensivas e interruptivas. São Paulo: Saraiva, 1998.
FERRÉ OLIVÉ, Juan Carlos; NÚÑEZ PAZ, Miguel Ángel; OLIVEIRA, William Terra de; BRITO, Alexis Couto de. *Direito penal brasileiro*: parte geral. Princípios fundamentais e sistema. São Paulo: RT, 2011.
FIANDACA, Giovanni; MUSCO, Enzo. *Diritto penale*: parte generale. Bologna: Zanichelli, 1990.
FIGUEIREDO DIAS, Jorge de. *Direito penal português*: parte geral II: as conseqüências jurídicas do crime. Lisboa: Aequitas, 1993.
IANNI, Octavio. A política mudou de lugar. In DOWBOR, Ladislau; IANNI, Octavio; RESENDE, Paulo-Edgar A. (Orgs.). *Desafios da globalização*. 4ª ed. Petrópolis, RJ: Vozes, 2002.
HOBSBAWN, Eric. *Globalização, democracia e terrorismo*. São Paulo: Companhia das Letras, 2010.
JIMÉNEZ DA ASÚA, Luiz. *La ley y el delito*. Caracas: Editorial Andrés Bello, 1945.
LANDROVE DÍAZ, Gerardo. *Las consecuencias jurídicas del delito*. Madrid: Tecnos, 1996.
MACHADO, Fábio Guedes de Paula. *Prescrição penal*: prescrição funcionalista. São Paulo: RT, 2000.
MANTOVANI, Ferrando. *Diritto penale*. Parte generale. V edizione. Padova: Cedam, 2007.
MAZZUOLI, Valério de Oliveira. Algumas questões sobre a extradição no direito brasileiro. *In:* PRADO, Luiz Régis; Dotti, René Ariel (Coord.). *Direito penal econômico e da empresa*: doutrinas essenciais. São Paulo: RT, 2011.

MELLO, Celso D. de Albuquerque. *Curso de direito internacional público.* 12ª ed. rev. e aum. Rio de Janeiro: Renovar, 2000. v. 2.

MENDES, Nelson Pizzotti. *Súmulas de direito penal:* parte geral. São Paulo: Saber, 1969.

MESSUTI, Ana. *O tempo como pena.* São Paulo: RT, 2003.

MESTIERI, João. *Manual de direito penal:* parte geral. Rio de Janeiro: Forense, 1999.

MIRABETE, Julio Fabbrini; FABBRINI, Renato N. *Manual de direito penal:* parte geral. arts. 1° a 120 do CP. 29ª ed. São Paulo: Atlas, 2013.

NEGI, Calixto. "Direito internacional: a impossibilidade de o Supremo Tribunal Federal apreciar o mérito no processo de extradição". *In:* PRADO, Luiz Régis; Dotti, René Ariel (Coord.). *Direito penal econômico e da empresa*: doutrinas essenciais. São Paulo: RT, 2011, p. 1303-1306.

NUCCI, Guilherme de Souza. *Manual de direito penal:* parte geral e parte especial. 2. ed. rev. atual. e amp. São Paulo: RT, 2006.

PAGLIARO, Antonio. *Principi di diritto penale*: parte generale. Milano: Dott. A Giuffrè Editore, 1980, p. 709.

REZEK, José Francisco. *Direito internacional público:* curso elementar. 9ª ed. rev. São Paulo: Saraiva, 2002.

ROSSI, Clóvis. Torturas e fantasmas, aqui e além. *Folha de São Paulo*, São Paulo, 16 de agosto de 2012.

RUSSOMANO, Gilda. *A extradição no direito internacional e no direito brasileiro.* 3ª ed. rev. e atual. São Paulo: RT, 1981.

——. *Aspectos da extradição no direito internacional público.* Rio de Janeiro: José Konfino, 1960.

STEVENSON, Oscar. Prescrição do crime e da pena em pedido de extradição. *In: Revista Jurídica*, n° 99, out./dez. de 1967, Rio de Janeiro: Instituto do Açúcar e do Álcool.

VELÁSQUEZ VELÁSQUEZ, Fernando. *Derecho penal:* parte general. Bogotá: Editorial Temis, 1997.

Tema IX

Da possibilidade de reconhecimento, em medida liminar de revisão criminal, da prescrição penal

Ney Fayet Júnior

Paulo Fayet

Introdução

O texto que se apresenta quer evidenciar a viabilidade do reconhecimento da matéria prescricional em sede de revisão criminal, sobretudo a partir do momento incipiente do pedido liminar, tratando de debater, pela importância, a natureza jurídica do instituto da *revisio* e, de maneira mais detalhada, os seus pressupostos processuais.

Quer-se, deste jeito, sublinhar que, da mesma forma como é reconhecida em outros institutos, deverá ser analisada a possibilidade de utilização dessa medida *in limine* como requerimento incipiente do pedido revisional, de forma mais nítida nas hipóteses em que estão sendo perquiridas matérias vinculadas ao âmbito da extinção da punibilidade – a partir da consolidação do tempo prescricional.

Está-se, assim, perante um quadro que, longe de expressar qualquer nota de harmonia, se mostra bastante complexo.

1. Sobre a ação de revisão criminal e o direito processual

Não comportará este estudo dissecar os importantes motivos pelos quais se impulsionam, de modo tendencialmente crescente, as ferramentas jurídicas que permitem a *revisio* das decisões judiciais; basta que se afirme, tão somente, que é (e sempre foi) instigante, no universo processual-penal, a matéria sobre o erro judiciário; e, de modo particular, é muito relevante a forma pela qual o Estado se estrutura para reparar eventual equívoco que se estabeleça no processamento, no julgamento ou, ainda, na execução de sentença penal.

Nesse contexto, a agilidade no reconhecimento do erro, pelo Poder Judiciário, em face do direito à liberdade do cidadão, coloca-se como grande fator de segurança jurídica aos processados e punidos, na medida em que isso implica, mormente, o aprimoramento e a eficiência judiciais. Acresce, nos nossos dias, a importância disso, consentaneamente com os padrões de eficiência perseguidos pela Modernidade (pois, à luz da noção *weberiana*, modernização significa, de modo principal, aumento de eficácia.[1] Como descreve Sergio Paulo Rouanet, "modernizar significa melhorar a eficácia do sistema tributário, educacional, de saúde, de transportes, de alimentação. Modernizar é melhorar a eficácia da administração pública, das instituições políticas, dos partidos";[2] modernizar, portanto, no tópico específico do qual nos ocupamos, é melhorar o sistema processual-punitivo, tornando-o mais eficaz às metas e aos objetivos que lhe foram destinados pelo Estado).

Dessa maneira, apresenta-se relevante a análise de alguns tópicos sobre a ação de revisão criminal,[3] a fim de que se possa estabelecer – e aqui reside o problema – de que forma, sob a perspectiva da eficiência, a resposta célere, na concessão de uma medida liminar, poderia assegurar e proteger os interesses do cidadão (indevida e) definitivamente condenado; inclusive quanto à matéria de ordem prescricional, objeto deste estudo.

Ab initio, portanto, necessária se faz a limitação do conceito e, de maneira conjunta, da adequação da natureza jurídica do instituto da revisão criminal.

Representa a ação de revisão o meio processual, de caráter imprescritível, correto para atacar e dirimir quaisquer incorreções legais, em decisões transitadas em julgado, que resultaram em condenações, visando, particularmente, à anulação da sentença, à modificação da pena imposta, ou, mesmo, à absolvição de réu injustamente condenado.

Na doutrina, Bento de Faria sintetizou e precisou o conceito, esclarecendo que:

> A revisão criminal é um meio processual deferido ao condenado para demonstrar, a todo tempo, a injustiça da decisão que o condenou, e obter, assim, a respectiva anulação, ou a modificação da pena ou mesmo a absolvição. (...) Não podia a autoridade da coisa julgada obstar a reparação dos erros judiciários. Essa ficção que se mantém como dogma, tantas vezes exigente do sacrifício de direitos individuais, cede, em matéria criminal, a equidade natural que não permite que o inocente sofra, sem remédio, por motivo de uma condenação injusta.[4]

---

[1] José Souto de Moura (2004, p. 56) indica que "a cultura deste século XXI que começa é a cultura da eficácia e sobretudo da rapidez. Não só na produção de bens, mas também no fornecimento de serviços; estamos dominados por uma mentalidade científico-tecnológica. E fomos assim nos habituando a exigir precisão, previsibilidade e meios de controle".

[2] ROUANET, Sergio Paulo, 2001, p. 121-2.

[3] Na doutrina italiana, interessante análise introdutória sobre o tema da revisão criminal: "Un'analisi delle linee evolutive che hanno caratterizzato la disciplina dela revisione non può prescindere da alcune minime considerazioni sul giudicato, posto che le sorti dei due istituti sono inscindibilmente legate. Fino a quando il giudicato è stato un valore assoluto della tutelare nella sua intangibilità la revisione è rimasta confinata entro ambiti limitati, in un terreno dominato dal principio di tassatività. Quando, più recentemente, il mito del giudicato ha cominciato a vacillare e si è iniziato a pensare che la forza del pronunciamento del giudice risiedesse, non solo nella sua immutabilità e attitudine a dare certezza ai rapporti giuridici, ma anche e soprattutto nella capacità di piegarsi di fronte a esigenze di giustizia sostanziale, è mutato anche il modo di considerare la revisione, che ha visto così ridefinire i suoi margini di operatività. Invero, quanto maggiore è la tendenza dell'ordinamento a garantire la giustizia della decisione, tanto più ampia è l'estensione riconosciuta ai mezzi per emendare eventuali vizi della stessa" (ROMBI, Natalia, 2011, p. 1170).

[4] FARIA, Bento de, 1960, p. 342. Ainda, conforme Jorge Mosset Iturraspe (2000, p. 180): "El vocablo revisión, que significa la noción de revisar, tiene el atractivo de visualizar el objeto buscado que no es otro que el de 'volver a ver' o someter a un nuevo examen la cuestión planteada a fin de 'encontrar' el error judicial y sus consecuencias".

Deve-se referir que a revisão criminal, a partir dessa ideia inicial, possibilita uma reabertura da análise do processo, desde que instigada a demonstração de eventuais erros do sistema judiciário; e figura como uma nova oportunidade de retratação concedida no ordenamento jurídico-processual, amenizando a força intransponível da coisa julgada, ingressando sempre quando já findos, por completo, os recursos atinentes à defesa do condenado;[5] e, portanto, reveste-se de natureza jurídica de ação revisional.[6]

Maria Elisabeth Queijo, a seu turno, salientou que "a revisão criminal é ação de direito constitucional e ação constitutiva negativa, porque por meio dela a sentença condenatória é desconstituída, com efeito *ex tunc*".[7] Dessa forma, a sentença constitutiva – que gera seus efeitos a partir do momento em que transita em julgado, já trazendo em si mesma o efeito executório –, quando maculada por erro prejudicial ao condenado, deve ser revista por ação própria, denominada revisão criminal, que devolve, aos Tribunais, o reexame de matéria de fato e de direito.

2. Pressupostos processuais à apuração do pedido revisional

No direito processual penal brasileiro, são exigíveis três pressupostos à configuração do pedido revisional, a saber: (i.) a existência de sentença condenatória irrecorrível a ser revisada (entendida como coisa julgada de autoridade relativa);[8] (ii.) deve existir a efetiva configuração (e comprovação, em um segundo momento procedimental) do erro judiciário em matéria penal; e, por fim, (iii.) o pedido de revisão criminal, em qualquer circunstância, deve ser interposto *favor rei*.

A partir daqui, serão tratados, *ogniuno*, os pressupostos direcionados à composição da via do pedido revisional, a fim de que, analisada essa base de estudo, se possa deslocar o foco para a viabilidade de o tema prescricional ser tratado desde a composição (incipiente do pedido) liminar.

---

[5] De acordo com a doutrina de Fernando da Costa Tourinho Filho (2011, p. 692), "hoje, em todas as legislações do mundo civilizado, a *coisa julgada* penal, a despeito da necessária ordem pública, deixa-se violar quando um interesse mais alto a sobrepuja: uma sentença condenatória manifestamente injusta. E o remédio jurídico-processual que permite reabrir o processo em que se cometeu a injustiça, rasgando-lhe o selo da intangibilidade, é a revisão criminal".

[6] Em nosso ordenamento, Ada Pellegrini Grinover, Antônio Scarance Fernandes e Antônio Magalhães Gomes Filho (2011, p. 240-1), sobre a natureza jurídica da revisão em matéria criminal, ensinam que: "(...) embora não incluída no capítulo atinente aos direitos e garantias fundamentais, guarda ela sem dúvida natureza de ação constitucional e é considerada tradicionalmente direito fundamental do condenado. (...) Erroneamente rotulada entre os recursos pelo Código, que seguiu a tradição, a revisão criminal, entre nós, é induvidosamente ação autônoma impugnativa da sentença passada em julgado, de competência originária dos tribunais".

[7] QUEIJO, Maria Elisabeth, 1998, p. 121.

[8] Entendimento sintetizado no julgado do Tribunal de Alçada Criminal do Estado de São Paulo: "A sentença ou acórdão de natureza declaratória ou consumativa faz coisa julgada de autoridade absoluta, decorrente de sua imutabilidade perene, simplesmente, da preclusão dos prazos recursais, ou do exaurimento dos recursos, entretanto, a decisão de índole condenatória tem sua coisa julgada de autoridade relativa, podendo se ver revogar, modificar, ou anular a qualquer tempo, seja por *habeas corpus*, ou por meio de revisão criminal" (RJTACrim. 28/303).

2.1. SENTENÇA PENAL CONDENATÓRIA IRRECORRÍVEL

O primeiro pressuposto (art. 621, *caput*) exige que se trate de "processos findos", isto é, requer a existência de sentença com trânsito em julgado,[9] exigindo uma interpretação restritiva,[10] uma vez que não se presta para atacar processos extintos ou arquivados, nos casos especificados em lei.[11]

Serve, dessa maneira, a ação de revisão criminal, para reavaliar os processos com sentenças penais condenatórias irrecorríveis, com a formação do trânsito em julgado,[12] não sendo relevante a quantidade de punição recebida ou mesmo a existência do efetivo cumprimento total dessa pena.[13] Portanto, quando já transitada sentença penal irrecorrível,[14] sem a possibilidade de impetração de qualquer outro recurso na ordem processual – e aqui também se considera o *habeas corpus*

---

[9] De acordo com a doutrina italiana, "la sentenza, o il decreto penale, quando siano stati esperiti inutilmente i mezzi di impugnazione diventano irrevocabili. L'impugnazione diventano irrevocabili. L'intangibilita del giudicato ha come corollario la c.d. regola del 'ne bis idem'. Ai sensi dell'art 649 l'imputato prosciolto o condannato non può essere nuovamente sottoposto a procedimento penale per il medesimo fatto neppure se diversamente configurato per il titolo (ad es. peculato in luogo di appropriazione indebita) il grado (ad es. omicidio consumato in luogo di quello tentato) o le circostanze (ad es. furto aggravato in luogo del furto semplice). L'irrevocabilità della sentenza comporta la sua esecutività. La sentenza penale irrevocabile inoltre, che è svincolata dai limiti di prova propri del giudizio civile o amministrativo, ha la sua efficacia anche al di fuori degli effetti penali. L'accertamento dato dalla sentenza di condanna penale in seguito a *dibattimento* ha efficacia vincolante se rispettata la *vacatio in iudicium* quanto alla sussistenza del fatto, alla sua illiceità penale, alla affermazione della commissione del fatto da parte dell'imputato (art. 651). La stessa efficacia compete alla sentenza pronunciada in seguito a giudizio abbreviato, salvo che la parte civile abbia manifestato opposizione a tale rito, nel giudizio civile o amministrativo per le restituzione o il risarcimento del danno" (BETTIOL, Giuseppe; BETTIOL, Rodolfo, 2000, p. 236-7).

[10] Porém, não se pode esquecer, a expressão "processos findos" deve abranger todas as decisões condenatórias que a esfera criminal comporta, como, por exemplo, aquelas proferidas pelo Tribunal do Júri, por meio de jurados soberanos, que formam também a coisa julgada em matéria penal e permitem ser atacadas pela via da ação revisanda.

[11] Em análise da expressão *processos findos*, trazida por nossa lei processual penal, anota Eduardo Espínola Filho: "Conhecido o fundamento da revisão criminal, após analisado o seu conceito, ressalta, como condição essencial da sua admissibilidade, incidir o reexame num processo findo, isto é, um processo já solucionado por sentença transitada em julgado. Daí, a terminologia, que penetrou na nossa legislação – revisão dos processos findos" (ESPÍNOLA FILHO, Eduardo, 2000, p. 412).

[12] Assim já julgou o Tribunal de Justiça do Rio Grande do Sul: "REVISÃO CRIMINAL. NULIDADE DA DECLARAÇÃO DO TRÂNSITO EM JULGADO. INEXIGÊNCIA. O que produz o trânsito em julgado da sentença judicial não é a certidão passada pelo oficial ou quem suas funções exercer, mas a fluência não aproveitada do prazo estabelecido para a interposição do recurso cabível na espécie" (RJTJRGS 189/59, Revisão Criminal nº 297041303, 3º Grupo Criminal, Rel. Des. Sylvio Baptista, julgado em 19/6/1998).

[13] Na interpretação doutrinária, Fernando da Costa Tourinho Filho (p. 698) escreveu: "Pressuposto primordial da revisão é a existência de um processo criminal com sentença condenatória trânsita em julgado. Assim, desde que alguém tenha sido condenado, pouco importando a pena, sendo despicienda a circunstância de ter sido esta cumprida ou não, se a sentença se tornou insuscetível de reexame, seja porque ficaram preclusas as vias recrutais, seja por terem sido percorridas todas as instâncias, satisfeita estará a primeira condição de admissibilidade no juízo revisional".

[14] Apresenta-se a ação de revisão, dessa forma, como o meio mais importante de rompimento da barreira material da coisa julgada, no âmbito do direito processual penal, tal como anotou Claus Roxin (2000, p. 492): "El procedimiento de revisión representa el caso más importante de quebrantamiento de la cosa juzgada en interés de una decisión materialmente correcta. Su idea rectora reside en la renuncia a la cosa juzgada, hechos conocidos posteriormente muestren que la sentencia es manifiestamente incorrecta de manera insoportable para la idea de justicia".

como ação, podendo ser impetrado a qualquer tempo –, existindo a consolidação da coisa julgada penal com autoridade relativa, estará preenchido o primeiro pressuposto de admissibilidade da ação revisional.

2.2. ERRO JUDICIÁRIO EM MATÉRIA PENAL

A correção do erro,[15] nas decisões judiciárias (em matéria penal), faz-se necessária à própria harmonia que deve existir entre o ordenamento jurídico e as expectativas que a sociedade impõe ao Poder Judiciário; e, para tanto, a correta interpretação das normas e a justa aplicação das leis penais devem prevalecer em uma perspectiva harmonizada. Em nota explicativa, Luiz Antonio Soares Hentz teceu o seguinte comentário: "O erro judiciário, em verdade, não é prerrogativa dessa ou daquela disciplina jurídica, que como se sabe é divisão meramente para fins didáticos. (...) Erro judiciário, em síntese, é toda a atuação judicial danosa enquanto exercício da função estatal atinente ao Poder Judiciário".[16]

Assim, nem sempre ocorre a correta aplicação da lei e a perfeita avaliação das normas e das provas que foram sopesadas no processo, ocasionando a falha da decisão; e o erro pode aparecer, no processo penal, dentro do universo natural da imanente falibilidade do (humano) julgador.[17]

Mesmo com os mecanismos processuais existentes para a provável correção do erro judiciário, como é o caso da ação de revisão criminal, que pode ser interposta a qualquer tempo, deve-se deixar gravado que, em sede de revisão, de reapreciação da prova e da correta aplicação da lei, existe a possibilidade de ainda persistir a falha, o que, à evidência, também merece ser combatido: tanto o erro de

---

[15] Merece referência, aqui, a doutrina espanhola: "No existe una definición legal de 'error judicial'. Es una fórmula sin contenido concreto, utilizada por la Constitución y por la Ley Orgánica del Poder Judicial para declarar que existe la posibilidad de indemnizar los daños causados por decisiones judiciales erróneas" (HERNÁNDEZ MARTÍN, Valeriano, 1994, p. 78-9).

[16] HENTZ, Antonio Soares, 1995, p. 18. Sobre o *thema*, Francesco Chimenti (1995, p. 179) referiu: "produz-se a lei em nome de uma necessidade, conveniência e consciência social, mas é indispensável bem interpretá-la, isto é, estabelecer a mais sábia aplicação, de modo a ensejar o encaixe do direito das partes à vontade do comando jurídico. A experiência, no entanto, está sempre apontando as lacunas e a imprevisibilidade das normas aos fatos ocorridos". Na doutrina italiana, encontra-se interessante comentário: "È nota la straordinaria sensibilità di Francesco Carrara per i profili reiguardanti la libertà personale dell'imputato e gli abusi, nel processo, della carcerazione preventiva: ne sono riflesso e, nel contempo, corollario, gli spunti, contenuti nel *Foglio di lavoro per la Commissione sulla riforma carceraria*, in tema di riparazione dell'errore giudiziario e dell'ingiusta detenzione. È, in proposito, da avvertire sin d'ora che, nel pensiero di Carrara, tutte le ipotesi di custodia preventiva illegittima o ingiusta sono considerate «errori giudiziarii», «perchè tali sono pur sempre, quantunque più scusabili e più inevitabili, gli equivoci che sotopongono un cittadino a molestie indebite, sebbene non giungano all'apogeo dello errore giudiciario che si personifica nella definitiva condanna di un innocente»" (DI CHIARA, Giuseppe, 1988, p. 1413).

[17] "Assim, quer se trate de *error* de percepção, quer se tenha em vista o *error* de dedução, trata-se sempre de erro de direito. Pode ocorrer o erro na regra de experiência a que se remete a norma jurídica; erro na aplicação da norma jurídica ao fato; erro na definição jurídica do fato; erro na definição técnica ou vulgar do fato. Disso resulta ser necessário, para que o erro se torne concreto, existir uma falsa percepção do fato ou uma falsa posição da regra de experiência utilizada pelo juiz para a apreciação da fonte de prova", conforme esclareceu Romeu Pires de Campos Barros (1987, p. 228).

procedimento quanto o do próprio julgamento.[18] Por conseguinte, na instância de apuração da revisão criminal, levando-se em conta que a atuação judicial danosa é ensejadora de condenações imperfeitas – podendo trazer erros inclusive quanto à aplicabilidade da própria execução da pena –, o erro judiciário penal se torna pressuposto de admissibilidade da ação de revista, e deve ser perfeitamente demonstrado por meio das hipóteses elencadas no art. 621 do CPP.

2.3. PEDIDO EM FAVOR DO CONDENADO

Esse pressuposto indica que o pedido revisional dos processos penais, já com sentença penal transitada em julgado, somente poderá ser feito em favor do condenado. Por certo, o legislador brasileiro, durante toda a sua história, encontrou como opção única a espécie de revisão criminal restritiva, permitindo tão somente a quebra da *res judicata* penal nos casos de sentenças criminais condenatórias irrecorríveis.

Na doutrina estrangeira, há muito, Eugenio Florian entende não ser possível a revisão de processos findos com decisões absolutórias, nos seguintes termos: "Sobre el problema de si debían ser susceptibles de revisión sólo las sentencias condenatorias o también las absolutorias, muy grave y variante resultado, el nuevo legislador, fiel a la tradición y adoptando la opinión más extendida, ha seguido el ejemplo del código derogado y excluye la revisión de las sentencias absolutorias y, en general, la revisión en perjuicio del culpado, con lo que nosotros estamos conformes de todo punto".[19] De fato, o fundamento para que não se permita a revisão em favor da sociedade é o de que a segurança trazida pela coisa julgada penal ficaria seriamente comprometida, abrindo um caminho perigoso de instabilidade absoluta das decisões do Poder Judiciário, haja vista serem mínimos os problemas que causaria a absolvição de um culpado frente à enorme carga de incertezas quanto ao trabalho exercido pelos órgãos julgadores.[20]

Passadas estas linhas iniciais sobre o tema da revisão e de seus pressupostos, merece atenção, a partir desse tópico, a possibilidade da apuração da matéria

---

[18] Merece referência o texto de Jorge Mosset Iturraspe (2000, p. 48): "La equivocación puede alcanzar al juez en cualquiera de las instancias donde desempeñe su labor: primera, sala o cámara y tribunal superior o Corte. Ninguno está exento de caer en el error. Es verdad, no obstante, que por una serie de razones que van desde la composición colegiada de los tribunales de segunda instancia o superiores hasta el ritmo de trabajo, la falta de presiones diarias, etcétera, las equivocaciones son más frecuentes en la baja instancia".

[19] FLORIAN, Eugenio, 1934, p. 226.

[20] Esse fundamento, que reflete o interesse de se revisar exclusivamente as sentenças condenatórias já transitadas em julgado – tão somente em situações de interesse do réu, condenado pela ação persecutória do Estado –, recebeu de Ada Pellegrini Grinover, Antônio Scarance Fernandes e Antônio Magalhães Gomes Filho (p. 240) o seguinte grifo: "O fundamento da linha que advoga a utilização da revisão exclusivamente *pro reo* também é político: o drama do processo penal, que já é um castigo, os direitos da personalidade e da intimidade, o princípio do *favor revisionis* (desdobramento daquele do 'favor rei'), tudo leva a concluir que o réu absolvido não pode ser submetido a novo julgamento".

prescricional em sede de revisão criminal, e qual o momento oportuno de sua indicação.

3. O reconhecimento da prescrição em sede de revisão criminal e a possibilidade da verificação na medida liminar

Nos casos em que a matéria sobre a prescrição penal se apresenta após a consolidação da coisa julgada em matéria penal, e existindo a consolidação dos pressupostos direcionados à formalização da ação autônoma da revisão criminal, nada impede que o pedido de reconhecimento da extinção da punibilidade venha requerido por meio da própria ação revisanda.

No TJRS, recentemente, foi julgada ação de revisão criminal, da relatoria do Des. Nereu Giacomolli, cujo conteúdo demonstra, pela leitura que se propõe no presente estudo, a necessidade de se garantir maior grau de agilidade na prestação jurisdicional revisanda, quando se tratar da matéria prescricional, fundamentalmente quando se ressaltar, no pedido, de plano, a via da extinção da punibilidade em face da prescrição, bem como a existência de ferimento cabal ao direito de liberdade do cidadão:

> REVISÃO CRIMINAL. PRELIMINAR DE EXTINÇÃO DA PUNIBILIDADE PELA PRESCRIÇÃO ACOLHIDA. PRELIMINAR DE NULIDADE DA INSTRUÇÃO DESACOLHIDA. MÉRITO. REVISÃO CRIMINAL BASEADA EM TODAS AS HIPÓTESES DO ARTIGO 621 DO CPP. PEDIDO DE INDENIZAÇÃO. 1. Com relação ao fato 01 (artigo 288, *caput*, do CP) o requerente foi condenado na pena de 01 ano de reclusão; no que tange ao fato 02 (artigo 297, *caput*, do CP) sobreveio condenação à pena de 02 anos de reclusão; pelo fato 03 (artigo 304 do CP) também houve condenação na pena de 02 anos de reclusão; pelo fato 04 (artigo 180, *caput*, do CP), a pena imposta foi de 01 ano de reclusão; por fim, com relação ao fato 05 (artigo 311, *caput*, do CP) o imputado foi condenando à pena privativa de liberdade de 03 anos de reclusão. O requerente possuía menos de 21 anos de idade à época dos fatos, computando-se os aludidos prazos prescricionais por metade, forte no artigo 115 do CP. A denúncia foi recebida na data de 29.07.2003 e a sentença condenatória foi publicada no dia 26.04.2007, ou seja, neste interregno transcorreram mais de três anos, o que autoriza o acolhimento da preliminar defensiva no que tange aos fatos 01, 02, 03 e 04, com o fito de declarar extinta a pretensão punitiva. 2. Com o advento no novo CC, o agente maior de 18 anos e menor de 21 é considerado plenamente capaz, não necessitando mais da figura do curador especial. A preliminar de nulidade somente poderia ser reconhecida se o procurador constituído pelo requerente sequer tivesse sido intimado da expedição ou da data das audiências nos juízos deprecados. Mas não foi isso o que ocorreu nos presentes autos. Além de o defensor não ter comparecido, não apresentou qualquer justificativa à sua ausência, não se podendo valer dessa situação para anular o processo. O mesmo pode ser afirmado no que tange ao não comparecimento do acusado aos aludidos atos: não há como anulá-los se o próprio requerente solicitou a dispensa, entre outros motivos, porque o custo de deslocamento seria altíssimo, ademais da alegada nova atividade laboral no Estado de São Paulo. 3. Quanto ao mérito, o contexto probatório – fato de o réu estar tripulando o automóvel adulterado, bem como ter se envolvido, inclusive, com um despachante, na tentativa de legalizar o veículo, demonstra ciência e normatividade ilícitas, apesar de ausente testemunha presencial acerca do momento da adulteração de chassi e da clonagem da placa. O que ocorreu nos juízos de primeiro e segundo graus foi, na verdade, uma apreciação de prova, na esteira do livre convencimento motivado. O conjunto probatório convenceu o julgador monocrático, bem como o órgão colegiado acerca da manutenção da condenação. Ainda aduz a defesa, com base no art. 621, II, do CPP ser a decisão condenatória fundada em depoimento comprovadamente falso,

mais precisamente da testemunha L.C.M.P. Ocorre que não foi produzida prova nova, através da via da justificação judicial, com o intuito de demonstrar a falsidade das declarações da aludida testemunha. Assim, seu depoimento segue sendo plenamente válido, considerando tratar-se de testemunha compromissada à época. 4. Por fim, apesar de ser plenamente possível o pedido de indenização em sede de ação revisional, com fulcro no art. 630 do CPP, para que a indenização seja devida, o pedido deveria ser julgado procedente, melhor dizendo, deveria ter sido reconhecido o erro judiciário, isto é, a responsabilidade do Estado. Não é a hipótese dos autos, pois, apesar de ter-se acolhido a prescrição em relação aos quatro primeiros fatos, em razão do mérito, foi mantida a decisão condenatória do delito remanescente. PRIMEIRA PRELIMINAR ACOLHIDA. DECLARADA A EXTINÇÃO DA PUNIBILIDADE PELA PRESCRIÇÃO EM RELAÇÃO AOS FATOS 1 A 4. REJEITADA A SEGUNDA PRELIMINAR. PEDIDO IMPROCEDENTE QUANTO AO MÉRITO.[21]

A decisão do Des. Nereu Giacomolli foi pela concessão da medida de liminar, determinado a imediata liberação do apenado, nos seguintes moldes:

> Por três fundamentos seria possível atender ao pedido de suspensão do julgado, mais precisamente da execução do julgado: cabimento de liminar em Ação de Revisão Criminal; antecipação de tutela penal ou 'habeas corpus' de ofício. Por esses motivos, é de ser analisada a pretensão posta 'in limine'. Verifico proceder a inconformidade, em cognição superficial da liminar/antecipação tutelar posta. Isso porque o requerente foi denunciado por fatos ocorridos em 2003, cujo recebimento da peça acusatória ocorreu em 29/07/2003, sentença condenatória em 09/2009. Os delitos receberam penas de 1,2 e 3 anos. O requerente era menor. Por isso, defiro, liminarmente, a suspensão do acórdão, com a soltura do requerente. Não há necessidades de serem apensados os originais, em razão das cópias. Ao MP. 29.04.2011. Des. Nereu José Giacomolli."

Diante desses argumentos trazidos na decisão em comento, pode-se perceber um rol de garantias que cercam a necessária possibilidade de uma instância sumária (e ágil) mesmo em face da ação de revisão criminal, o que ainda encontra grande resistência doutrinária e jurisprudencial (basta a verificação no sentido de que, em diversos casos, sequer veio a ser analisado o pedido de liminar, quando proposto na inicial revisanda; ou mesmo proferido despacho de cognição sumária com ausente previsão legal para essa espécie de requerimento).

No entanto, a defesa para esse grau de permissibilidade, de se admitir o pedido liminar em sede de revisão,[22] fundamentalmente quando esposada a tese da prescrição, tem o objetivo de assegurar ao cidadão a *velocidade* na prestação jurisdicional, em caráter provisório, no que concerne à matéria substancial.[23] Diz a doutrina ser a medida liminar "uma das mais belas criações de nossa jurisprudência",[24] uma vez que permite, de forma eficaz, a segurança do direito de liberdade. Mesmo existindo a diferença de, no *habeas corpus*, não ser analisada questão de mérito, e essa ser passível de verificação em ação revisional – o que, *in thesi*, seria um impedimento à concessão imediata de jurisdição –, entende-se, por absoluta-

---

[21] TJRS, Revisão Criminal nº 70042465187, 2º Grupo de Câmaras Criminais, Relator Des. Nereu José Giacomolli, julgado em 14/10/2011.

[22] Sobre o ponto: FAYET, Paulo, 2004, p. 119-143.

[23] Na doutrina, esta a referência: "A tutela cautelar visa assegurar imediatamente a eficácia do próprio processo, protegendo o direito substancial apenas indiretamente, o que leva a um provimento sempre provisório", conforme ensina Franco, e pode-se concluir que "o caráter instrumental da tutela cautelar é, portanto, explícito, manifesto" (FRANCO, Alberto Silva, 1992, p. 71).

[24] TOURINHO FILHO, Fernando da Costa, p. 562.

mente viável tal procedimento[25], na flagrância de uma nulidade processual absoluta.[26] Até porque deve ser de interesse do Estado a garantia do *status libertatis* (e *dignitatis*) do cidadão, na busca da justa prestação da justiça penal, contra os seus próprios erros judiciários.[27]

E mais: justamente por envolver a revisão criminal o exame de questões de mérito, em consonância com o princípio da celeridade processual, o pedido de liminar adjunto ao de revisão poderia ser a concretização absoluta de dois fundamentais instrumentos processuais que caminham em favor da liberdade do réu: o primeiro, no caso de nulidade absoluta a ser arguida, para restabelecer imediatamente a liberdade do sentenciado, sempre que estiverem presentes os requisitos das medidas cautelares em geral; o segundo, para sanar eventual erro judiciário no

---

[25] Esta a lição a ser seguida, no campo doutrinário: "A revisão, conforme vimos, não tem por objetivo evitar que alguém cumpra pena. Mesmo se constatando ter havido extinção da punibilidade, nada impede que se ingresse no Juízo revidendo. Suponha-se que haja decorrido lapso prescricional entre o recebimento da denúncia e a sentença condenatória. Transitada em julgado a decisão, nada poderá impedir a revisão. Certo que o *habeas corpus* funciona com muito maior presteza, mesmo nas hipóteses de nulidades manifestas. Pouco importa. O que se afirma é que a via revisional não pode ser obstaculizada. Pode parecer estranho que, extinta a punibilidade pela anistia, graça, prescrição ou outra coisa qualquer, ainda haja interesse do réu ou de seus familiares em promover a revisão. Mas é de ponderar, como já o dissera Frederico Marques, que a revisão não tem por *causa finalis* tão só impedir que o condenado continue a sofrer as sanções injustas que lhe foram impostas, mas também restaurar seu *status dignitatis*. É a demonstração mais evidente dessa afirmativa que decorre da circunstância de se permitir a revisão mesmo após a morte do condenado. (...) Se não houve condenação, não faz sentido o ingresso no juízo revidendo. Mas, se houver sentença condenatória irrecorrível, e o réu for beneficiado com uma causa extintiva da punibilidade, nada impede a propositura da ação revisional, mesmo porque, com a revisão, não se procura evitar o cumprimento da pena, mas a restauração do *status dignitatis do cidadão*. (...) Aliás, surgindo qualquer causa extintiva do 'jus punitionis', nada impede que o interessado requeira seu reconhecimento ao Juiz competente, que, *in casu*, onde não houver juiz especializado, é o das execuções. E, havendo despacho negativo, pode ser interposto agravo, nos termos do art. 197 da LEP. Mas, se o Tribunal não na reconhecer, nada obsta seja ela pleiteada ou por meio de *habeas corpus* ou mediante ação revisional. A propósito, RT, 417/370. Pode acontecer, entretanto, que a causa extintiva da punibilidade haja ocorrido, despercebidamente, antes do trânsito em julgado. Quando a decisão se tornar impugnável, somente por meio do remédio heroico do *habeas corpus*, ou da revisão criminal, é que se poderá lograr o seu conhecimento, mesmo porque a finalidade da revisão não consiste apenas no reconhecimento, da inocência, mas também na reabilitação do condenado. Assim, se entre a data do fato e a do recebimento da denúncia ou queixa, por exemplo, decorreu o lapso de 4 anos e 2 meses, e o Juiz impôs ao réu a pena de 1 ano, não tendo havido recurso da Acusação, obviamente extinta estava a punibilidade da pena *in concreto*. Pouco importa que o réu não haja interposto apelo. A lei, como bem diz Delmanto, não exige qualquer recurso, seja explícita, seja implicitamente, para o reconhecimento da causa extintiva da punibilidade (Código Penal, art. 110, verbete "desnecessidade de recurso do réu"). Transitada em julgado a decisão condenatória, a nosso juízo, o réu tanto pode impetrar uma ordem de *habeas corpus* como ingressar no juízo revisório, porquanto houve uma sentença condenatória transitada em julgado, sem que pudesse ser executada em face da extinção da punibilidade (TOURINHO FILHO, Fernando da Costa, p. 711-3).

[26] FRANCO, Alberto Silva, p. 72.

[27] Sobre o tema: "Non v'è forma di processo, non v'è ordinamento di giudizio, non v'è sistema di prova che possa garantire del tutto dalla possibilità di errore (...). Il processo penale non può proporsi come scopo di accertare la verità oggettiva; se così fosse, si affiderebbe al giudice un compito superiore alle possibilità umane (...). Esso, al contrario, mediante la valutazione degli elementi probatori, persegue nell'interesse della società il fine di raggiungere la certezza processuale; che scaturisce dalle prove legittimamente raccolte (...). L'errore giudiziario comprende tutti quei casi nei quali la decisione del giudice appare per qualsiasi motivo discorde dalla verità o contraria a giustizia, indipendentemente dal passaggio in giudicato della sentenza o dall'innocenza o colpevolezza dell'imputato. Con queste parole nel 1962 si apriva a Lecce il Convegno in tema di 'Errore giudiziario e riparazione pecuniaria' mentre la mutata cultura giuridica portava alcuni tra i più prestigiosi studiosi della materia a segnalare l'esigenza di una rivisitazione dell'intero sistema processuale" (MOLINARI, Francesca Maria, 1996, p. 979-80).

julgamento do apenado, fundamentalmente quando se tratar de matéria vinculada ao tema da prescrição, por envolver matéria técnica, desprovida essencialmente de obstáculos para a sua aferição.[28]

Conclusão

O primeiro enfoque conclusivo se permite realizar a partir da ideia segundo a qual a revisão criminal é o instrumento adequado à verificação das questões concernentes à análise da extinção da punibilidade, inclusive admitindo a incorporação da tese sobre a prescrição do feito diretamente no pedido de liminar, deixando ao Magistrado relator a função de, desde um momento inaugural da ação autônoma, realizar monocraticamente um juízo de certeza quando há ocorrência da causa extintiva da punibilidade, o que, de uma forma lógica na composição do processo e do próprio procedimento direcionado à *revisio*, torna o caminho mais célere, ainda mais quando se trata de cidadão que está cumprindo pena na fase executória.

Ainda, como conclusão possível para este estudo, anote-se que a prescrição penal tem de receber – mesmo na revisão criminal, que depende de uma série de pressupostos para incorporar um sentido de modificação à *res judicata* de ordem criminal – um tratamento mais protetivo e abrangente no momento inaugural, quando da sua interposição, caso exista explicitada uma matéria de importância diferenciada sendo arguida, como é o caso, *senza dubbio*, daquela dirigida ao reconhecimento da extinção da punibilidade do agente; por certo, como se pode verificar na presente pesquisa, existindo o pedido revisional em favor do réu, a partir da cristalização da coisa julgada, e estando inicialmente demonstrado o erro judiciário criminal, o que deve ser expressa e exaustivamente grifado pelo revisando na sua peça, e sendo a matéria pleiteada no pedido de liminar uma análise de reconhecimento da prescrição, para finalizar, terá essa ação de receber do Po-

---

[28] Há casos nos quais a urgência é manifesta, como decidido nesse julgado do STF: "*HABEAS CORPUS*. PENAL E PROCESSUAL PENAL. DECISÃO DE MINISTRO DO SUPERIOR TRIBUNAL DE JUSTIÇA INDEFERITÓRIA DE LIMINAR EM REVISÃO CRIMINAL. Aplicação da causa de diminuição de pena prevista no art. 16 do CP. Peculiaridades do caso concreto. Possibilidade de suspensão da execução da pena para aguardar o julgamento da ação revisional em liberdade. 1. Decisão indeferitória de liminar requerida em revisão criminal, na qual se busca aplicar a causa de diminuição de pena prevista no artigo 16 do Código Penal, segundo o qual, "nos crimes cometidos sem violência ou grave ameaça à pessoa, reparado o dano ou restituída a coisa, até o recebimento da denúncia ou da queixa, por ato voluntário do agente, a pena será reduzida de um a dois terços", em virtude de o impetrante ter, antes do recebimento da denúncia, celebrado acordo amigável com a vítima, visando o ressarcimento da quantia indevidamente apropriada. 2. A jurisprudência desta Suprema Corte firmou-se no sentido de que "o ajuizamento da ação revisional não suspende a execução da sentença penal condenatória. Assim, não há como deferir a pretensão de o paciente aguardar em liberdade o julgamento" (HC nº 76.650/RJ, Segunda Turma, Relator o Ministro Néri da Silveira, DJ de 15/12/2000). 3. O caso concreto contém peculiaridades que recomendam a suspensão da execução da pena imposta ao paciente e a permissão para que ele aguarde em liberdade o julgamento da ação revisional. 4. Caso hoje fosse aplicada a redução máxima prevista no artigo 16 do Código Penal (2/3), daqui a dezesseis dias o paciente terá cumprido integralmente a sua pena. 5. *Habeas corpus* concedido para que o paciente aguarde em liberdade o julgamento da Revisão Criminal nº 1.146/RS, ficando, neste período, suspenso o prazo prescricional da pretensão executória". (STF, HC 99.918/RS, Rel. Min. Dias Toffoli, Primeira Turma – DJe 35, divulgado em 25-02-2010, publicado em 26-02-2010, Ementário 2391/06, p. 1343 – RTJ 213/588.)

der Judiciário um tratamento mais célere e com um maior grau de possibilidades procedimentais, como, conforme o exemplo trazido à verificação no trabalho, na hipótese de soltura imediata do cidadão revisando, ou mesmo a suspensão do processo executório em andamento (ou às vésperas de iniciação), ou mesmo já declarada a extinção da punibilidade pelo próprio relator da ação, em decisão monocrática, garantindo-se, dessa maneira, uma proteção *substancial* ao direito fundamental à liberdade, na medida em que, nas palavras de Luigi Ferrajoli, "sono infatti per l'appunto sostanziali – cioè relative non alla forma (al *chi* e al *come*) ma ella 'sostanza' o 'contenuto' (al *che cosa*) delle decisioni (ossia al che cosa non è lecito decidere o non decidere) – le norme che ascrivono (al di lá e magari contro le contingenti volontà delle maggioranze) i diritti fondamentali".[29]

Bibliografia

BARROS, Romeu Pires de Campos. O erro judiciário no processo penal cautelar. *In:* MESQUITA, José Ignácio B. de; GRINOVER, Ada Pellegrini (coord.). *Estudos em homenagem a Joaquim Canuto Mendes de Almeida.* São Paulo: Revista dos Tribunais, 1987.

BETTIOL, Giuseppe; BETTIOL, Rodolfo. *Istituzioni di diritto e procedura penale.* Manuale di Scienze Giuridiche. Settima Edizione, Padova: CEDAM, 2000.

CHIMENTI, Francesco. *O processo penal e a verdade material (teoria da prova).* Rio de Janeiro: Forense, 1995.

DI CHIARA, Giuseppe. Attualità del pensiero di Francesco Carrara in tema di riparazione dell'ingiusto "Carcere Preventivo". *In: Rivista Italiana di Diritto e Procedura Penale,* fasc. 4, out./dez. 1988. Milano.

ESPÍNOLA FILHO, Eduardo. *Código de Processo Penal brasileiro anotado.* Campinas: Bookseller, 2000.

FARIA, Bento de. *Código de Processo Penal.* Vol. II. Rio de Janeiro: Record, 1960.

FAYET, Paulo. Sobre a ação de revisão criminal: possibilidade do pedido de liminar em sede de 'revisio'. *In: Revista Ibero--Americana de Ciências Penais,* vol. 9, p. 119-143, 2004.

FERRAJOLI, Luigi. *Diritti fondamentali.* Roma-Bari: Laterza, 2001.

FLORIAN, Eugenio. *Elementos de derecho procesal penal.* Barcelona: Librería Bosch, 1934.

FRANCO, Alberto Silva. Medida liminar em *habeas corpus. In: Revista Brasileira de Ciências Criminais.* Vol. 0 [número especial de lançamento]: p. 70-75, dez./1992.

GRINOVER, Ada Pellegrini; FERNANDES, Antônio Scarance; GOMES FILHO, Antônio Magalhães. *Recursos no processo penal.* São Paulo: Revista dos Tribunais, 7ª ed., 2011.

HENTZ, Luiz Antonio Soares. *Indenização do erro judiciário.* São Paulo: Universitária, 1995.

HERNÁNDEZ MARTÍN, Valeriano; *et alli. El error judicial.* Madri: Civitas, 1994.

QUEIJO, Maria Elizabeth. *Da revisão criminal – condições da ação.* São Paulo: Malheiros, 1998.

MOLINARI, Francesca Maria. Considerazioni in tema di riparazione per l'ingiusta detenzione. *In: Rivista Italiana di Diritto e Procedura Penale,* v. 39, 1996. Milano.

MOSSET ITURRASPE, Jorge. *El error judicial.* Buenos Aires: Rubinzal-Culzoni, 2000.

MOURA, José Souto de. Justiça, Ministério Público, criminalidade econômica. *In: Revista da Faculdade de Direito da Universidade Federal do Paraná – UFPR,* 2004, n° 40, Curitiba: SER/UFPR.

ROMBI, Natalia. Riflessioni in tema di revisione del giudicato penale. *In: Rivista di Diritto Processuale.* Ano 2011, Vol. 66, Fasc. 5.

ROUANET, Sergio Paulo. *Mal-Estar na modernidade.* São Paulo: Companhia das Letras, 2001.

ROXIN, Claus. *Derecho procesal penal.* Buenos Aires: Editores del Puerto, 25ª ed., trad. de Gabriela E. Córdoba e Daniel Pastor, 2000.

TOURINHO FILHO, Fernando da Costa. *Processo penal.* 32ª ed. São Paulo: Saraiva, 2011.

---

[29] FERRAJOLI, Luigi, 2001, p. 19.

Impressão:
Evangraf
Rua Waldomiro Schapke, 77 - POA/RS
Fone: (51) 3336.2466 - (51) 3336.0422
E-mail: evangraf.adm@terra.com.br